U0940274

宪政体制的历史申论

万昌华 著

齊魯書社

目　录

第一篇

西班牙走上民主宪政之路的历史考察

尽管有中国人民大学法学院教授杨晓青最近在文章中讲，“作为西方现代政治基本的制度架构，宪政的关键性制度元素和理念只属于资本主义”①，尽管本文在评述西班牙 20 世纪 70 年代中期最终走上“正常国家”发展之路的历史时，②仍决定使用“宪政”这一概念，但是，笔者认为，“宪政”就是“通过政治权力的多元分配从而控制国家的强制力量的政治制度”③，所以，这种观念的形成比资本主义要早

① 杨晓青:《宪政与人民民主制度之比较研究》,《红旗文稿》2013 年第 10 期。另,汪亭友:《“马克思主义的宪政主义”提法不成立》,《中国社会科学报》2010 年 11 月 11 日。

② 杜明明:《上下互动,促进政治体制改革——本刊座谈会摘要》,《炎黄春秋》2012 年第 5 期,第 4 页。

③ 斯科特 · 戈登著,应奇、陈丽微等译:《控制国家——西方宪政的历史》,江苏人民出版社 2001 年版,“封四用语”。

很多，最早是在古希腊与古罗马时期。亦即，宪政即限政，宪政理念的“所有权”并不仅仅属于资产阶级。

《南方都市报》数年前在一篇社论中指出：“中国几千年的古代历史，并不是产生民主政治的沃土……中国的民主政治建设，既要反反民主的大传统，也要反伪民主的小传统。这无疑就是中国民主政治建设的最大国情。它决定着中国民主政治的建设，乃是需要最最持续的努力与清醒。”①这里关于中国历史上既有“反民主的大传统”，也有“伪民主的小传统”，一语击中了我国历史的要害。另外，其中指出目前摆在中华民族面前重大历史使命之一的“民主政治”建设，需要“最最持续的努力与清醒”的论述，也非常正确。

然而，民主政治建设需要“最最持续”的“努力”，如何“努力”？需要“最最持续”的“清醒”，又如何“清醒”？必须回答出这两个时代之问，才是“最最重要”的。

其实，要回答这样的问题并非很难。笔者下面考察的西班牙走上民主宪政之路的历史原因所在，希望能对回答上述问题有所帮助和启迪。

西班牙的历史与中国的历史有诸多相似之处，即既有反民主的大传统，也有伪民主的小传统，专制盛行。今天，他们已经走向了民主宪政之路，这就说明了在专制历史包袱沉重的国家里，照样可以实行比较文明的政治体制。下面，我们就在中西历史比较研究的大的思维框架之下，对西班牙中古专制主义盛行的历史以及其在20世纪七八十年代完成向民主宪政体制的转轨作一扼要考察。

一、西班牙中古时期专制主义盛行

我国学术界以往在考察中国中古时期专制主义历史时，从秦代

---

① 《重申和重温中共的民主追求》，《南方都市报》2005年10月20日。

以来实行君主个人独裁专制政治的实际出发，多把考察对象与批判矛头单一地对准皇权主义，对准中古时期我国行政制度上的皇帝制度、内朝制度；或者再进一步，批判矛头所指还包括三公九卿制（三省六部制、六部制）、郡县制（行省制）、乡里什伍制（保甲制）等。无疑，这样的考察与批判是正确的，意义也是重大的。

但是，如果我们从世界史的视域与更长历史时段来看，专制主义不仅仅是此一种。如果把历史上频频出现的领袖人物个人专制归类于君主个人独裁专制类型的话，它也还是有其他专制形式与内容存在的，包括思想专制、社会专制、阶级专制等。其中，思想专制与社会专制包括宗教种类与宗教信仰专制，阶级专制包括贵族专制等。在此，我们反观西班牙中古时期的历史就能发现，当时的西班牙既有君主专制，也有思想专制与社会专制以及阶级专制等多种专制主义存在。

自18世纪90年代以来，西班牙有"金塔纳及其他人就私下认为西班牙的中世纪的议会代表了一部宪法，而哈布斯堡王朝的绝对主义摧毁了它。西班牙只要复兴其古代的制度——议会——就足够了"①。金塔纳等人这里所讲的西班牙中世纪时原来有过"宪法"，实际上也就是我们所讲的宪政。此点，我国也有学者曾明白指出过。比如，有资料讲，后来组成西班牙二元王国之一的"卡斯提的议会，最初由僧侣、贵族组成，从十三世纪中期起，有城市代表参加，并在其中占据重要地位。议会成员有向国王提出各种要求的权利；国王的赋税法案只有经议会通过后，才能实施。此议会成为决定国王政权政策的重要机构"；"西班牙统一后，各省区仍享有很大的自主权。卡斯提、阿拉冈、加泰罗尼亚、那瓦尔等都有自己的等级代议机关——议

① 雷蒙德·卡尔著，潘诚译：《西班牙史》，东方出版中心2009年版，第192页。

会，有自己的总督。议会是由贵族、僧侣以及城市的代表组成，有权决定地方的事务和表决赋税的征收”。① 另外，中世纪前期的西班牙政治体制中有宪政元素存在，笔者也一直持此观点。②

然而，自国王查理一世（1516 - 1555 年在位）即位起，西班牙的政治体制发生了逆转，开始了前所提及的金塔纳等人所说的“哈布斯堡王朝的绝对主义”。

西班牙的哈布斯堡王朝存在时间是从 1516 - 1700 年。其间在位的重要国王除查理一世之外，还有其子腓力二世（1556 - 1598 年在位）。

查理一世本人出生于今比利时境内的根特。他是因外祖父西班牙老国王斐迪南二世去世而继承西班牙王位的。此后，1519 年，祖父德意志神圣罗马帝国皇帝马克西米连一世去世，其又继承了德意志“神圣罗马帝国”的皇帝位。其即皇帝位之后又被称作查理五世（1519 - 1555 年在位）。同时代人中曾有这样的说法，在查理一世的领地里太阳永远不会降落，由此可见其所辖版图的广袤。

查理一世在位期间，为满足“世界天主教帝国”的野心，不断对外扩张。对外扩张时，他把西班牙作为其财政和军队的重要来源。他加强官僚集权统治，为培植自己的党羽，把大批佛兰德尔贵族安插在重要位置；同时，还“恣意摧残城市和各省区的自由权利，肆无忌惮地向西班牙人搜刮赋税，向城市强征国债”③。

查理一世的专制与掠夺政策激起了西班牙贵族与城市市民的强烈反抗。1520 年，卡斯提公国内爆发了以托莱多市为首的城市公社起义，以贵族胡安·罗帕茨·德·巴狄利亚为首的起义者提出的口

---

① 朱寰：《世界中古史》，吉林文史出版社 1986 年版，第 105、552 页。

② 万昌华：《中国行政制度比较研究》，中国文史出版社 2002 年版，第 115 页。

③ 朱寰：《世界中古史》，吉林文史出版社 1986 年版，第 553 页。

号是"保障城市的自由"。起义于1522年10月遭到镇压。

城市公社起义被镇压之后,西班牙的王权进一步加强。查理一世有恃无恐地加重城市的赋税负担,阻滞西班牙商品经济和资本主义因素的顺利发展。作为等级代议制机关的议会的代表,基本上由专制国王的忠实奴仆充任,而且很少开会,常常三四年不开一次会。议会决议一般不考虑城市市民和农民的利益与需要,在一定程度上变成了专制王权的工具。

腓力二世即西班牙王位时,从父亲查理一世手中接过的帝国的版图也是广袤无比的。除西班牙本土之外,还有尼德兰、美洲殖民地、菲律宾殖民地以及意大利的领地。在加强君主专制统治方面,更是"在国内的统治主要依靠专制政府的官僚和宗教裁判所的血腥镇压"①。

腓力二世放弃原来都城托莱多的华丽宫殿,于1561年在卡斯提荒凉贫瘠的高原小城马德里营建新都。马德里原来是摩尔人建立的小城寨,腓力二世在这里建造了豪华的宫殿和教堂,耗资甚巨,后来有世界第八奇迹之称。② 腓力二世宣布在他所辖属的领地内只有一个国王、一个信仰,迫使阿拉伯人和犹太人都改奉天主教。对于不肯改宗或对天主教信仰不诚的,腓力二世都要利用宗教裁判所进行惩处。

从16世纪60年代起,腓力二世推行了血缘纯洁政策和宗教歧视政策,禁止异教徒与基督徒通婚,并给他们建立隔离区,强迫他们放弃本民族的语言、信仰和风俗习惯。摩里斯科人(一译莫里斯哥人,改宗了天主教的原摩尔人)和犹太人处境困难,生命财产全无保障。摩里斯科人于1568年在安达卢西亚举行起义,但于1571年被

---

① 朱寰:《世界中古史》,吉林文史出版社1986年版,第556页。

② 朱寰:《世界上古中世纪史》,北京大学出版社1990年版,第587页。

镇压。男人被杀光,妇女和儿童被卖为奴;其他幸存者则全部被赶到贫瘠地区,过着苟延残喘的生活。

不要以为"天高皇帝远"的情况之下,以王权为原点的专制行政权力就鞭长莫及、无法达到了。西班牙在哈布斯堡王朝时期,连地处遥远海外的殖民地也处于王权的严密控制之下。史载,当时"世袭官员很少,选举产生的官员无足轻重;司法官仍是由王室指定的官僚;教会的庇护权也掌握在国王的手里。行政活动一直管到了马尼拉和米却肯(墨西哥殖民地的一个州)的臣民的最细枝末节的地方,一直到土著劳动者被允许在大街上携带的重物的分量和哪些身份的人才允许佩剑在街上行走。除了一部分带有广义的封建特征的等级之外,某些教会的特权在于王室的权利有效地转包给了宗教团体"①。

早在1524年8月,西班牙王室就为统治其美洲等处殖民地而建立了直接隶属于国王的最高机构——西班牙印度等地事务院(Council of Indies in Spain)。该机构设有主席、参事、书记、神甫、大法官、检察官及其他官吏。高级官吏均为国王亲信,权力极大,殖民地的政治、军事、财政和宗教均受其辖制,政府机构不得进行干预。其职能是向国王推荐殖民地的高级官吏,为国王草拟有关殖民地的政策诏令,颁布殖民地的法律,审查殖民地政府所拟定的规章制度;派遣按察使到美洲各地巡视,对离职的殖民地总督等高级官员进行审查;筹建检审庭,审理有关殖民地的民事刑事案件;颁发到美洲探险的特许状;负责殖民地的防务,维持殖民地贸易的畅通;检查殖民地政府的账目,对"西班牙印度等地贸易署"进行监督;向国王保举高级僧侣,审查教皇对殖民地所发的训令,筹划建立新的教区等。

为巩固西班牙王室对殖民地的统治,该机构先后颁布了一系列

---

① 雷蒙德·卡尔著,潘诚译:《西班牙史》,东方出版中心2009年版,第119页。

法令。至1635年已达40万条以上。1681年,西班牙政府将这些法令简化为6377条,编成《印度等地法律汇编》。该汇编对以后英、法、荷兰等国殖民地法律的制定产生过影响。①

由于本文后面有关于西班牙教会专制的专门论述,所以有关腓力二世及其父亲查理一世以天主教会作为工具加强专制统治,利用宗教裁判所进行镇压,以及西班牙王权与教会合二为一的详细情况,这里不再展开。

从1700年开始,西班牙开始了波旁王朝的统治。波旁王朝的前五位君主分别是腓力五世(1700 - 1746年在位)、斐迪南六世(1747 - 1759年在位)、查理三世(1760 - 1788年在位)、查理四世(1789 - 1808年在位)和斐迪南七世(1809 - 1833年在位)。

腓力五世是法国国王路易十四的长孙。当时的法国是君主专制国家,国王路易十四于1661年亲政之后加强专制统治,宣称自己即国家,强化中央集权。腓力五世效法祖父,即西班牙王位之后进一步加强了中央集权与专制统治。

1707年,腓力五世废除阿拉贡和巴伦西亚的原有特权,把这些王国降到卡斯提尔法律管理之下,还按照卡斯提尔政府的用途、实践和形式来管理这些地方,就连这两个地方的特别法庭也与卡斯提尔没有任何不同。从此之后,阿拉贡和巴伦西亚的最高官员不再是总督,而是驻军司令。

通过1716年的法令,腓力五世对加泰罗尼亚实行了类似的"政改"。该法令被称为"新方案"②。其中的附属条款规定,加泰罗尼亚必须在各级司法机关使用卡斯提尔语。

---

① 《中国大百科全书·外国历史》卷二,中国大百科全书出版社1990年版,第970页。

② 雷蒙德·卡尔著,潘诚译:《西班牙史》,东方出版中心2009年版,第170页。

上述各领地的议会也被取消。其中,阿拉贡议会历史久远,1494年就开始存在。腓力五世登基之初还曾经召开过这类议会会议。但在1709年,他把阿拉贡和巴伦西亚的议会解散,议员并入到卡斯提尔议会。1724年,他又把加泰罗尼亚议会并入。当时,卡斯提尔议会"成了事实上的西班牙议会",但主要职能只是"最高法院和咨询机构"而已。①

腓力五世之后,卡斯提尔议会名存实亡。大会只召开了两次,分别是在1760年和1789年,是为"承认阿斯图里亚亲王为未来的国王"而召开的。②

斐迪南六世时期,西班牙的中央集权进一步加强。斐迪南在各省设立了监督官,监督官在政策和金融事务上代表国王。这个官职是从法国学来的,腓力五世时期曾尝试实行过。当时在财政大臣拉恩塞纳达侯爵的领导下,监督官就卡斯提尔所有城镇的个人财产和收入进行了细致调查。就像有西班牙历史学家所指出的:"这个了不起的努力表现了有人领导的西班牙王室工作人员的能力。"③

西班牙波旁王朝前期的统治者还发展过国有企业。"他们思考法国的做法,创办了许多皇室工厂,提供外国奢侈品——诸如陶瓷、眼镜和精美的衣物——的替代品。"④最大的工厂在瓜达拉哈拉,有大约800架织布机,生产精美的羊毛织物,希望有格调的本国人不再

---

① 雷蒙德·卡尔者,潘诚译:《西班牙史》,东方出版中心2009年版,第170页。

② 雷蒙德·卡尔著,潘诚译:《西班牙史》,东方出版中心2009年版,第170页。

③ 雷蒙德·卡尔著,潘诚译:《西班牙史》,东方出版中心2009年版,第172页。

④ 雷蒙德·卡尔著,潘诚译:《西班牙史》,东方出版中心2009年版,第180页。

需要穿着英国人用西班牙羊毛织成的衣物。但是,皇室工厂大都经营不好,造成亏损。在寻找亏损原因时,人们认为是由于西班牙中部地区的运输成本造成的。于是,拉恩塞纳达侯爵就把改善道路状况作为皇室的一项主要目标。由于考虑到中央集权化,1761 年的一个道路全面修建计划的目的,是把马德里与安达卢西亚、巴伦西亚、加泰罗尼亚和加利西亚的港口连接起来。① 到 1790 年的危机打断该计划时,这个交通网络的部分路段已经竣工。其中,最好的是查理四世统治时期竣工的连接巴伦西亚和巴塞罗那之间的一条。从照片上来看,它与今天的高速公路无异,路面十分宽阔,有弯道,路两旁还有系车柱。

相对于王权,西班牙中世纪时期的思想与社会专制出现要早些。西班牙实施思想与社会专制的主体是天主教会。笔者由此想到,有学者在讲述欧洲中世纪历史时简单肯定教会的传统,还是有片面性的。比如下面一段话中全盘正面论述欧洲中世纪教会的作用,就有明显问题:"欧洲传统的封建社会是一个以等级君主制为特点的分权化与多元化社会。这些分权化的特征包括……教会传统。即在世俗政治权威之外,基督教会自成一体,既垄断了信仰的问题,又负责教育和学术的传承,同时与王权相互依靠和斗争,通过领地、什一税等制度安排内嵌到现实政治权力中,成为另一种政治权威。"②因为当时欧洲一些国家的教会"垄断了信仰"。比如在西班牙,其天主教宗教裁判所曾带来严重的社会灾难。另外,在西班牙,教会与王权二者一直都是互为表里、合二为一,在专制主义的发展上一直是互相激荡的,不曾有过二者之间的斗争。

---

① 雷蒙德·卡尔著,潘诚译:《西班牙史》,东方出版中心 2009 年版,第 182 页。

② 宣晓伟:《都是中央集权制的错?》,《读书》2013 年第 5 期。

欧洲中世纪的天主教宗教裁判所从渊源上来看，无疑属于社会组织。它建立于13世纪上半叶。教皇英诺森三世时，为镇压法国南部阿比尔派异端，建立了教会的侦查与审判机构，是为宗教裁判所的发端。霍诺里乌斯三世继任教皇后，于1220年通令西欧各国教会建立宗教裁判所。后来教皇格里高利九世又重申前令，强调设置该机构的重要性，并任命由其控制的托钵僧为裁判官，要求各教会主教予以协助。于是，宗教裁判所在西欧各天主教国家普遍成立。

西班牙的天主教宗教裁判所成立于1480年。15世纪末期以来，正是西欧其他国家的宗教裁判所趋于衰落之时，但它在西班牙不断得到强化。各大城市纷纷建立了宗教法庭，成立之后，疯狂迫害异端教徒、穆斯林和犹太人。宗教裁判所的审判官办案，往往靠别有用心的密报或者一些乱七八糟的检举材料。所举报的罪行不外是星期六穿了白衬衫，念大卫的诗篇时没有说"荣耀归主颂"，让别人为自己的子女占星算命，用热水为死者洗身子，去掉了肉类上的肥腻等。① 天主教会认为这些都是反信仰的行为。如果被告表示悔改，他们可以免除革出教门之类的惩罚；如果坚持原来的做法或思想，便被宣布为"不悔改的人"。如果悔改之后又犯了新的异端罪，就是"再次堕落的人"了。再次堕落的人实际上就是被判处了死刑的人。他们被交予世俗当局处理，必须光着头，穿着地狱服，公开宣布放弃异端行为，然后接受火刑。据统计，从1483年起，西班牙宗教裁判所在15年间判处异端分子和异教徒8000多人死刑。②

西班牙哈布斯堡王朝前期是欧洲宗教改革兴起的时代，但当时执政的查理一世与腓力二世，均全力支持宗教裁判所对异端的惩处。

---

① 王加丰：《西班牙、葡萄牙帝国的兴衰》，三秦出版社2005年版，第271页。

② 朱寰：《世界上古中世纪史》，北京大学出版社1990年版，第581页。

查理一世曾这样表明自己的态度:在反对异端上"我决心以我的各个王国,我的全部财产,我的朋友们,我的身体,我的鲜血,我的生命和我的良心作担保。因为,在我们的时代,由于我们自己的疏忽,只要稍稍有一点异端的痕迹渗入人们的心灵,这对你们和我们将是一种耻辱"①。腓力二世则给罗马教皇写信说:"我宁愿失去 100 条生命,也不愿使宗教受到一点损害,只要我抓着异端分子,我不想统治他们。"②

下面是一位当代史学家还原的腓力二世即位后不久,托莱多城对异端教徒实施火刑的场景:

> 天刚破晓,索科多维尔广场上即已人山人海。绞刑架已经树起。从"血拱"城门一直到主教堂,看热闹的人你推我搡,因过度焦虑而发狂。规定的时间到了,阴森恐怖的仪式队伍开始行动。前面是手执乌木棍和银棒的宗教裁判所的官员,以及高顶盔戴到颈背的神圣城市同盟的士兵。紧接着是仁爱会的修士,佩戴着信仰旗帜束着腰带的西班牙显贵,多明我会士和自己用双手举着黑纱十字架的多明我会修院院长。中间是囚犯的队伍。每人都身穿黄色祭披。祭披胸侧开叉,长及膝盖。头戴纸糊的高帽。高帽无帽檐,上面布着火焰饰和画着魔鬼形象。他们中分成几类:一些人已经被重新祝圣,要遭到终身监禁;另一些人在放到火刑柴堆上被焚烧之前,有可能被绞死。不悔罪的人走在后面。他们双手被捆绑,塞口物已经塞进了喉咙管里,即将被活着烧死。大裁判官骑马行进在整个队伍的最后。其法衣、腰带、教士披肩、无袖披风都是发亮的紫红色。坐骑是黑色,

① 王加丰:《西班牙、葡萄牙帝国的兴衰》,三秦出版社 2005 年版,第 271 页。

② 王加丰:《西班牙、葡萄牙帝国的兴衰》,三秦出版社 2005 年版,第 295 页。

但坐骑的鞍具等也是发亮的紫红色。他前面的宗教裁判所的旗帜上写着如下话语:“主啊,清洗吧,审判你的案件!”

仪式队伍停下来之后,人们在距绞刑架不远的祭坛上做弥撒。弥撒之后是进行布道。然后是囚犯一个接一个走上绞刑台,聆听宗教裁判所人员对他们的判决。教士先是向世俗当局控诉每个人的罪行,接着是伪善地请求普通法官对他们予以宽大,然后退场。教会的任务宣告完成。

夜幕降临之后,刽子手们的工作开始了。重罪囚犯被拽到公驴的背上,带至塔霍河畔的一处空地上。此刻,“重归异端者”和“死不改悔者”的周围只剩下了宗教裁判所官员、警官和持戟的士兵。吊杆已经竖起,铁颈圈的铁在黄昏的寒风中叮当作响,在旁边,执行火刑的柴堆已经点燃。不一会儿,可怕的黑烟升起,使托莱多本来玫瑰色的天空变成了一片黑暗。投进火中的受刑者,他们鬼哭狼嚎,皮肉被烧得吱吱作响。①

对于天主教宗教裁判所的此类行径,国王腓力二世坚决支持,并且亲自参与。1559 年,西班牙在当时的首都托莱多连续执行了 5 次火刑,其中有 3 次是腓力二世主持的。有资料这样写道:国王时而躲在宗教裁判所宫殿的一间大厅里吃喝玩乐,时而看看窗外正在焚烧着几个美丽的女异端分子的柴堆。他还不时地歇斯底里发作,一边撕碎自己的黑手套,一边对刽子手大喊快把硫黄捻子塞进她们的手指中间。② 当时,特别可怜的是此类女异端分子,她们本是些愚昧无知的农村妇女,不经意间,就因犯了天主教的有关规定而被当做女巫烧死了。有人统计,在西班牙,前后被烧死的异端教徒与异教徒多达

① 可参见王加丰:《西班牙、葡萄牙帝国的兴衰》,三秦出版社 2005 年版,第 272-273 页。

② 王加丰:《西班牙、葡萄牙帝国的兴衰》,三秦出版社 2005 年版,第 274 页。

35000 人，遭受酷刑的有 19000 人，被判服苦役的有 29 万人，被剥夺一切权利的有 20 万人，被流放的有 50 万人。① 也有人认为，实际被宗教裁判所迫害过的人比上述数目还多，这是一个大大缩小了的数字。

有西班牙历史学者指出，西班牙天主教会在过去几个世纪里一直是"皇室最有力的盟友"，"在这个国家的政治和经济方面发挥着主要的角色"。② 此论正确。除了以上所述宗教裁判所杀人、迫害人时教俗默契配合之事外，还有更明显与更直接的事实可以给予说明。比如，前已提及的西班牙 1520 至 1522 年城市公社起义，是红衣主教阿连德帮助查理一世镇压下去的。1520 年初，查理一世因补助金议案的问题与卡斯提尔议会之间产生了龃龉。不久，他就离开西班牙去了德国。行前，他任命红衣主教阿连德为西班牙总督。查理一世离开后不久，西班牙就爆发了起义。担任西班牙总督的红衣主教阿连德亲自领导军队镇压了这次起义。1522 年 10 月，查理一世由几千名雇佣军护送返回西班牙时，战事已经结束。再比如，波旁王朝前半期，国王把大片土地提供给主教和修道院管辖。与此同时，教会也给皇室提供了最可靠的经济收入，包括三分之二的什一税和每个教区全部最富有农民的什一税。③

西班牙中世纪时期的阶级专制，如有研究者所指出的，"贵族的合作是必不可少的，当时的有钱人联合起来排除干涉、镇压反抗"；它的君主们发现，本国贵族是"君主制政府天然盟友"，二者之间"没有

① 王加丰：《西班牙、葡萄牙帝国的兴衰》，三秦出版社 2005 年版，第 274 页。

② 雷蒙德·卡尔著，潘诚译：《西班牙史》，东方出版中心 2009 年版，第 172 页。

③ 雷蒙德·卡尔者、潘诚译：《西班牙史》，东方出版中心 2009 年版，第 172 页。

利益冲突，而且该（贵族）阶级传统的身份正具有为王室服务的功能"；①西班牙的贵族拥有超大面积土地、超大额度财富和超高特权，过度地控制与抑制社会自由进步与经济繁荣发展。

关于上述最后一点，清华大学秦晖教授数年前说过的如下有关话语可以加深我们的理解：

> 南北美洲本来都是欧洲人的殖民对象，而且17世纪时南美洲的资源禀赋与发展条件远优于北美；拉丁移民在南美的原始积累也远比北美的盎格鲁撒克逊移民更厉害。但是新大陆后来的发展却形成了北兴南衰的鲜明对照，很重要的原因在于，北美移民的主体是持守勤俭创业、机会均等等新教伦理的清教徒，而南美移民的主体则是持有拉丁君主特许状的一伙权贵痞子，他们是精于"抢钱"而拙于"做买卖"的。②

西班牙贵族拥有大面积土地，在西欧名列前茅。16世纪中期，当时整个埃斯特雷马杜拉只归两个大封建主所有。安达卢西亚则成为四个大封建主的领地。类似的土地集中，16世纪后期仍在继续进行。③ 在这些大封建主的领地上，过去已有的水利灌溉系统年久失修，逐渐荒废，实行的是粗放的、掠夺式的土地经营方式。

另据记载，西班牙16世纪时"十二个最有权势的家族控制的收入比任何一个主教的还要多，除了基督教国家第二富有的托莱多主教辖区之外"④。他们建造的宫殿坚固而富有棱角，牢不可破，饰以美轮美奂的图案或奢侈的栏杆，显示了自己的财富。其中最有代表

---

① 雷蒙德·卡尔著，潘诚译：《西班牙史》，东方出版中心2009年版，第119－120页。

② 卞悟：《拒绝"原始积累"》，《读书》1998年第1期。

③ 朱寰：《世界中古史》，吉林文史出版社1986年版，第559页。

④ 雷蒙德·卡尔著，潘诚译：《西班牙史》，东方出版中心2009年版，第119页。

性的是瓜达拉哈拉的门多萨宫殿群。

麦斯塔是西班牙从事牧羊业的贵族特权集团,成员多为大封建主和僧侣骑士团,1273 年建于卡斯提尔王国,并从国王处获得了设置专门机构和法庭等特权。这个团体养着大量的羊,并由武装人员在全国巡回放牧。16 世纪,其达到全盛时期。1517 年有羊 286 万头,到 1556 年增至 700 万头。羊群流动放牧。每年,这些武装的养羊人赶着羊群跨越数百里,夏季由南向北,冬季由北向南。一批批的羊群在穿过整个卡斯提尔时,常常大量毁坏栅栏与耕地,践踏地里的玉米及其他庄稼。尽管土地所有者强烈反对,但政府还是对他们的上述做法给予保护。"这就造成了真正的羊吃人的现象,西班牙的农业也由此一蹶不振。"①

对于西班牙贵族拥有超高特权和控制社会所造成的严重消极历史影响,中国有学者曾明确指出过:

> 西班牙的贵族在收复失地运动以后,又开始了殖民地劫掠。他们在军队里,在国家机关和大多数城市市政机构中占据统治地位,完全靠劫掠本国人民和殖民地人民为生。在其内部并没有形成像英国的"新贵族"或是法国的"穿袍贵族"那样的集团,他们是极端反动的阶级,国家的经济政策基本上适应了这个阶级的利益。这是西班牙专制制度区别于欧洲其他国家专制制度的重要特征。②

需要进一步指出的是,中世纪西班牙贵族的消极历史影响还不止于此。他们的一些生活方式与价值观念对社会产生的消极影响,同样不可小觑。一位 17 世纪的外国观察家说,西班牙人认为与其劳

---

① 王加丰:《西班牙、葡萄牙帝国的兴衰》,三秦出版社 2005 年版,第 322 页。

② 朱寰:《世界中古史》,吉林文史出版社 1986 年版,第 560 页。

动,不如忍受饥饿和其他痛苦;西班牙人把工人和奴隶等同看待。①1690 至 1691 年间驻马德里的摩洛哥大使曾讲道:

> 今天,在基督教诸国中,西班牙人财富最多,收入最高。但是对奢华的热衷和文明的舒适征服了他们。你很少发现西班牙人像荷兰人、英国人、法国人、热那亚人那样为从事商业奔走海外。类似的,这个国家蔑视社会下层和普通民众从事的手工艺行会,它自视比其他基督教国家高出一等。在西班牙从事手工业的多是逃到西班牙找工作的法国人……他们在很短的时间内就发了大财。②

贵族为世之楷模,西班牙如此社会风气的形成,肯定与其贵族贪图逸乐、竞逐奢华以及极度鄙视劳动人民有很大关系。

二、长枪党在西班牙长期专政

本文前面已经提及,宪政即限政。西班牙民族中早就有实行宪政的愿望。北京航空航天大学法学院教授高全喜先生在《休谟的政治哲学》一书及其他相关的论述中指出,德国自 18 世纪以来就存在着一个关于本国政治发展道路的普遍问题——"德国问题"。③ 亦即,在此后 200 余年的时间里,德国数代思想家虽然思想的路径及观点各种各样,有的甚至相互对立,但一条主线是显然的,那就是他们"痛感英国政治社会的成熟",孜孜探求"融入以英美为主体的世界文明的德国自己的道路"。用高先生的话来讲,"它标志着一个民族

① 王加丰:《西班牙、葡萄牙帝国的兴衰》,三秦出版社 2005 年版,第 282 页。

② 王加丰:《西班牙、葡萄牙帝国的兴衰》,三秦出版社 2005 年版,第 280 页。

③ 参见高全喜:《西方法政哲学演讲录》,中国人民大学出版社 2007 年版,第 151 页。

的政治成熟与否及其成熟的程度”①。西班牙亦然。近代以来，西班牙民族中也存在一个关于本国政治发展道路的“西班牙问题”，亦即他们也希望融入以英美为主体的世界文明。

但是，一位英国公使在19世纪三四十年代指出，当时的西班牙“由最大多数的穷人、纨绔子弟和法国剧院的二流演员的冷淡的学生们占统治地位，这样一个社会被认为是不可能进步的”②。英国公使的“预言”不幸而言中。西班牙以后的历史曲折反复，在实现社会真正进步的进程中难度确实很大。其真正的社会进步大约又经过了150年的时间。

对独立的民族国家而言，外部势力的侵入是坏事。但是，对于专制根深蒂固的国度而言，其有积极的一面，比如拿破仑1808年入侵西班牙即是。

1808年3月23日，法国军队攻占马德里。5月，西班牙老国王查理四世被迫宣布逊位，将王位赠与拿破仑。拿破仑未即王位，而是将王位让与其兄、当时的那不勒斯和西西里国王约瑟夫。

约瑟夫被扶上西班牙王位之后，遭到了西班牙人的坚决反对。巴伦西亚、萨拉戈萨、奥维耶多和塞维利亚等地纷纷起义。在起义成功的地方，皇室官员、高级教士和其他迥然不同的人们组织省级议会，以民族主权和人民意志的名义控制了各自的省会。出版机构由于从官方监督中解放了，所以出版物像潮水般涌向了原来教士们布道的乡村。7月4日，作为对西班牙求助的回应，英国停止了与西班牙的战争。后来，西班牙人、不列颠人和葡萄牙军队又在英国著名统帅威灵顿伯爵的带领之下转向反攻，终于在1813年6月把约瑟夫的

---

① 高全喜：《宪法政治理论的时代课题——关于中国现代法治主义理论的另一个视角》，《政法论坛（中国政法大学学报）》2005年第2期，注释①。

② 雷蒙德·卡尔著，潘诚译：《西班牙史》，东方出版中心2009年版，第201页。

势力彻底赶出了西班牙。①

1808年7月，西班牙军队与法国军队在通往安达卢西亚的一个叫拜伦的地方发生遭遇战，法国军队被打败。法国俘虏被送到加的斯湾的废船上，约瑟夫则从马德里逃往了维多利亚。在此有利形势之下，各级议会接触，他们的代表于9月份在阿兰埃斯开会，组成最高中央洪达（委员会），选举德高望重的佛罗里达布兰卡伯爵为议会主席。他们组成临时政府性质的政务会，其主要任务是筹集资金，招募军队。后来，在拿破仑的再次进攻之下，中央洪达的残存势力先是到了塞维利亚，以后又到了加的斯。

在加的斯，在法国人控制以外的地方进行了议会代表普遍选举的基础上，于1810年9月24日召开了西班牙议会的第一次会议。会议的大多数成员，包括许多詹森主义的天主教神甫，都主张最大限度地变革西班牙的君主制度。在奥古斯丁·奥古埃尔和迭戈·穆尼奥斯·托雷罗的领导之下，他们宣布了议会是整个民族的代表，主权在议会；在政治问题上也实行出版自由。在接下来的几年里，不仅加的斯，西班牙其他自由城市也出现了党团和“尖酸的政治出版物”。②

1812年3月，加的斯议会又颁布宪法，这便是西班牙历史上有名的1812年宪法。宪法宣布，西班牙的主权在民族之中，这个民族是指“两个半球所有西班牙人的联合”。虽然规定了西班牙继续实行君主制和仍然是天主教徒国家，国王世袭、不可侵犯，拥有受限制的否决权，但规定了其部长要对议会负责。议会实行一院制，由非常广泛的男性公民普选产生的议员组成。议员选举时，佣人、没有合法收入

① 雷蒙德·卡尔著，潘诚译：《西班牙史》，东方出版中心2009年版，第194页。

② 雷蒙德·卡尔著，潘诚译：《西班牙史》，东方出版中心2009年版，第193页。

的男性和僧侣不得参与投票。地区差异、领主司法制度和贵族特权被废除。为避免世袭统治，自治市的议会也必须由选举产生。

在后来的历史遭际中，西班牙 1812 年宪法有些像孙中山先生 1912 年 3 月在南京颁布的《中华民国临时约法》。与我们对《中华民国临时约法》的评价相似，西班牙人对 1812 年宪法评价也很高。比如，在 1812 年宪法颁布 100 年之际，西班牙人曾举行纪念活动，加的斯的西班牙广场上至今矗立着 1912 年修建的 1812 年宪法纪念碑；2012 年 3 月 22 日，西班牙驻中国上海的总领馆特别邀请了著名西班牙政治学家 Femando Vallespin 作纪念 1812 年宪法 200 周年的纪念讲座，分析当年起草宪法的背景以及对今天西班牙宪法文本所产生的影响。但在具体落实施行宪法方面，西班牙人在很长时间里阳奉阴违，反其道而行之。西班牙的上层人物在 19 世纪的大部分时间里都是如此。

与中国 20 世纪初北洋政府时期的专制军阀破坏宪法、践踏《中华民国临时约法》一样，西班牙的上层人物当年也公然违背宪法精神。就像有西班牙史学工作者所具体指出的：

> 西班牙在 19 世纪的时候……民主进步派和温和派都是为了权力和庇护权争斗的贵族们，他们通过各种腐败的手段操纵无知、冷漠的选举人。由于缺乏任何独立的权力基础，政治家恳求将军们通过发动政变把政治家送上台，这些官员的叛乱标志着政府内部的进步派和温和派的权力交替。主要政治家是已经成为民族英雄的将军们，他们在公开的出版物上以卡洛斯战争中的自由主义的捍卫者的面目出现：他们是埃斯帕特罗、后来的“进步派之剑”胡安·普里姆、温和派的拉蒙·马里亚·纳瓦埃斯和 1860 年代的自由主义联盟的莱奥波索多·奥·当奈尔。这些政变宣言并不是一系列的军事政变，也极少导致血腥的战役，当这些事件发生时，政府当场就向处于优势的反叛将领们投

降，这已成为正常的程序。①

进入20世纪，西班牙的政治体制长期不能向民主宪政的正确方向转轨，长时间徘徊在专制体制的泥潭之中而不得自拔。其间，先有短暂的人民阵线，接着是西班牙长枪党从1939到1975年长达36年的严苛统治。

1931年4月12日，波旁王朝被推翻，西班牙第二共和国正式建立。② 这时，它受到了苏联斯大林主义的严重侵染。1936年1月，1920年4月成立、7月就参加了共产国际的西班牙共产党与西班牙工人社会党等结成"人民阵线"。1936年2月16日，人民阵线在西班牙大选中获胜，成立联合政府。虽然参加人民阵线与联合政府的除了共产党和工人社会党之外还有共和党等，但在其中起主导作用的是西班牙共产党。该党于20世纪30年代前期就领导了阿斯图里亚斯工人起义；1936至1939年的内战时期建立了7万人的武装；10多万名党员是内战时期军事斗争的中流砥柱，他们建立了一个个以"卡尔·马克思"、"马克西姆·高尔基"等命名的营队。③ 此点，与中国近代史的某些事件有相似之处。比如，孙中山于1923年在广州成立"革命政府"，以后革命政府又开展北伐战争，共产党人在其中起了关键性作用。

对于西班牙共产党当时的作用，林达在《一路走来一路读》中有涉及。其中的一处写道：现在在位西班牙国王胡安·卡洛斯一世的

---

① 雷蒙德·卡尔著，潘诚译：《西班牙史》，东方出版中心2009年版，第203页。

② 此处"西班牙第二共和国"，是相对于1873至1874年间的西班牙第一共和国。此前，西班牙曾于1873年2月11日发生革命，王宫议会宣布成立共和国，史称第一共和国。1874年12月，以阿方索十二世为国王的波旁王朝复辟，西班牙第一共和国结束。

③ 王春良：《现代世界风云纪实（1900－1990）》，东方出版社1990年版，第115页。

祖父阿方索十三世当政时，世界和西班牙的政局都在激烈动荡，阿方索十三世竭力使西班牙在第一次世界大战中维持了中立，却无法应对十月革命对国内局势的冲击，“在那个时候，西班牙只有‘军队和无产阶级的对决’。这也是此后西班牙内战对决的基本阵营”①。该书的另一处写道：“在西班牙内战中，左翼曾经吸引了一半的西班牙人，表现了极大的能量，极端左翼也呈现了很大的破坏能力。”②

不可否认，像曾经亲身参加了西班牙内战的英国作家乔治·奥威尔在《动物庄园》③一书中所揭露的，西班牙人民阵线联合政府的行径有诸多荒唐的地方。但是，推翻了西班牙共产党主导的人民阵线联合政府之后，西班牙所建立的仍是落后的专制统治政权。

西班牙于1939年之后建立的是“佛朗哥政权”，佛朗哥是大独裁者。佛朗哥所在的党，先是叫西班牙长枪党，后来又改称民族运动（亦译作国民运动）。原来的领袖并不是佛朗哥，而是何塞·普里莫·德里维拉。1936年7月，以长枪党为核心的军人势力发动反对人民阵线政府的兵变，佛朗哥其实不是最积极的人物，因而，在“阴谋家内部，他持续的犹豫给他赢得了‘加那利群岛小姐’的昵称”④。

---

① 林达：《一路走来一路读》，三联书店2011年版，第250页。

② 林达：《一路走来一路读》，三联书店2011年版，第268页。

③ 《动物庄园》是乔治·奥威尔的一部政治讽刺小说。故事描述了一场“动物主义”革命的酝酿、兴起和最终蜕变。农庄的动物不堪人类主人的压迫，在猪的带领下起来反抗，赶走了农庄主，牲畜们实现了“当家做主”的愿望，农场更名为“动物庄园”，奉行“所有动物一律平等”。之后，两只处于领导地位的猪为了权力而互相倾轧，胜利者一方宣布另一方是叛徒、内奸。此后，获取了领导权的猪拥有了越来越大的权力，成为新的特权阶级；动物们稍有不满，便会招致血腥的清洗。农庄的理想被修正成“有的动物较之其他动物更为平等”，动物们又回复到了从前的悲惨状况。据称，该小说所描述的一些现象与作者在参加西班牙内战时的所见所闻有直接联系。

④ 雷蒙德·卡尔著，潘诚译：《西班牙史》，东方出版中心2009年版，第249页。

西班牙长枪党的创立者何塞·普里莫·德里维拉的父亲米格尔·普里莫·德里维拉曾是1923年9月至1930年1月西班牙的独裁者。米格尔·普里莫·德里维拉是一位民族主义者,主张以国家、宗教、君主制的口号统一国家。米格尔·普里莫·德里维拉当政期间,佛朗哥受到重用,于1926年晋升为准将,并被任命为萨拉戈萨军事学院院长。

何塞·普里莫·德里维拉受其父亲思想的影响,于1933年10月29日创立了西班牙长枪党。次年2月,该党与另一政党国家工团主义进攻委员会合并,党员总数达3000人。1934年11月,何塞·普里莫·德里维拉为西班牙长枪党制订了26条纲领,以意大利墨索里尼主张的政治极权主义和国家机器至上的思想为理论基础,号召通过"民族革命"来"反对现行制度",建立法西斯专政。1936年7月兵变发生之后,何塞·普里莫·德里维拉被人民阵线政府处决。1937年,佛朗哥成为该党的领袖。

同年4月,佛朗哥与自称为传统主义者的卡洛斯派以及保王派联合,将该党更名为西班牙传统派长枪党和国家工团主义进攻委员会。长枪党从此成为联合西班牙各保守势力的庞大政治集团。从1939年1月25日起,长枪党人身着统一的制服,党徒见面时必须按照古代罗马人的方式,向前伸手,互致敬礼。长枪党并拥有自己的武装民兵和青年组织。

西班牙内战结束后,长枪党成为西班牙国内唯一的合法政党。1939年7月底,根据佛朗哥签署的法令,制定了新的长枪党章程。提倡民族主义与军国主义,要求该组织的成员遵守最严格的纪律和绝对服从命令,希望通过实行极权制度使国家摆脱阶级社会的一切弊病,建立维持西班牙传统的合作大帝国。第二次世界大战之后的1947年7月31日,西班牙长枪党改称为民族运动。

长期以来,西班牙长枪党不但控制着西班牙的国家机器,而且控制着产业工会、大学生联合会等社会组织与群众组织，使得西班牙国家的政治生活严重地“长枪党化”。

对于长枪党政权在西班牙的专制统治，国际社会予以反对。联合国曾于1945年12月通过了针对西班牙的决议，对其进行联合外交抵制。在西班牙国内，长枪党政权也遭到了社会各阶层的反对与抵制。

20世纪50年代以来，长枪党所实行的政治制度受到了来自大学生与知识分子的公开挑战。随着大学从精英教育转变为大众教育，大学生们发动了“暴力抗议”，反对官方大学生联合会缺乏民主及大学生生活条件的糟糕。这些积累在一起，导致了1969年整个国家宣布进入紧急状态。由于绝大多数学生来自中产阶级或者是知识阶层家庭，政府发动对抗议学生的镇压，进一步激发了社会对政府的不满：

> 艺术家、作家和电影导演里面几乎没有人为独裁体制辩护。创造性的艺术家寻求以非直接的、玄学的手段表达他们对西班牙政治、社会生活的不满，为的是逃避出版审查。维克多·埃里塞导演的电影《蜂巢精灵》(Spirit of Beehive)描绘的是沮丧的、无精打采的村庄，在平淡无奇的表面之下，就像在蜂巢的盖子之下，一个生机勃勃、永不停息的社会正在成长。①

此时，教会从原来专制制度最热忱的保卫者变成了内部直率的批评者。1971年，西班牙教会投票，要求宽恕西班牙人民在内战中扮演的角色。1973年，主教要求教会与国家分离。

巴斯克地区的民族分离主义一直是令西班牙当局头痛的事情。1974年，巴斯克首府毕尔巴鄂主教发表讲话，支持巴斯克地区的民族文化自治。② 正如有研究者所指出的，以上之事“对佛朗哥来说，犹

---

① 雷蒙德·卡尔著，潘诚译：《西班牙史》，东方出版中心2009年版，第269页。

② 林达：《启蒙、契约与妥协——西班牙由专制走向民主启示录》(上)，《文史参考》2010年第8期。

如'芒刺在背'"①。

一般情况之下,专制的体制是一种强人体制。强人在则专制体制在,强人去则专制体制及其所提供支撑的政党必亡。西班牙当年即是如此。1975 年 11 月 20 日,佛朗哥病死于马德里。佛朗哥去世之后,西班牙迅速从独裁与一党专政体制向议会民主制度过渡。在国内广泛开展的反法西斯运动中,长枪党于 1977 年 4 月 1 日被西班牙内阁取缔。

三、政治体制转轨与民主宪政体制在西班牙的最后确立

国家政治体制能否实现良性转轨,应是取决于居于权力中枢的一两个政治人物。亦即,一个国家的政治体制是否实行民主变革,是由当时在位的主要政治领导人所决定的。对于集权国家而言,情况更是这样。世界当代史的众多实例都表明了此点。比如,当年波兰政治体制实现转轨,雅鲁泽尔斯基和拉科夫斯基起了决定性作用;苏联的政治体制发生转变,戈尔巴乔夫与叶利钦起了重要作用;南非的政治体制发生转变,德克勒克起了重要作用。同样,西班牙当年的政治体制发生转变,也与一两位政治人物发挥了其关键作用密不可分。他们是刚即位的年轻国王胡安·卡洛斯一世和年轻的首相苏亚雷兹。波兰知名社会改革家米奇尼克曾称赞在波兰政治体制实现转轨中起了决定性作用的波党前领导人雅鲁泽尔斯基是一位有想象力的政治家和爱国者,②而西班牙年轻的国王胡安·卡洛斯一世与年轻的首相苏亚雷兹亦是。

前已提及,西班牙长枪党领袖人物佛朗哥于 1975 年 11 月 20 日

---

① 雷蒙德·卡尔著,潘诚译:《西班牙史》,东方出版中心 2009 年版,第 267 页。

② 米·弗·拉科夫斯基著,郭增麟译:《波兰剧变是怎样发生的》,世界知识出版社 1992 年版,第 285 页。

病死于马德里。两天后,11 月 22 日,胡安·卡洛斯一世根据 1947 年通过的《王位继承法》登上西班牙王位。他是 1969 年 7 月 22 日被正式宣布为未来西班牙国王的。

胡安·卡洛斯一世的加冕典礼与佛朗哥的葬礼形成了鲜明对照。佛朗哥的葬礼除了智利独裁者皮诺切特之外,几乎没有国际要人,而出席胡安·卡洛斯一世加冕典礼的有英国女王的丈夫爱丁堡大公、美国副总统、联邦德国总统等。很显然,当时的国际社会寄希望于新国王能够推进西班牙的政治体制改革。后来,胡安·卡洛斯的作为表明他没有令国际社会失望。

当时,西班牙的局势复杂,人们都渴求"民主突变"。还处在地下的反对党曾组织了规模浩大的示威和罢工。在佛朗哥去世的 1975 年已经达到了 3156 起,而 1976 年竟高达 17731 起。但是,"尽管几乎所有西班牙人都希望和平的渐进改革,但是又有高达 80% 的人相信,旧执政者的傲慢和固执,使得任何改革都变得不可能"①。原因就是佛朗哥原来的首相那瓦罗声称:"我将把佛朗哥的事业继续下去。只要我还在,只要我的政治生命不停止,我就是佛朗哥事业的执行者。"②

但是,同是佛朗哥选定的权力继承人,年轻的国王胡安·卡洛斯没有像那瓦罗那样声称要捍卫原来的道路。同时,作为西班牙的元首和国家武装部队的最高统帅,胡安·卡洛斯也没有像其他后来处于相似地位的统治者那样,浪费国家巨大的人力物力以巩固自己的地位;而是瞅准机会,利用自己手中的权力,挑选能实行改革的新首相,进而推动国家政治体制的转轨。

---

① 林达:《启蒙、契约与妥协——西班牙由专制走向民主启示录》(中),《文史参考》2010 年第 9 期。

② 林达:《启蒙、契约与妥协——西班牙由专制走向民主启示录》(中),《文史参考》2010 年第 9 期。

对于国王胡安·卡洛斯在西班牙政治体制转轨中的关键性作用,笔者想到的是托克维尔论述有关问题时的一段话:

有人说路易十五最能干的大臣之一德·马肖尔先生曾模糊地预感到(改革和赋予人民权利)这一思想,并向他的主上建议;但是这类事业是不能根据他人建议来决定的:只有当一个君主自己能构想出这类事业时,他才能去完成它们。①

托克维尔上述论述正确。出于实现国家政治体制正常化的考量,胡安·卡洛斯在未登上西班牙王位之前,就曾冒着风险,秘密派出私人信使,通过罗马尼亚领导人齐奥塞斯库与西班牙长枪党的死敌、同时也是自己家族死敌的西班牙共产党高层建立了联系,并承诺日后共产党在西班牙将获得合法化。即王位之后,胡安·卡洛斯进一步与自己的朋友、法国驻西班牙大使简-弗朗索瓦·德尼奥讨论在国家政治体制转轨中,如何具体处理共产党在西班牙实现合法化的问题。② 正是在此观念基础之上,1976 年 6 月,当那瓦罗主动提出辞去首相职位时,胡安·卡洛斯才从国会酝酿出的一长串新首相候选人名单中,选定了处于最后一名、本是“陪衬人”却极具改革思想的年轻人阿道夫·苏亚雷兹。

国王胡安·卡洛斯挑选苏亚雷兹的具体原因,在于苏亚雷兹在其“内部圈子里”是“具有相似想法的顾问”。③ 苏亚雷兹当年被任命为民族运动的副秘书长后受命起草一份报告,分析未来军队的态度。他的结论是,军队能够接受温和的渐进改革。这给未来的新国王留下了深刻的印象,认为他虽然是“体制内的人,但具备新的意识、新的

---

① 托克维尔:《旧制度与大革命》,吉尔伯特英译本,纽约双日出版社 1955 年版,第 165 页,转引自《社会学家茶座》211 年第 4 辑,第 128 页。

② 林达:《一路走来一路读》,三联书店 2011 年版,第 266-268 页。

③ 雷蒙德·卡尔著,潘诚译:《西班牙史》,东方出版中心 2009 年版,第 270 页。

思维,而不是旧官僚”①。另外,“苏亚雷兹过去的记录是曾帮助使顽固分子不能接近他们的卫兵”②。

苏亚雷兹于1932年出生,年长胡安·卡洛斯6岁。年轻时在大学里学习法律,是一位有成就的法学家。1968年,36岁的他就担任了塞哥维亚省省长。1969年,由佛朗哥所选定接班人之一的亲信布兰科将军推荐,担任了西班牙国家电视台台长。1975年,被任命为唯一执政党民族运动的副秘书长,是掌管全国意识形态的最关键职位。从此之后,国王与他,一位38岁,一位44岁,互相配合,领导着具有欧洲古老传统的专制大国西班牙,开始了政治体制上的根本转型。

尤其难能可贵的是,苏亚雷兹任职首相之后,如果旧的体制继续延续的话,会“无风无火、旱涝保收”。但苏亚雷兹没有这样,而是选择了一条对自己来说充满了挑战的道路。他决心对西班牙的现行政治体制进行彻底改造。正如有研究者所指出的:“从1976年9月到1977年6月,苏亚雷兹以一种令人叹服的方式,一步一步地走向多党政治。”③

把政治反对派带进现行体制的框架之内,允许工人自主组织工会以及促使国会表决通过了《政治改革法》,是苏亚雷兹实行政治体制改革的第一步。史料记载:

> 新首相不得不在死硬的佛朗哥主义分子的党羽(被反对派称为在希特勒最后抵抗之后的死硬分子)与大众对改革的动员之间掌舵…… 非官方的谈判包括承诺和甜言蜜语,由苏亚雷兹及其团队很有技巧地与反对派和佛朗哥主义分子展开,他的团

---

① 林达:《启蒙、契约与妥协——西班牙由专制走向民主启示录》(中),《文史参考》2010年第9期。

② 雷蒙德·卡尔著,潘诚译:《西班牙史》,东方出版中心2009年版,第270－271页。

③ 林达:《一路走来一路读》,三联书店2011年版,第285页。

队拥有控制国家媒体的关键的有利之处。①

苏亚雷兹出任首相后不久，就开始了广泛接触体制外的政治力量。他首先与之建立政治共识与政治互信的是西班牙社会党（亦译西班牙工人社会党）。西班牙社会党是西班牙“左派”阵营中历史最悠久的政党，1879 年 5 月在马德里正式建党。长枪党专政后，西班牙社会党被宣布为非法，被迫转入地下，主要领导人流亡国外。1974 年 10 月，在法国召开的代表大会上，以冈萨雷斯·马克斯为首的更新派战胜历史派，取得党的领导权。冈萨雷斯当时以年仅 32 岁的青年出任党的总书记。1976 年 4 月，西班牙社会党在国内获得合法地位。苏亚雷兹和冈萨雷斯多次会谈，双方都留下了很好的印象。会谈中，双方达成了重要共识。冈萨雷斯在会谈中认为，在现有政权框架下，只要能真正实行国会的自由选举，就是一种民主的突破；他还为苏亚雷兹的谦恭与虚怀若谷的风度所折服。

1976 年 9 月 8 日，苏亚雷兹拜见西班牙军内最有势力的保守派将领，通报他的政治改革计划，主要是让政党合法化。他告诉将军们，计划是国王同意的，请求将军们支持他实施。当将军们问及合法化是否也包括共产党时，苏亚雷兹的回答是：现在的共产党不可能。将军们承诺支持。两天后，苏亚雷兹主持内阁讨论政治改革法案，军人阁员们没有反对。

几天后，内阁起草《工会组织法》，先放开工人组织工会。一位将军阁员表示反对，理由是当年就是众多工会组织先乱，继而失控而导致内战的。但苏亚雷兹认为，工会是让工人参与政治的必要途径，这是必须走的一步。将军坚决反对，苏亚雷兹出乎意料地采取了强硬态度，迫使这一反对的将军从内阁辞职。

---

① 雷蒙德·卡尔著，潘诚译：《西班牙史》，东方出版中心 2009 年版，第 271 页。

1976 年 10 月 8 日,西班牙旧国会对苏亚雷兹提交的《政治改革法》进行表决,以 425 票赞成的高票率通过。反对的 15 票,弃权的 13 票,二者相加才不过 28 票。同年 12 月 16 日,又对《政治改革法》进行了全民公投。全民公投的结果显示,苏亚雷兹所组织实施的政治改革同样深得民心。在全国 78% 的参加选民中,有 94.2% 的人投了赞同票。

按照《政治改革法》计划,半年以后西班牙将举行大选,所有的国会议员都将由公开的竞争性选举来产生。体制内外的政治家们都开始了组党,投入到大选前的准备之中。这时的西班牙共产党还没有获得合法地位。与国王的观点一致,苏亚雷兹也认为在西班牙的未来政治事务决策中不能没有西班牙共产党的一席之地。1977 年 2 月 27 日,苏亚雷兹与西班牙共产党总书记卡利约会谈,取得共识并达成协议。苏亚雷兹要求西班牙共产党公开宣布承认西班牙的君主制,放弃暴力革命,遵守法律,遵从民主政治的程序。在此前提之下,苏亚雷兹承诺尽快宣布其合法化,允许其参与即将到来的大选。同年 4 月,按照达成的协议,西班牙政府宣布西班牙共产党合法,流亡国外 38 年的共产党领袖最终回国,参加即将于 6 月份举行的体制转轨后的第一次大选。

由于开放了党禁,人们的组党与结社自由了,西班牙一时间政党如雨后春笋般出现,最多时达到了 300 多个。与目前印度大选中的情况很相似,西班牙当时的很多党只有几个人,被称为“出租汽车党”,意思是一辆出租车就可以全部拉走。随着大选临近,很小的党眼看竞选无望,自然消亡。真正为选民们所注意的,是有“四雄”之称的 4 个政党。① 它们是:左翼的卡利约领导的共产党,中间偏“左”的

① 林达:《启蒙、契约与妥协——西班牙由专制走向民主启示录》(中),《文史参考》2010 年第 9 期。

冈萨雷斯领导的社会党，中间偏“右”的首相苏亚雷兹加盟的民主联合会，右翼的佛拉加领导的人民联盟(或译人民同盟)。

1977 年 6 月 15 日，是西班牙民族值得骄傲的日子。他们成功地举行了有史以来第一次没有外来势力干预的真正的民主大选。首相苏亚雷兹带领的民主联合会得票最多，他获得了民众授权，负责组织新的政府。社会党其次，在众议院中获得 124 席。共产党获得 20 席。

要建成真正的宪政国家，制定出一部好的宪法非常重要。它必须包括思想与政治力量多元、政府分权、权力制衡、强有力的执行机关、地方自治、保证社会成员的最大精神与人身自由等原则。苏亚雷兹的新政府组成之后，即进行有关方面的协调。西班牙各大党的 7 个代表组成宪法起草委员会，称之为“求同联盟”。1978 年 1 月，起草委员会完成初稿。从 5 月起，国会的 36 个委员会开始公开讨论宪法初稿。在经过 148 个小时的议会辩论、总计 1342 次的演讲之后，议会宪政委员会终于在 6 月 20 日签字，完成了宪法的文本。10 月 31 日，议会又以压倒多数通过宪法。12 月 6 日，西班牙再次就国家重大政治问题举行全民公投。在 68% 的参加选民中，只有 7.2% 的人投了反对票。12 月 27 日，国王胡安·卡洛斯一世签署新宪法。至此，在佛朗哥去世两年之后，西班牙的君主立宪民主宪政体制正式建立起来。

对于西班牙 1978 年宪法，西班牙的史学工作者评价很高。比如，雷德蒙·卡尔就在《西班牙史》一书中写道：

> 事实上，主要党派之间弥漫的温和的气氛使新宪法经过了冗长、高强度的谈判后达成妥协，于 1978 年被批准。其至高无上的目标是允许曾经数十年只能有一个意识形态和文化的国家可以有多元主义，有异议的话题……但宪法关于新民主的主要线索是清晰的：两院制的议会、强有力的执行机关、一个无忏悔

室的国家和对地方民族主义权利的承认。在1978年的全民公决中，宪法得到了88%的投票人的同意。①

这里顺便提及，以上所说右翼的人民联盟领导人佛拉加是原体制内一位很有名的改革派人物。在他担任西班牙新闻与旅游部长期间，曾于1966年主持通过了新闻法。这个立法结束了出版物的预先审查制度。尽管此后西班牙的新闻出版仍然受到约束和惩罚，但是这个立法使得很多报纸在20世纪70年代能够发表对长枪党政权的批评文章。佛拉加所领导的人民联盟于1989年1月20日更名为人民党（或译大众党）。后来在1996年和2011年的两次大选中，人民党均战胜西班牙社会党赢得执政权。正如有研究者所指出的：

> 大众党的胜利标志着佛朗哥主义从后门走进来。……与传统的西班牙保守派不同，他们是新自由主义的现代化者。他们的计划包括私有化、国家干预的最小化和福利国家的改革。虽然该内阁（指1996年任首相的何塞·马里亚·阿斯纳尔内阁）成员来自组织严密的群体，它们通过扎根于佛朗哥主义的家庭、财产和事业联系在一起，它包含了尊重民主体制的基本规则的、革新的西班牙保守主义。②

四、西班牙政治体制改革时期社会条件与走上民主宪政之路诸原因分析

在该部分，笔者主要想告诉读者如下四点：第一，当年西班牙政治体制实行转轨之时社会条件并不好；第二，具体负责政治体制改革措施实施的首相苏亚雷兹为此所做出的贡献巨大；第三，西班牙走上

---

① 雷蒙德·卡尔著，潘诚译：《西班牙史》，东方出版中心2009年版，第271－272页。

② 雷蒙德·卡尔著，潘诚译：《西班牙史》，东方出版中心2009年版，第276页。

民主宪政之路与其人民的坚决抗争密不可分;第四,佛朗哥生前不给继任者留下必须遵循的政治遗嘱,在一定程度上对西班牙的政体转轨有利,佛朗哥的此做法值得肯定。

可以说,西班牙当年进行政治体制转轨是在社会条件极其"恶劣"的情况之下启动的。比如,仅我们前已提及的佛朗哥去世后不久全国游行与罢工事件骤然增加,就足以成为当时当权者全力维稳、拖延改革甚至走回头路、开改革历史倒车的理由。

事情不仅如此。西班牙在那时,还面临着国内严重的通货膨胀、失业率上升以及巴斯克民族主义分离势力的最严重的暴力恐怖袭击。

西班牙当时的经济比较困难,这是自 1962 年以来经济高速增长后所遗留的症状。从 1973 至 1975 年,西班牙的通货膨胀率在 15%以上,居高不下,失业人口增加了两倍半。在失业的人群中,只有一半得到了福利救济。民生困难导致了罢工的增加。在当时,西班牙成了欧洲国家中罢工次数最高的国家。

后面我们将要详细讲到,西班牙巴斯克民族主义分离势力中的恐怖组织"埃塔",其民族主义的诉求与反佛朗哥独裁专制、反暴政相连。西班牙政治体制改革启动之后,它又把攻击矛头转向了民主政府。20 世纪 70 年代,埃塔不断制造恐怖袭击事件。据统计,当时埃塔的袭击平均每年造成近百人死亡。1980 年,袭击频率一度又有提高。1980 年前 10 个月,埃塔组织杀害了 114 人,平均每三天就杀害一人。同年 10 月 31 日,一位法学教授因为是苏亚雷兹领导的民主联合会的候选人,结果被埃塔暗杀。① 2011 年 10 月 21 日,埃塔终于在民主政治的感召下通过加拉日报网发布视频和文章,宣布永久停

---

① 林达:《启蒙、契约与妥协——西班牙由专制走向民主启示录》(下),《文史参考》2010 年第 10 期。

火。但在当时,其上述袭击足以能成为当政者进行维稳与停止政治改革的借口。

但是,苏亚雷兹不是这样。与波兰当年体制转轨时期波兰共产党领导人米·弗·拉科夫斯基的政治伙伴思想相近似,苏亚雷兹认为,巴斯克民族主义分离势力的最终解决离不开中央政府和巴斯克地区政府的对话,离不开和巴斯克民族主义政党的对话,甚至离不开和埃塔的对话。为对话开路,又很难避免有条件地大赦被捕的埃塔成员。苏亚雷兹的这种思路,使得原来体制内的保守派非常愤怒,特别是军队。早在1978年,西班牙军队内部就有人计划政变,幸好政变被挫败。① 1981年2月23日下午,西班牙又有特赫罗上校发动的短暂反民主政变发生。在此之前的1981年1月23日,据传有17位老资格的将军聚集在一起,讨论是不是要根据西班牙军人的"传统责任",以军事行动来干政。29日,苏亚雷兹为保全民主政体而主动宣布辞去首相职位。他在辞职的讲话中说:"我不愿意让民主政权再一次成为西班牙历史上的昙花一现。"②

当时有人认为,苏亚雷兹的辞职是出于对军人威胁的惧怕,但他在2月23日短暂反民主政变中的英勇表现表明此说有误。当发动政变士兵的冲锋枪枪口对准议员的胸膛,命令所有人趴在地板上不许动时,只有苏亚雷兹与共产党总书记卡利约二人仍然坐在椅子上未动。当议员中的梅拉多将军喝令这些人退出去而被推倒在地时,又是文质彬彬的苏亚雷兹勇敢地冲上前去,奋不顾身地护卫将军。

在短暂反民主政变中的英勇行为,充分表明了苏亚雷兹大无畏的自我牺牲精神。实际上,他在具体实施西班牙政治体制转轨中的

---

① 雷蒙德·卡尔著,潘诚译:《西班牙史》,东方出版中心2009年版,第274页。

② 林达:《启蒙、契约与妥协——西班牙由专制走向民主启示录》(下),《文史参考》2010年第10期。

行动，更是无私无畏；同时，也蕴含了他超凡逸群的政治智慧与才华。

北京大学贺卫方教授指出："政治家行为的动机是最难回答的问题……政治家有时候会有超越于一个集团、特定既得利益群体的利益的可能。"①苏亚雷兹的作为就是明证。苏亚雷兹，还有国王胡安·卡洛斯一世，二人作为有远见、有良知的政治家，早就非常清楚地看到了体制改革才是西班牙的唯一出路。这也是他们决意进行原有体制变革的最根本的动机。因为西班牙再停留在原来的老路上，再充当欧美社会的异类，再怎么高叫发展、高叫创新，也不可能进入世界先进国家的行列。有学者指出："苏亚雷兹和旧制度根本的分界点是，他当上首相推动改革的这一刻，就清楚知道，民主转型会葬送掉他赖以成长起来的旧体制，他个人会失去今天的权力。但是，他还是要做。"②非常正确。

另外，林达对苏亚雷兹如下的评价也很中肯：在改革初期，对一些事情的看法往往"很多人认为根本没有可能。苏亚雷兹的又一过人之处是，他能看到'可能性'。他和死板的教条主义者不一样。始终认为现实政治需要智慧、需要妥协，对谁都是如此。他也和经常抱怀疑态度的现实主义者不一样，始终认为理想是可能实现的，成败不能预定，很大程度上取决于怎样操作。他是一个有政治想象力的政治家。他认为，在变局深不可测之际，有时一个重大变革成功与否，可能取决于事后看来微不足道的细枝末节，比如发生的时间、地点和行事分寸，甚至一句话该怎么说、在什么场合说。特别是在不透明的专制政体下，什么可做，什么不可做，全凭个人判断。而苏亚雷兹一

① 周兆呈：《对话贺卫方谈中国宪政争议》，《联合早报》2013 年 6 月 4 日。

② 林达：《启蒙、契约与妥协——西班牙由专制走向民主启示录》（中），《文史参考》2010 年第 9 期。

辈子就活在体制内，作这种判断不仅是他的特长，也几乎成为他的本能”①。

正是出于对苏亚雷兹在西班牙政治体制转轨中突出历史贡献的充分肯定，国家对其进行了褒奖。他被认为是西班牙历史上最杰出的首相。1981 年，西班牙国王胡安·卡洛斯一世授予他“苏亚雷兹公爵”爵位。2007 年 5 月 22 日，西班牙第三广播电视台在评选西班牙历史上最重要人物时，苏亚雷兹名列第 6 位。

人民的反抗，在人类历史进步的伟大事业中，永远是必不可少的重要组成部分，其中包括比较合理的反抗，也包括不理性的反抗。西班牙人民当年的斗争与反抗即是如此。

针对长枪党人专制统治的理性反抗，除了我们前已提及的 20 世纪 50 年代以来大学生反对官办大学生联合会缺乏民主与大学生生活的糟糕条件之外，比较著名的事件还有：1970 年，西班牙的 131 个温和反对派，大多是社会主义者、基督教民主主义者和自由主义者，趁着西德外交部长来访，发表了一份要求改革的公开信，指出西班牙和欧共体之间的差距，呼吁当政者给人民以人权和基本政治权利。

笔者记得有人说过这样的话：暴君只听得进炸弹与大炮的声音。许多时候，专制统治者根本不以人民为重，而是随心所欲地进行惩治。在此情况之下，一些极端的反抗措施就有了一定的合理性。具体来讲，西班牙未实现政治体制转轨之前，巴斯克人民的斗争就是如此。

1970 年前 9 个月，西班牙政府审判的政治犯高达 1101 人，很多人是巴斯克民族主义者。当时，巴斯克地区的民族主义运动不仅与共产党关系密切，而且也得到了当地天主教会的支持。当佛朗哥既禁他们的旗帜又禁他们的语言时，便导致了前述埃塔极端民族主义组织的出现。埃塔是巴斯克语“巴斯克祖国与自由”的缩写，成立于

① 林达：《一路走来一路读》，三联书店 2011 年版，第 285 页。

1959 年。在它的纲领中,除了争取独立之外,还包括推翻佛朗哥的独裁专制统治。它在佛朗哥统治时期所制造的最有影响的事件有两次,一次在 1961 年,另一次在 1973 年。两次事件均使统治当局为之夺气。

埃塔于 1961 年组织了一次重大行动,制造了一起未遂的火车出轨事件。有史料称,该事件对整个佛朗哥政权震动很大。

埃塔于 1973 年组织的行动则是成功暗杀了佛朗哥的得力臂膀、总理卡雷罗·布兰科将军。他们先是在布兰科每周去教堂的必经之路租了一幢公寓,以雕塑家的身份为掩护,每天在里面挖凿通向大街中心的地下隧道。挖好之后,在里面放置了大量炸药。一个周日的早上,当布兰科的车队经过时,炸药的巨大威力竟把布兰科的汽车炸得飞上了临近大楼的屋顶。当天,政府原定审判 10 个工人委员会成员的"非法结社罪",爆炸发生在法庭审判之前的 10 分钟。① 事后,爆炸制造者逃到了葡萄牙。

对于埃塔成功地暗杀了佛朗哥的得力臂膀、总理卡雷罗·布兰科的影响,有西班牙学者不无诙谐地写道:"埃塔在马德里市中心卡雷罗的轿车经过的道路上埋设的炸弹威力如此之大,以致他乘坐的豪华轿车被炸到了摩天大楼街区的屋顶上,这促使反对派给他起了个昵称'西班牙第一个宇航员'。由于内部分裂,没有能力也不愿意自由化,该政权转而求助于战争法和国家的野蛮行为,如 1975 年处决了 5 名反佛朗哥主义的恐怖分子。排山倒海的抗议加重了由石油危机造成的经济衰退,在佛朗哥统治的最后两年进一步削弱了政权的合法性。"②

---

① 林达:《启蒙、契约与妥协——西班牙由专制走向民主启示录》(上),《文史参考》2010 年第 8 期。

② 雷蒙德·卡尔著,潘诚译:《西班牙史》,东方出版中心 2009 年版,第 270 页。

统治者生前或离任前不给继任者留政治遗嘱,不给后来者加上政治紧箍咒,这是非常重要的。因为在威权体制之下,在权力班底都已经为后来者定好了的情况之下,不给继任者定上基本路线不动摇、不许走邪路的基调,他们尚且很难在政治上有所作为,而一旦再有必须遵循的政治遗嘱,就等于把后来者所有可能进行政治改革的路全部堵死。

相比较而言,同样是控制统治大权到去世的专制统治者,佛朗哥与其他独裁者相比,就高明得多。

据胡安·卡洛斯一世后来回忆,佛朗哥没有儿子,但他能感觉到,佛朗哥在某种意义上是把自己当做了儿子。佛朗哥为胡安·卡洛斯一世提供一流的受教育机会,却很少和他谈起政治,也几乎不给他处理政治问题的指点和劝告。当面对这样或者那样的问题询问时,佛朗哥会对胡安·卡洛斯说:"我真的不知道。可是,在任何情况下,殿下,你都没有必要做那些我不得不做的事情。当你成为国王的时候,时代已经变化了,西班牙的人民也将和现在不同。"当胡安·卡洛斯一世要求旁听政治上层的会议时,佛朗哥会说:"这对你是没有意义的,因为你不可能去做我要做的事情。"

总之,在此问题上,笔者完全赞同有学者的如下分析:

> 佛朗哥是一个独裁者。可是,现代社会的独裁者和独裁者之间,在某种意义上来说,也可以有本质差别:就是有明白的独裁者和不明白的独裁者……明白的独裁者知道民主社会是一种历史潮流,自己只是一个冲突社会无可奈何的结果,是历史过渡人物。而不明白的独裁者,会梦想独裁制度是社会的必然,会如古代帝制一样,千秋万代传下去。从胡安·卡洛斯一世的回忆中,可以看到佛朗哥非常明白,自己只是一个过渡人物。①

---

① 林达:《一路走来一路读》,三联书店2011年版,第285页。

五、西班牙走上民主宪政之路意义分析

通过以上的考察,我们可以看到,今天的西班牙在社会公正与道义的维度上已经得到了较好实现。笔者记得撒切尔夫人曾说过:选择是一种权利,没有选择就没有权利,就没有道义可言。具体到西班牙,今天,那里的人民已经有了通过投票选举国家领导人的权利。

在此需要特别指出的是,西班牙在政治体制转轨期间与走上民主宪政之路之后,经济与社会发展的速度并未受到影响。其人均GDP,1955 年是 390 美元,1980 年增加到 5100 美元,2011 年更达到 30625 美元。目前,西班牙是世界第十大工业强国。1981 年,西班牙的水泥出口居世界第一位,超过了当时的日本、韩国和苏联。西班牙的机床生产目前居世界第 10 位,有一半产品出口到美国和德国。① 1992 年,西班牙的巴塞罗那成功举办了第二十五届奥运会。同年,世界博览会又在西班牙的塞维利亚成功举办。同时,西班牙也是世界上屈指可数的旅游大国。如今,每年去西班牙旅游的人数超过 5000 万,这个数字比其国内人口总数的 4719 万(2011 年)还要多。

另外,西班牙实行政治体制转轨、走上民主宪政之路的世界意义也不可小觑。它率先垂范,为世界上还未实行民主政治国家的人民树立了可供学习的正面形象。对之,美国知名政治学家亨廷顿在《第三波——20 世纪后期民主化浪潮》一书中有涉及。比如,书中写道:1975 年 11 月 20 日佛朗哥将军死亡,"在此后的 18 个月中,新国王胡安·卡洛斯在其首相阿多尔夫·苏亚雷兹的帮助之下,确保议会和民众同意政治改革法,并根据这项法案选举出一个新的代表大会。这个大会草拟了一部新宪法,这部宪法在 1978 年

① 王加丰:《西班牙、葡萄牙帝国的兴衰》,三秦出版社 2005 年版,第 352 页。

的全民公决中被批准。根据这部新宪法,1979 年 3 月举行了议会选举。到 70 年代末,民主的浪潮涌入拉丁美洲。"①另外,亨廷顿在书中认为,后来一些东欧社会主义国家的体制转轨也与西班牙的影响有关系。②

但是,笔者必须同时指出的是:亨廷顿过分渲染"民主是一种文化传统的产物"、"亚洲是不自由民主的老家"、"限制国家的人权观念在亚洲极其薄弱"有很大的不妥。③ 另有学者在充分肯定西班牙政治体制转轨事业的同时,却讲"西班牙始终没有离开欧洲的政治文化传统",也有其自相紧张之嫌。④ 所以在此,我们必须清醒:第一,文化传统可以移植,可以再造,就像吴冠中先生所指出的,传统是传统、反传统、反反传统的继续;第二,在民主宪政体制的建立上,文化传统并不是不可克服的绝对障碍。

① 亨廷顿著,刘军宁译:《第三波——20 世纪后期民主化浪潮》,上海三联书店 1998 年版,第 21－22 页。

② 亨廷顿著,刘军宁译:《第三波——20 世纪后期民主化浪潮》,上海三联书店 1998 年版,第 23 页。

③ 亨廷顿著,刘军宁译:《第三波——20 世纪后期民主化浪潮》,上海三联书店 1998 年版,"序"第 11 页。

④ 林达:《一路走来一路读》,三联书店 2011 年版,第 297 页。

第二篇

德国建设宪政统一国家过程中两种思想与体制的博弈

德国建设文明统一国家的过程中，在是否实行民主宪政体制的问题上，其民族内部曾长期存在两种思想与主张的博弈。一种思想是反对国家权力与职能的无限制膨胀，主张要充分尊重个人的自由与个性，用形象的话来说就是这些人主张“要面包也要自由”。其代表性的观点如思想家、教育改革家威廉·冯·洪堡(1767-1835)所言，应该建设的社会“不仅每一个单一的人享受着从他自身按照其固有特征发展自己的、最不受束缚的自由，而且在其中，身体的本质不会从人的手中接受其他的形态，每一个个人都根据他的需要和他的喜好，自己随心所欲地赋予它一种形态，这样做时仅仅受到他的力量和他的权利局限的限制”①。另一种思想与之相对立，主张国家本

① 威廉·冯·洪堡著，林荣远等译:《论国家的作用》，中国社会科学出版社1998年版，第35页。

位，个人要最大限度地服从整体。如果也用形象的话来说，就是持此观点的人认为“要面包就不能有自由”，机械地认为世间没有两全的事情。其代表性的表述是黑格尔（1770－1831）所声称的：国家是道德的最高体现，个人必须无条件服从普遍者（国家）；王权是整体的代表，君主是国家的人格代表，没有君主、没有王权，就没有政府、没有法庭，君主的权力是至高无上的，他的决断是最后的决断，而且君主的权力是无限的，它的最后依据是“我要这样”。① 在国家起源与建立目的上，前者持社会契约的观点，后者则反对之。

现实国家体制是思想的物化与外塑。在建成自由民主宪政国家的过程中，作为以上政治思想与主张博弈的反映，德国有过几次极权独裁专制与自由民主共和、中央高度集权与地方充分自治、国家至上主义与人民权利优位的截然对决。

尽管屡犯错误屡入歧途，但总的来讲，德意志民族不失为一个明智的民族。亦即整个民族并没有一直颟顸与被“谬种”绑架着走下去；并且，健康的思想与力量一直在民族的母体之中存活着。如德国学者迪特尔·拉甫所言：1848 年革命时，他们已经清醒地认识到自己国家有一个向英美成熟宪政国家学习的“德国问题”。当时，“‘德国问题’经过了详细考虑……基本法已被第一次制定出来并被写进德意志各邦的宪法，尤其是被写进 1919 年的帝国宪法和 1949 年 5 月 23 日的波恩基本法。自由思想已深入人心并且使社会政治化”②。1990 年 10 月 3 日，德国人又最终在德意志联邦共和国（德国西区）民主宪政体制的基础之上实现了国家的完全统一。

---

① 黑格尔著，范扬等译：《法哲学原理》，商务印书馆 1982 年版，第 300 页。

② 迪特尔·拉甫：《德意志史——从古老帝国到第二共和国》（中文版），波恩 Inter Nationes 出版社 1987 年版，第 92 页。

一、启蒙思想与专制主义思想在德国的对决

单就思想与社会主张的层面而言，德国人认识到“德国问题”的存在，恐怕比前述德国学者迪特尔·拉甫所言还要早，至少要早半个世纪以上。

德国在一般人的印象中是专制主义国家。因为一提起德国，人们首先想到的是普鲁士的专制军制，其实并不尽然。德国在近代历史上是最早提倡人的个性发展与人的自由的国度之一。反专制主义的思想启蒙运动与在英国、荷兰、法国、北美殖民地一样，在德国也得到了较为充分的开展；启蒙思想与专制主义也曾在德国展开了较长时间的对决。我们这里所说的德国启蒙运动，主要是指当时德意志邦联国家内最大邦国之一普鲁士的启蒙运动。

“启蒙”一语的法语是 Iumieres，意思是“光明”，是 17 世纪西欧学者从古代思想中借来的名词，指代智慧和理性。当时，西欧最早开展启蒙运动的国家是已经开展过资产阶级革命的英国与荷兰，随后在欧洲其他国家及北美地区传播开来。就像洛克的学生沙夫茨伯里三世伯爵当时所指出的那样：“有一股强大的光在全世界散播开来，特别是在英国和荷兰这两个自由的国家里……文学与知识必将空前地大步前进。”①思想家与学者在启蒙运动中集中阐述的几个问题是理性、人的自然权利、自然法、社会契约以及未来国家与社会的式样等问题。运动到 19 世纪初期才宣告结束。与其他国家一样，德意志邦联内的普鲁士王国在 18 世纪也深入地开展了启蒙运动。

席勒曾言，德国整个 18 世纪都是一个“被墨渍铺盖的世纪”，“读

---

① 刘新成等：《世界史》（近代卷），高等教育出版社 2007 年版，第 206 页。

书成瘾"的世纪。[①] 在此大背景之下,普鲁士王国的启蒙运动异军突起。与开展这一运动的欧洲其他国家相比,它有规模大、参加人数多并且参加者的社会层次高等特点。

据德国历史学者研究,"启蒙运动的中心在1750年左右就已经由英国经法国转移到德国"[②]。当时柏林的启蒙思想家有两个最重要的团体:一个是1749年成立的"星期一俱乐部",另一个是1783年秘密组成的"星期三协会"。其中,"星期三协会"在政治上曾发生过较大影响,其成员有许多是身居要职的普鲁士王国国家官员以及哲学家、神学家、历史学家和作家。比如,枢密院最高国务大臣冯·施特努恩斯,枢密院最高法律大臣冯·施瓦勒茨及其助手恩斯特·斐迪南·克莱因,枢密院最高金融大臣冯·福勒默,枢密院成员、军事顾问、后来出任国家公使的克里斯蒂安·威廉·多姆,新教最高教会理事会成员迪特里希、特勒尔、车尔勒、格迪克,王室图书馆馆员比斯特,王室御医迈尔、墨森,哲学家门德尔松、恩格尔,神学家施帕尔丁、格柏尔德以及著名出版商、时事评论家、历史学家和作家尼科莱等。

普鲁士在启蒙运动中出版了多种刊物。除了著名的《柏林月刊》之外,还有席勒主编的《新塔利亚》,[③]尼科莱主编的《德意志图书馆汇编》,克里斯多夫·马丁·维兰德主编的《德意志墨丘利》,奥古斯特·路德维希·施勒策于1782至1794年在哥廷根主编的《国家的迹象》,在耶拿出版的《文学汇报》,在汉堡出版的《爱国者》[④]以及

---

① 转引自李工真:《普鲁士的启蒙运动》,《2000年环球回顾——社会转型问题天津国际学术会议论丛》,吉林人民出版社2001年版,第282页。

② 迪特尔·拉甫:《德意志史——从古老帝国到第二共和国》(中文版),波恩 Inter Nationes 出版社1987年版,第101页。

③ 威廉·冯·洪堡著,林荣远等译:《论国家的作用》,中国社会科学出版社1998年版,第30页。

④ 李工真:《普鲁士的启蒙运动》,《2000年环球回顾——社会转型问题天津国际学术会议论丛》,吉林人民出版社2001年版,第281-283页。

《新德意志博物馆》等杂志。① 本文后面将要论及,德国最重要的自由主义思想家威廉·冯·洪堡著作的部分内容,当时曾在《新塔利亚》和《柏林月刊》上发表。

这些启蒙刊物中,有的作者群庞大且涉及社会阶层广泛,有的所办时间长久,有的则发行数量可观。据统计,《柏林月刊》近300名撰稿人中,80人的学者队伍占了近27%的份额,他们是大学与人文中学的教授及各级教师。其他分别是国家官员60人,神学家、教士、牧师50人,出身于贵族的45人,分别占了20%、近17%与15%的份额。剩下的20%,即来自其他社会阶层的近60人,其中包括15名自由职业者、10名军官、7名书商和银行家。

《德意志图书馆汇编》杂志出版时间很长。在40年的时间里,共出版了8万册。其中,1777年是它的出版高峰,年出版2548册。1787年,在汉堡出版的《爱国者》一年销售了6000册。在哥廷根出版的《国家的迹象》,最辉煌时一年也出版4000册之多。

1784年,腓特烈大帝(1740－1786年在位)在宰相冯·卡麦尔的建议下,提出《普鲁士国家全国通用法草案》(亦译作《弗里德里希二世法典》)的文件,供官员与学者们公开讨论,此事将普鲁士的启蒙运动推向了高潮。在讨论中,人们涉及了"天赋人权",在法权争端中禁止国王的"权力要求"以及"统治的宪法化"等问题。

枢密院最高法律大臣冯·施瓦勒茨在讨论中区别暴君与立宪君主时讲到了社会契约、公民权利。他指出,"暴君是反对履行义务的,而立宪君主是拥有来自于公民契约所赋予的权力的,当他自己取消了这个契约,他就变成了暴君"②。

① 威廉·冯·洪堡著,林荣远等译:《论国家的作用》,中国社会科学出版社1998年版,第32页。

② 李工真:《普鲁士的启蒙运动》,《2000年环球回顾——社会转型问题天津国际学术会议论丛》,吉林人民出版社2001年版,第289页。

1785 年第 5 期的《柏林月刊》在一篇《诸侯们通向永恒的新道路》的社论中写道：

必须进行一场大改革。

当一位诸侯想造就一部能特别持久的法律时，他就必须给这个国家一部宪法，唯此，他的后继者才不能专横地修改由他引入的法律。从现在起，他必须做到这一点：除了整个国家赞成而产生的这部法律以外，不再有其他的法律。一句话，他必须将这个国家变成一个共和国。在这个共和国中，统治家族的首脑占有的仅仅是一个主席的位置……唯有一部共和主义的宪法，才可能被长久地贯彻，才不会因偶然事件引起的平民骚乱而受到危及，因为它是由一批有代表性并充满智慧的人通过争论之后才平静地起草的。

从来就没有哪位君主能无限制地稳定他的统治，除非他将这种统治交到人民的手中……诸侯们应习惯于让人民分阶段地参与公共事务，并寻求有能力的人作为代表来关照这个民族的幸福。当诸侯将选择上级的权利转让给人民的时候，就是为此作了最好的准备！①

中国有学者指出，自由主义也就是宪政主义。② 此论有一定的道理。德国自由主义思想的形成很早，并且成就不亚于英美等先进国家。就像哈耶克在《通往奴役之路》一书中所提及的：

为数众多的一系列英国思想家，他们在过去 100 年中心悦诚服地接受了德国思想中最好的，而且不只是最好的东西……当 80 年前约翰·斯图尔特·穆勒写作他的第一部伟大论著《论

① 李工真：《普鲁士的启蒙运动》，《2000 年环球回顾——社会转型问题天津国际学术会议论丛》，吉林人民出版社 2001 年版，第 289 页。

② 王人博：《中国近代的宪政思潮》，法律出版社 2003 年版，第 237 页。

自由》时，他从两个德国人——歌德和威廉·冯·洪堡——吸取的灵感比任何别人都多。①

哈耶克所论正确。比如思想家康德，还有德国近代史上最著名的自由主义思想家威廉·冯·洪堡等，他们在普鲁士启蒙运动中所阐述的关于自由本位与人权优先的思想与主张，在人类政治思想史上占有很高的地位。

出生于东普鲁士哥尼斯堡的康德(1724 - 1804)，研究了人的本性的自由问题，提出了应该始终把人看做目的而不只是手段的思想。就像中国有研究者所指出的："康德对人性和自由的考察带有鲜明的社会色彩，是新兴资产阶级关于人权要求的理论表现。"②

虽然康德伦理思想的中心是"道德法则"，认为人们唯有遵循道德法则的行动才是合乎道德的，道德法则是绝对的、无条件的，也叫做"绝对命令"，人们应当无条件地遵循它来行动，实现道德法则是人们的义务，但是，他同时又认为要永远把人当做目的而不能只是当做实现目的的手段。因为在道德领域，人是绝对自由的，人之所以存在，乃是由于其自身是目的而不是工具。这种道德法则是人为自己的行为所设立的法则，它必须以意志自由为前提，这是道德法则得以成立的保证。康德认为凡人都有意志自由，都知道什么是人的道德行为的最高法则，并按照它去行动。人愈自由便愈能遵循道德法则去行动，道德愈发展；一个人愈按道德法则去行动，道德愈发展，他也愈加自由。总之，"在这里，康德以他抽象的语言阐述了 18 世纪平等、自由等人权原则。这种以德国方式表达的人权理论就成为他的政治思想的基础"③。

---

① 哈耶克著，王明毅等译：《通往奴役之路》，中国社会科学出版社 1997 年版，第 15 页。

② 徐大同：《西方政治思想史》，天津教育出版社 2002 年版，第 225 页。

③ 徐大同：《西方政治思想史》，天津教育出版社 2002 年版，第 226 页。

康德认为政治必须屈从于道德，这是由道德法则的普遍适用性所决定的；法律和政治都应受道德法则（即绝对命令）的指示，要符合它的要求。

康德区分了理性的公共使用权与私人使用权，并明确指出："唯有学者，而不是君主，才能拥有这种理性的公共使用权！"①康德又进一步强调："不仅人民对国王有义务，而且反过来讲，人民也拥有不可丧失的针对这个国家首脑的权力。"②

在国家起源问题上，康德持二元观点。也就是说，他一方面肯定社会契约论的说明能力，另一方面又对它的历史真实性持怀疑态度，进而提出了自己绝对命令的国家起源理论。康德称，国家建立在自由、平等、独立的原则之上，即每个社会成员作为人都是自由的；作为臣民都是平等的；作为公民都是独立的。这种自由、平等、独立是每个公民在国家中承担政治义务的根本依据。总之，康德上述理论的核心是社会成员自由是国家建立的终极目的，这与原始的契约理论在主旨上一致。

在国家性质的划分上，康德认为可以按两种形式进行划分。一种是按照掌握最高权力的人数把政体划分为君主制、贵族制与民主制；另一种是按照统治者运用最高权力治理国家的方式，把政体划分为专制与共和制。康德关注的是第二种划分方式。

康德主张政府分权，体现公共意志的国家权力要分为立法权、行政权和司法权。立法权是国家的最高权力，应永远属于人民。他认为共和政体以分权为基础而由法律统治，专制政体是一种独裁制度。康德反对专制政体，主张共和政体。

---

① 李工真：《普鲁士的启蒙运动》，《2000年环球回顾——社会转型问题天津国际学术会议论丛》，吉林人民出版社2001年版，第287页。

② 李工真：《普鲁士的启蒙运动》，《2000年环球回顾——社会转型问题天津国际学术会议论丛》，吉林人民出版社2001年版，第290页。

进一步,康德的国家与社会理想可以概括为他提出的三条公论:第一,人人自由;第二,人人平等;第三,人人自主。康德认为,要建立这样的国家就必须遵循如下三原则:"1. 宪法规定的自由……2. 公民的平等……3. 政治上的独立(自主)……"①

与康德相比较,威廉·冯·洪堡的自由主义思想更加激进,以至于在公认的自由主义策源地英国都产生了重要影响。莫利勋爵在他的《回忆录》中提及,"公认之处",即密尔《论自由》一文的主要论点,"并非原创的而是源于德国"。② 莫利勋爵《回忆录》里所说的源于德国,笔者认为,当主要源于洪堡。

洪堡在 24 岁时(1792)写成的《尝试界定国家作用之界限的若干想法》(或译为《试论国家作用范围之界定》,中文本译作《论国家的作用》)一书中指出:"人的真正目的——不是变换无定的喜好,而是永恒不变的理智为他规定的目的——是把他的力量最充分地和最均匀地培养为一个整体。为进行这种培养,自由是首要的和不可或缺的条件。"③如本文一开始时所揭橥的,洪堡提出的"最高原则"是社会使每个个体的人按照其固有特征发展,在最大限度自由的状态之下不受束缚地发展。④ 洪堡对亚里士多德《伦理学》中如下的一段话深表赞同:"每一个人按其本性所最固有的东西,对他来说就是最好的和最甜美的东西。因此,如果人性在最大程度上在于人的理智,那

① 《西方法律思想史资料选编》,北京大学出版社 1983 年版,第 419 - 420 页。

② 哈耶克著,王明毅等译:《通往奴役之路》,中国社会科学出版社 1997 年版,第 15 页。

③ 威廉·冯·洪堡著,林荣远等译:《论国家的作用》,中国社会科学出版社 1998 年版,第 30 页。

④ 威廉·冯·洪堡著,林荣远等译:《论国家的作用》,中国社会科学出版社 1998 年版,第 35 页。

么，按照理智而生活是最为幸福的。”①总之，洪堡通过对单一的人及其存在的最终目的的考察，得出的结论是：每一个人的最高和最终目的就是对其力量的个性特点进行最高的和最均匀的培养，而行动自由和环境的多姿多彩是实现这种目的的必要条件。

洪堡肯定人所拥有的个性的崇高价值，认为个性是使人们彼此相异所必需的要素，也是人类发展所必须的条件；强调个性，强调人类追求的多样化和公民生活方式的最大可能的多样化。正如中国学者吴春华教授所指出的，洪堡的这些观点“不仅赢得了英国自由主义者的高度赞许，而且启发约翰·密尔进行了更深入的思考，形成英国19世纪自由观的核心内容”②。

洪堡写作《论国家的作用》的年代，也正是普鲁士王国大力发展经济的时期。1740年即位的腓特烈大帝，即位后不久就给新成立的商业和工场手工业部发出指令，要求发展王国的羊毛和麻布工厂，然后尽量多开办稀缺的手工工场。据统计，他在位期间，国家共在勃兰登堡地区投入224万塔勒尔，用于资助和建立工厂。为了扶持丝织业的发展，腓特烈大帝对丝织品的输入实行高关税，直到完全禁止进口的政策；对出口则给予补贴。他在位期间，国家支出的有关织机补贴就达到114万塔勒尔。他还通过移民和开垦荒地等措施来促进农业发展，增加国家的财政收入。比如，向奥德河断层区的沼泽地带迁去5万余人，排干沼泽，进行耕种。③ 腓特烈大帝于1786年去世之后，普鲁士上述发展经济的既定政策作为正确路线仍被继续执行着。

国家促进经济发展，政府帮助人们发家致富，按照一般的看法，

---

① 威廉·冯·洪堡著，林荣远等译：《论国家的作用》，中国社会科学出版社1998年版，第28页。

② 徐大同：《西方政治思想史》，天津教育出版社2002年版，第231页。

③ 吴友法等：《德国：从统一到分裂再到统一》，三秦出版社2005年版，第19－20页。

这是做好事，是应该大加赞赏的事情。但年轻的洪堡对之不以为然，他在《论国家的作用》一书中写道："国家不要对公民正面的福利作任何关照，除了保障他们对付自身和对付外敌所需要的安全外，不要再向前迈出一步；国家不得为了其他别的最终目的而限制他们的自由。"①"国家关心公民负面的福利即他们的安全——这种关心是必要的——它构成国家固有的最终目的"②，这才是国家作用的真正范围。"在不是直接关系到一个人的权利被另一个人所损害的地方，国家任何干涉公民私人事务的尝试都该受到鄙弃。"③

洪堡在书中写道：

> 国家对提高民族实际富裕的整个努力……国家对全国人民的整个关心，部分恰恰是通过穷人救济机构，部分通过间接地促进农业、工业和商业的发展……所有的财政和货币政策操作、进出口禁令等等……所有为防止自然灾害和灾后建设的一切活动。总之……意在维护或促进民族物质繁荣的国家的任何机构设置……所有这些机构设置都会带来各种不利的后果，对于一种从最高尚的然而总是从人性的观点出发的真正的政治来说，它们并不合适。④

洪堡继续展开论述与分析：

> 在任何一个这样的机构设置里，都是由政府的精神统治着，尽管这种精神多么贤明，多么有益，它却造成在民族里生活形式

---

① 威廉·冯·洪堡著，林荣远等译：《论国家的作用》，中国社会科学出版社1998年版，第54页。

② 威廉·冯·洪堡著，林荣远等译：《论国家的作用》，中国社会科学出版社1998年版，第59页。

③ 威廉·冯·洪堡著，林荣远等译：《论国家的作用》，中国社会科学出版社1998年版，第37页。

④ 威廉·冯·洪堡著，林荣远等译：《论国家的作用》，中国社会科学出版社1998年版，第38页。

单调,带来一种外来的行为方式。它不是让人进入社会去磨练他们的力量,如果他们因此在排他性占有和享受方面有所损失,那么,他们牺牲自己的力量为代价获得物品。恰恰是由于多人联合而产生的多样性是社会给予的最大财富,无疑,这种多样性总是随着国家干预程度的上升而逐渐丧失。不再是一个民族的成员们共同生活在一个共同体中,而是各种臣仆与他们的国家发生关系,也就是说,与在它的政府里占据统治地位的精神发生关系,在这样一种关系里,单单国家的优势权力就已妨碍各种力量自由运作。原因千篇一律,结果也是千篇一律。因此,国家愈多参与发挥作用,就不仅是所有作用物都更加相似,而且一切被作用物也更加相似。①

洪堡在书中认为:

国家对公民正面的、尤其是物质的福利的关心是有害的,因为它:产生着形式的单调;破坏和妨碍着外在的、哪怕仅仅是身体的活动和外在的环境对人精神和性格的反作用;它必然针对一种错综复杂的大众,因此会由于采取一些带有严重缺点的、适应他们当中的每一个人的措施而损害着他们;它妨碍着人的个性和特长的发展;它增加国家行政管理本身的困难,增加为此所需要的手段,因而成为种种弊端的渊源;最后,在一些最重要的事情上,它扭曲着正确的和自然的观点。②

洪堡在书中进一步指出:国家作用的扩张会使民族的竞争力与道德精神水平下降、国家机构增多与庞大臃肿、“最任意的指令常常从同一个人的嘴里说出来”以及人们会普遍成为一堆“无生气而有生

① 威廉·冯·洪堡著,林荣远等译:《论国家的作用》,中国社会科学出版社 1998 年版,第 38 – 39 页。

② 威廉·冯·洪堡著,林荣远等译:《论国家的作用》,中国社会科学出版社 1998 年版,第 36 页。

命的职能和享受工具"。①

此外,洪堡在书中还明白指出,国家必须"身处公民事务之外",对教育、宗教、艺术、道德、风俗、习惯等都应当撒手不管。

由洪堡的上述论述,笔者想到了如下三点:第一,国家管理的事情越多,政权的性质就越趋于专制,世界上其他一些国家的历史能对此作很好的说明;第二,洪堡不愧是德意志民族的先知人物,他已经从当时的一些事情上预知了后来德国可能要走向的歧途;第三,国家政权对人民的过于关心与对经济的过于热心在某种程度上是有害的,这一观点对欧洲后来的思想家产生了重要影响。

笔者这里关于洪堡思想评价的第二点,是说洪堡对当时普鲁士专制国家组织与功能的批评。以后,德国人正是在"万能"国家不加改正,并且继续"发扬光大"普鲁士主义之恶,从而走向希特勒纳粹深渊的。

哈耶克《通往奴役之路》的一条注释有如下的话:"在社会主义和有意识地自上而下组织起来的、为其它国家所没有的普鲁士国家组织之间,确是存在某种渊源,这是不可否认的,法国的早期社会主义者就坦白地承认这一点。"②哈耶克此语可以帮助读者对笔者此观点的理解。

中国有句古谚,叫做"国难思良将"。实际上,国难时人们也思哲人的灼见与真知。洪堡《论国家的作用》一书在德国的历史遭际能很好地说明此点。该书写成之后长期不能出版。而 1848 至 1849 年的革命失败之后,德国陷入困境,人们需要从自由主义的立场来论述国家的著作,于是,洪堡这一青年时代的论著被看做是德国自由主义的

---

① 威廉·冯·洪堡著,林荣远等译:《论国家的作用》,中国社会科学出版社 1998 年版,第 41 – 51 页。

② 哈耶克著,王明毅等译:《通往奴役之路》,中国社会科学出版社 1997 年版,第 17 页。

大宪章而被大肆宣扬。尤其是在专制的国家制度失败之后,比如1918 年德意志第二帝国崩溃之后和 1945 年希特勒纳粹政权覆亡之后,德国人更是不忘重新刊印洪堡的这部著述。

笔者这里关于洪堡思想评价的第三点,则主要针对法国 19 世纪思想家托克维尔的《旧制度与大革命》一书。托克维尔在对法国波旁王朝的专制行径进行批判时,对于专制国家政权过于热心经济发展与人民福利负面作用很大的看法,与半个多世纪之前洪堡的有关论述完全一致。比如,托克维尔在《旧制度与大革命》一书中有如下论述:

18 世纪,(法国)政府权力已经十分集中,极其强大,惊人地活跃,它不停地赞助、阻止或批准某项事业。它许诺很多,给予也很多。它以各种方式施加影响,不仅主持大政方针,而且干涉家家户户,以及每一个人的私生活①。

御前会议根据总的税收情况,每年拨给各省一定基金,总督再将它分配给各教区作为救济之用。穷困的种田人只有向总督求告。饥荒时期,只有总督负责向人民拨放小麦或稻米。御前会议每年作出判决,在它所专门指定的某些地点建立慈善工场,最穷苦的农民可以在那里工作,挣取微薄的工资。显而易见,从如此遥远的地方决定的救济事业往往是盲目的或出于心血来潮,永远无法满足需要②。

中央政府并不仅限于赈济农民于贫困之中,它还要教给他们致富之术,帮助他们,在必要时还强制他们去致富。为此目的,中央政府通过总督和总督代理不时散发有关农艺的小册子,

---

① 托克维尔著,冯棠译:《旧制度与大革命》,商务印书馆 1992 年版,第 31 页。

② 托克维尔著,冯棠译:《旧制度与大革命》,商务印书馆 1992 年版,第 81 页。

> 建立农业协会，发给奖金，花费巨款开办苗圃，并将所产苗种分给农民……御前会议有时意欲强迫个人发家，无论个人有否这种愿望。强迫手工业者使用某些方法生产某些产品的法令不胜枚举；由于总督不足以监督所有这些规定的贯彻实行，便出现了工业总监察，他们来往于各省之间进行控制。御前会议有时禁止在它宣布不太适宜的土地上种植某种作物。有的判决竟命令人们拔掉在它认为低劣的土壤上种植的葡萄，可见政府已由统治者转变为监护人了①。

笔者认为，作为后来者的托克维尔，其以上所论当是对洪堡观点的继承。另外，托克维尔的《旧制度与大革命》，当年是紧随洪堡的《论国家的作用》的出版而出版，可间接表明托克维尔受过洪堡思想的影响。

由于洪堡当年写作《论国家的作用》是针对普鲁士现实政治的，因而，在严格的普鲁士书报审查制度之下未能全文发表，仅有部分内容于同年发表于席勒主编的《新塔利亚》及《柏林月刊》等杂志。洪堡该书得以出版是在 1851 年，是由波兰地区（作为国家，波兰已于 1795 年被瓜分殆尽）布雷斯劳大学的一位讲师爱德华·考尔以私人名义出版的。而托克维尔《旧制度与大革命》的出版是在 1856 年，二者一前一后，中间只隔 4 年，这应不是一种偶然的巧合。

然而，普鲁士启蒙运动开展前后，历史人物给德意志民族所留下的思想与文化遗产并不全是正面和积极的，而是正面的东西与负面的东西并存。并且，这些负面的东西对德意志民族的影响甚至比正面的还大。例如，腓特烈大帝的开明专制理论与黑格尔的国家至上理论，无论从内在逻辑还是从具体内容来看，都是后来希特勒纳粹主

---

① 托克维尔著，冯棠译：《旧制度与大革命》，商务印书馆 1992 年版，第 81－82 页。

义理论的先驱。

前已提及，普鲁士启蒙运动的高潮在腓特烈大帝统治的后期。可以说，在很大程度上，普鲁士启蒙运动的开展与腓特烈大帝的支持与参与密不可分。正是他，在法国波旁王朝迫害启蒙学者时，使柏林与波茨坦的宫廷成了伏尔泰等法国著名启蒙思想家的避难所。史载，腓特烈大帝本人是柏林启蒙思想家团体星期三协会的"板凳会员"①。据说他还是国际性秘密团体共济会的成员。② 共济会组织是一个遍及欧洲与北美的松散的国际网络，华盛顿、富兰克林等人都曾是它的成员。该团体在启蒙运动中起过积极作用。

但是，腓特烈大帝在骨子里是一位专制主义统治者，尽管可以称他为"开明"的专制统治者。从下面的话语可以看出，腓特烈大帝在国家治理的理念上与前述洪堡的观点正好相反。比如，他在 1752 年的《政治典范》中公开讲：

> 良好的政府必定有一以贯之、堪与一种哲学体系相媲美的观念，所有的举措必定是深思熟虑的，举凡财政、政治和军事，唯须朝向一个目标，即国家强盛，国势昌隆。如此一种体制只能源于一个人的头脑，此人非君主莫属。
>
> 君主是国家第一公仆。他有优厚之报酬，是为了维持职位之尊严，而且人们要求他为了国家的利益干练地工作。
>
> 一个人如为其同等的人推评为杰出人才，这是希望他应该为他们服务。这些服务包括法律的维持、司法的严格执行……这个君主有责任重视农业，使商业和工业受到鼓励。他是一个应该时常警惕国家敌人行动的终身哨兵。

---

① 李工真：《普鲁士的启蒙运动》，《2000 年环球回顾——社会转型问题天津国际学术会议论丛》，吉林人民出版社 2001 年版，第 284 页。

② 刘新成等：《世界史》（近代卷），高等教育出版社 2007 年版，第 207 页。

黑格尔与洪堡是同时期人,出生于符腾堡公国斯图加特市的一个税务官家庭。1788 年入图宾根神学院学习哲学和神学。1801 年到耶拿大学任教,1805 年获副教授职。1818 年任柏林大学教授,后又担任校长。黑格尔虽然早年拥护法国大革命、歌颂自由,但晚年渐趋保守,极力论证普鲁士君主专制制度的合理性,赞美普鲁士王国。黑格尔与洪堡是同一时期的历史人物,却有着截然相反的两种思想,一个主张给人以较多自由,一个主张国家专制,可谓泾渭分明。

黑格尔是狂热的国家至上主义者,其理论主要包括如下五点:第一,宣扬国家神圣至上;第二,强调王权的尊崇地位与作用;第三,对社会自治持批判与否定立场;第四,反对社会契约的理论;第五,宣扬民族主义与歌颂战争。

黑格尔虽然口头上讲自由,但实质上,自由在他这里是专制,自由成了专制的代名词。黑格尔是用国家暴力与人类社会自由画等号的。就像法国大革命时期著名女政治家罗兰夫人所言:自由,自由,多少罪恶假汝之名以行。

黑格尔把国家看做是精神、理性的东西,是伦理精神的体现,是有其自身的根据和目的的独立力量。按照他的观点,精神的本质是自由,作为精神的国家乃是自由的真正实现。黑格尔因此多次界定,"国家是伦理理念的现实";"国家是绝对自在自为的理性东西","国家的根据就是作为意志而实现自己的理性的力量"。①

黑格尔明确讲道,国家是目的而不是手段,国家高于社会和个人。国家是一种独立的力量,是一个有机体。在这种独立的力量中,个别人只是一些环节。他声称国家是道德的最高体现,是自我意识的道德实体,是最普遍的善,是自在自为的神圣的存在,是地上的神,

---

① 黑格尔著,范扬等译:《法哲学原理》,商务印书馆 1982 年版,第 253 - 259 页。

绝对理念通过国家在地上达到了最高的自由。黑格尔认为,推动神圣“王国”实现的力量可以毫不留情地碾碎它前进道路上的障碍,个人可以是普遍者(国家)的牺牲品。

正如本文开始时所揭橥的,黑格尔强调王权在国家中的独特地位与作用,声称王权是整体统一的代表。君主是国家的人格代表,是国家权力的中心,没有君主就没有王权,就没有政府,就没有法庭,就没有等级。君主是王权的体现,君主的权力是至高无上的,他的决断是最后的决断。

与西方近代史中许多思想家明显不同,黑格尔对社会自治持批判与否定的立场。

黑格尔注意到当时社会中有自治因素——市民社会存在;并且,他对市民社会作了较为准确的界定,认为它是城市中多个个人与若干家庭的聚集,是一种特殊的社会结合形式。独立的个人由于相互的需要而联合成市民社会,他们彼此相互依赖,相互利用。

对于此类社会组织形式,青年时代的洪堡曾大力提倡,认为“国民联合会”(或称“国民机构”)一类的组织能把自身的首创性和自我负责的精神置于中心位置,而且拒绝听命于权力与官僚主义,是专制主义国家的对立物。洪堡于 1792 年 6 月 1 日在给乔治·福斯特尔的信中写道:“在这样一个局面里,虽然协会通过尽量多的纽带与公民们维系在一起,但是通过尽可能少的纽带摆脱政府的束缚。”①

黑格尔的观点正好与之相反。他认为,在市民社会里,一切人都追求着各自的利益与目的,彼此间的结合只不过是达到目的的手段。这里充满着各种矛盾:自我与他人,个人与社会,特殊利益与普遍利益,贫困与富足等。总之,“市民社会是个私利的战场,是一切人反对

---

① 威廉·冯·洪堡著,林荣远等译:《论国家的作用》,中国社会科学出版社 1998 年版,第 7 页。

一切人的战场”①。既然市民社会充满了矛盾,就必须解决。黑格尔认为市民社会中的各种矛盾自身没有办法解决,要解决,只有依靠它以外的力量——国家。

黑格尔反对国家产生于契约的理论。他认为契约理论最大的缺陷或错误是混淆了国家与社会的根本区别。他声称,契约论者把个人利益视为人们结合成国家的目的,把国家的使命说成是保证和保护个人的权利和自由,由此产生的必然结果是把国家看成成员间任意的事情。契约可以订立,也可以废除。这样,国家岂不成了偶然之物吗?

黑格尔认为这样的国家观念是片面的、肤浅的。他反对把国家的外部现象和特征看做是国家的本质,认为契约论者所谓通过契约建立起来的共同体其实并不是真正的政治国家,而只是市民社会。

黑格尔不但是一位国家至上主义者,而且还是一位民族主义者。他认为世界精神在日耳曼民族身上得到了最完满、最高的体现,日耳曼民族是世界上最优秀、居于领导地位的民族,而其他民族在世界历史中只起着从属的作用。他反对康德的永久和平论,认为一个民族替代另一个民族取得统治地位是通过战争实现的,声称战争不但不是绝对的罪恶,还具有更崇高的意义。通过战争,可以防止一个民族由于长久的和平生活和闭关自守而导致堕落腐化。而他在论述国家的本质时,又认为“国家政权力量”是构成一个国家的本质的东西,认为国家有一种“民族精神”,它主宰着全民族的意向和活动。很明显,在黑格尔这里,接下来的必然逻辑就是国家可以为了自己所谓的崇高目的而随意扩张领土与挑起战争。正是基于此,可以这样认定,德意志第三帝国后来的疯狂扩张,是当年黑格尔留下的一个“政治遗

① 黑格尔著,范扬等译:《法哲学原理》,商务印书馆 1982 年版,第 309 页。

嘱”,希特勒不过是一位遗嘱执行人而已。

黑格尔的上述思想主要是从政体理论方面对抗滥觞于英、荷等国的古典自由主义。从19世纪40年代到第一次世界大战期间,支配整个德国官方意识形态的是讲坛社会主义。讲坛社会主义也与古典自由主义相对抗,是经济学上的国家至上主义。

讲坛社会主义是1872年才出现的一个名词,本是德国自由派代表奥本海姆讽刺新历史学派的用语,后泛指弗里德里希·李斯特、威廉·罗雪尔、古斯塔夫·冯·施穆勒等学者的思想。更确切一些,他们是“庸俗经济学”中的历史学派。三人都强调德意志的特殊性,竭力构筑那个时代的“特色理论”。在历史作用上,他们同样阻碍了德意志向英、美等国家成熟民主制度的靠拢,迟滞了“德国问题”的解决。

经济学家弗里德里希·李斯特(1789-1846)是历史学派的先驱者,出生于符腾堡卢林根镇的一个鞋匠家庭。他高中毕业后参加文官考试被录用为下级官吏,后升为邦会计监察官。他曾任图宾根大学行政学教授,因宣扬德国统一,废除多邦关卡,不容于当局,被迫辞职。1825年赴美,任当地德文报纸主笔。1841年出版《政治经济学的国民体系》,数月之内发行三版,在德国产生了重要而深远的影响。

李斯特在《政治经济学的国民体系》一书中对古典经济学理论发起挑战,倡导保护贸易,极力推销自己的国家主义政治经济学理念。书中称,每个国家各有自己的发展途径与特点,适用于一切国家的经济理性并不存在。亚当·斯密建立的世界主义政治经济学,把自由贸易当做理想,实际上是为英国利益服务。因此,他认为贸易政策应服从国家利益,服从发展生产力的需要,服从发展工农业的需要;德国要建立国家政治经济学,以实行贸易保护,为德国的利益服务。

李斯特认为保护贸易是工业落后国家建成工业先进国家的手段。在贸易自由的情况下,建成先进国家的目标无法实现。保护贸易的方法主要是使用关税。对产品进口征税后,消费者会因价格上涨而受损失。但当工业成长起来之后,价格势必下跌,消费者将受益。消费者现在所受的损失能从将来所获的利益中得到补偿。尤其是国家,从中获得的利益大于所受的损失。

威廉·罗雪尔(1817–1894)是公认的历史学派的创始人,是德国打造自己独特经济学模式的第二位精神领袖。他出生于汉诺威的一个高级法官家庭,先后在哥廷根大学和柏林大学攻读历史学与政治学,1840 年任哥廷根大学历史学及国家科学讲师。从 1841 年起担任哥廷根大学政治经济学讲师,同时讲授政治理论史,1843 年出版《历史方法的国民经济学讲义大纲》。同年升任副教授,第二年升为教授。1848 年应莱比锡大学之聘担任政治经济学讲师,在这里任教共达 46 年之久。他以惊人的努力陆续出版了自己在《历史方法的国民经济学讲义大纲》一书中预定要写的"历史方法的国民经济学"理论体系的多种著作。其中,最主要的是《国民经济学体系》五卷本:第一卷为《国民经济学原理》,第二卷为《农业及类似原始产业的经济论》,第三卷为《商业及工业的经济论》,第四卷为《财政学体系》,第五卷为《济贫、救护及济贫政策》。

罗雪尔在《历史方法的国民经济学讲义大纲》一书中认为,从来没有一种制度对一切国民在所有文化阶段都是有效的或都是有害的;国民经济学绝不单纯是致富术,而是企图分析人类、判断和控制人类的一种政治科学。他主张国家要采取"人工治疗"这种"生理学方法"对贫富分化进行干预。如果经济的痊愈力太弱时,就加强它;如果自然的冲击力太强时,就缓和它;如果它的方向不对时,就纠正它。他认为,如果这样做,从国民保健学的观点看,成熟期会很快恢复,以后可以保持一个平静的状态,这就是所谓的历史生理学方法。总之,罗雪尔与亚当·斯密关于"市场是经济无形的手"的学说完全相反,倡导在经济生活中运用国家这只有形的巨手,强调经济的整体性，而个体、部分等本应在经济生活中居于主导地位的因素就会被弱化甚至被忽略。

古斯塔夫·冯·施穆勒(1838 - 1917)是历史学派的代表性人物。他出生于符腾堡海尔布隆市的一个官吏家庭，毕业于李斯特所曾经执教的图宾根大学。1864 年任哈雷大学教授，1872 年任斯特拉斯堡大学教授，1873 年发起成立“社会政策学会”并担任主席。1881 年创办《德意志帝国立法、行政和国民经济学年鉴》(简称《施穆勒年鉴》)。1882 年任柏林大学教授，1884 年任普鲁士枢密院顾问。

施穆勒排斥古典经济学的抽象与逻辑方法，提倡国民经济学的道德理念，宣扬历史的伦理主义的经济学体系，主张用“历史的统计方法”讨论社会问题。他声称，史料即使不带有思想，也仍有一种相对的价值，而思想如不根据史料，则将是一种妄想。他认为，国民经济学是一种介乎应用的自然科学和比它更重要的精神科学之间的科学，经济现象既属于自然的技术的关系，又属于伦理的心理的关系，经济结构不外是由这种经济法规和伦理所规定的生活秩序。他把生产、交换、分工、劳动、工资等经济范畴既看做是经济技术的范畴，又看做是伦理心理的范畴。他宣扬一种“合法的强权君主制”，赞同德意志帝国宰相俾斯麦实行国家社会主义的做法，认为“没有一个坚强组织的国家权力并具备充分的经济功用，没有一个‘国家经济’构成其余一切经济的中心，那就很难设想有一个高度发展的国民经济”。

1872 年 10 月，在爱森纳赫召开了“讲坛社会主义”研讨会。施穆勒在开幕词中公开讲道，劳资之间的对立不是经济之间的对立，而是感情、教养和思想之间的间隙。会议发表宣言称：国家“是教育人类的一个伟大的道德机构”。总之，施穆勒推崇国家，从理论上论证国家对经济生活干预的合理性，从而使国家主义在德国有了更加“合法”的地位。至此，居于支配地位的德意志经济思想就与亚当·斯密关于"小政府、大社会"、"政府只是守夜人"的主张更加遥远。

本书前所提及，1918 年第一次世界大战战败之后，德国又重新翻印了洪堡的《论国家的作用》，但是，出生于德国、1921 年获得博士学位、1925 至 1932 年任职于柏林犹太研究院、1938 年移居美国的列奥·施特劳斯在《自然权利与历史》一书中指出：20 世纪 30 年代，在德国，"自然权利"这类词语"已经变得几乎是不可理喻"，"完全丧失了它们原来的活力和色彩"。① 德国当时最流行的是希特勒与纳粹党的国家社会主义。由于国家社会主义的逐步盛行，德意志民族再次步入了灾难的深渊。

后面我们将要讲到，希特勒关于"国家社会主义"的一套理论，基本上是腓特烈大帝开明专制理论与黑格尔国家至上学说的再版。所不同的是，希特勒"国家社会主义"的一套理论在表述上更直白化、大众化。

二、1933 年之前德意志宪政体制实践回顾

有一种说法认为：历史是由思想家所写成。意思是：有了进步的思想观念，就会导致社会制度变革的开展。但是二者并不同步，往往后者要滞后。德意志的情况就是如此。他们实践自己民族中已有的社会契约与公民权利观念是在 19 世纪初。与宪政主义思想的孕育一样，德意志宪政实践的尝试最初也是从普鲁士王国开始的，是从社会基层行政改革开始的。

1806 年，法国在军事上取得了对普鲁士的胜利。拿破仑于 10 月 27 日进入柏林，法军在各地扫荡残敌。11 月 8 日，最后一支普军投降。1807 年，法国先后同俄国、普鲁士签订《提尔西特和约》。在此情况之下，"在德国自启蒙运动以来进行的思想革新运动的基础上创

① 列奥·施特劳斯著，彭刚译：《自然权利与历史》，三联书店 2006 年版，第 1－2 页。

造一种与新的意识和拿破仑造成的新的权力关系相适应的国家制度”①提上了议事日程。1807年6月，革新派最重要的代表人物施泰因男爵写下《拿骚备忘录》，提出日后改革普鲁士国家的方案，被称为“普鲁士改革的宣言”。同年10月1日，普鲁士国王任命施泰因为首相，开始了具有划时代意义的改革。

德国研究者指出：

> 施泰因领导改革的目的是按照源于德国理想主义的精神去唤起勇担重任的乐趣和公民意志、民族觉悟和对祖国的热爱，并给人民为磨练自己具有这些德行所必须的自由。在逐步扩大自治方面首先是在镇，然后在县、省，最后在整个普鲁士建立人民代表机构。在这些自治机构中，市民将一起讨论公共事务并共同作出决议。②

需要说明的是，这里所说的改革“按照源于德国理想主义的精神去唤起勇担重任的乐趣和公民意志、民族觉悟和对祖国的热爱，并给人民为磨练自己具有这些德行所必须的自由”，实际上就是我们前述威廉·冯·洪堡当年的思想与主张。

1807年11月19日，施泰因颁布了《普鲁士王国所有城市规程》，宣布从次年起各市镇按此文件实行自治。文件规定：国家只保留对各城市的最高监督权和司法权，其余权力归城市所有。市民通过秘密投票的方式选举市议员，市议员再选出参议会来主持城市的自治。各市镇有财政自主权，自行管理贫民救济和学校事业，并以国家的名义掌管警察事务。

此外，在这场改革中，还“规定了占有和使用土地的自由，废除一

---

① 迪特尔·拉甫：《德意志史——从古老帝国到第二共和国》（中文版），波恩 Inter Nationes 出版社 1987 年版，第 55 页。

② 迪特尔·拉甫：《德意志史——从古老帝国到第二共和国》（中文版），波恩 Inter Nationes 出版社 1987 年版，第 56 页。

切农庄农民隶属关系或农奴制度……于是所有的农民都获得了人身自由和迁徙自由”①。

然而,施泰因的这场改革并没能按他所设想的继续下去。尤其是在国家政治体制的改革上,1808 年 11 月,随着施泰因的被迫辞职而宣告结束。直到事隔近 40 年之后,1848 年,德意志再次因受到外部世界的影响而重启政治体制改革。

1848 年法国爆发二月革命,受其影响,德意志境内各邦也爆发革命。3 月,普鲁士和奥地利发生了革命。三月革命后,德意志各邦几乎都吸收了自由派人士参加政府。他们中的大多数人积极推动召开全德议会,制定宪法,建立一个统一的联邦制德意志君主立宪国家。

在上述人员的推动下,由 500 多位知名人士组成的预备会议于 3 月 30 日在法兰克福召开,会议制定了召开全德议会的计划。规定议员由全德人民选举产生,每 5 万人选举一名,共 573 人,其中普鲁士 200 名,奥地利 121 名。② 选举按选区进行,5 月 1 日举行投票。虽然各邦政府对选举作了限制性规定,但仍有许多工人、教师、学者、邮政员和下级官吏当选。

全德国民议会于 1848 年 5 月 18 日在法兰克福圣保罗大教堂举行。会上有大德意志方案与小德意志方案的争论,最后是小德意志派获胜,于 1849 年 3 月 28 日最后通过了德意志帝国宪法,即法兰克福宪法。

法兰克福宪法规定德意志帝国由除奥地利之外的前德意志联邦领土构成,各邦仍保留主权,不受皇帝行政权力的约束。帝国皇帝由议会选举产生,是国家元首,对外代表德意志帝国和德意志各邦。皇帝是世袭君主,是军队的最高统帅,是国家行政的最高首脑,有权解

---

① 迪特尔·拉甫:《德意志史——从古老帝国到第二共和国》(中文版),波恩 Inter Nationes 出版社 1987 年版,第 56 页。

② 刘宗绪:《世界近代史》,北京师范大学出版社 2004 年版,第 159 页。

散众议院,有权对议会的决定搁置。皇帝拥有立法创议权和对货币发行的最高监督权。组织一个内阁对国家的行政进行管理。皇帝的每项命令都必须由一个大臣副署。

议会由联邦议院和众议院两院组成。联邦议院的议员为176名,任期6年。① 其中,半数由各邦政府任命,半数由各邦立法议会选举产生。联邦议院议员可以不受政府指示的约束,有权按照自己的意志投票。联邦议院不能被解散。众议院议员任期3年,由全德公民以普遍、平等、秘密的方式选举产生,每5万人选举一名。

法兰克福宪法规定德意志帝国组成统一的海关与商业区,全德实行统一货币,联邦政府的财政来源为关税和间接税。如果此项收入不敷支出,则由各邦按比例提供。在特殊情况下,联邦议会有权征收直接税。政府预算应交众议院审议通过。同时,建立帝国最高法院。在联邦成员之间或政府与议会之间发生冲突时,由帝国最高法院进行裁决。

法兰克福宪法还规定了德意志人民的基本权利。主要是废除贵族等级和贵族特权,法律面前一律平等;公共职务向一切有能力的人开放;所有德国人均有不携带武器进行和平集会的权利,和平集会无须任何特许;永远废除农奴制的一切关系;社会成员的财产权利不可侵犯。对于财产没收,只有在为了公共福利许可时,在合法的基础上并给予相应的补偿,才能进行。

法兰克福宪法通过后曾提交各邦政府批准。当时有28个邦国同意接受这部宪法。

按照法兰克福宪法所规定的程序,法兰克福议会进行了帝国皇帝的选举。普鲁士国王腓特烈·威廉四世(1840-1861年在位)以290票赞同、248票弃权当选。但当议会派遣一个32人的庞大代表

① 马啸原:《西方政治制度史》,高等教育出版社2000年版,第282页。

团前去柏林送皇冠时,威廉四世竟于 1849 年 4 月 3 日表示拒绝。之后,腓特烈 · 威廉四世不但从法兰克福撤回普鲁士的代表,而且当残余议会组成一个由 5 名议员构成的帝国摄政机构并把会址迁到斯图加特时,他还要求符腾堡政府强行解散残余议会。

法兰克福宪法有联邦制的国家形体设计,有两院制的议会制度模式,有人民基本权利的明文提倡与保护,同时还规定了帝国君主所具有的各种权力。如此等等,从形式到内容,都不失为一部堪与英美国家宪法体系与宪法文件相媲美的法律建构;并且,从思想到物质再到社会基础,当时的德意志也已完全具备实行该宪法的客观条件。可惜,只因普鲁士国王腓特烈 · 威廉四世的"一念之差",没有使建设宪政德意志国家成为现实。

在公开拒绝法兰克福议会的皇冠之前,威廉四世在给普鲁士驻伦敦公使本森的信中就充分暴露了反民主宪政的嘴脸。信中写道:

> 首先,此皇冠实非皇冠。如果情况允许的话,霍亨索伦王族可以接受的皇冠并不是由枪弹轰击而成革命种子的大会所制成的那顶,尽管该大会是在诸侯同意下设立的……皇冠应带有上帝的印记,使加上皇冠之人在涂油净身的圣仪之后得到上帝的恩宠……可惜你讲的这顶皇冠是不洁的……充满了 1848 年革命腐尸臭味……难道像这顶用粪土污泥制成的想象中的头箍竟要由得到上帝恩宠的合法国王、现在甚至竟要由普鲁士国王戴在头上吗? 我坦率告诉您:如搁置一边已四十二年的德意志民族的千年皇冠再次拿出来加冕的话,那么,有权拿皇冠授人者舍我和我等之人其谁……①

腓特烈 · 威廉四世否决法兰克福宪法与拒绝接受皇冠,破坏德

---

① 迪特尔 · 拉夫:《德意志史——从古老帝国到第二共和国》(中文版),波恩 Inter Nationes 出版社 1985 年版,第 88 – 89 页。

国的和平统一大业,导致了以后德国用铁与血来完成统一,从德意志统一事业的角度来看,是反动人物。而从他在普鲁士邦内所做的其他几件事情来看,也属反动人物。

三月革命发生后,腓特烈·威廉四世迫于形势,曾任命资产阶级代表人物康普豪森组织政府,下令召开议会,制定宪法。1848 年 5 月 22 日,新选出的国民议会开幕,腓特烈·威廉四世在开幕式上发表演说,公开讲道:"制定宪法必须与王室协调。"①虽然议会通过的普鲁士宪法是参考法国七月王朝宪法和比利时宪法制定的,规定普鲁士实行君主立宪制度,国王有很大的权力,是一部"具有浓厚保守色彩的宪法",但在同年 12 月 5 日,腓特烈·威廉四世还是下令将议会解散,并废除了宪法。②

普鲁士于 1850 年 5 月又颁布宪法,却是"钦定宪法"③。虽然它维持了 1848 年以来的宪法形式,但是如同后来世界上其他一些伪民主国家的宪法一样,是专制统治者手中的工具。1850 年的普鲁士宪法虽然规定了设立两院制的议会,下议院议员由纳税人选出,但国王对议会的决议有完全的否决权,内阁对国王负责而不是对议会负责。上议院的成员由国王指定,不久即更名为光荣议院。

1858 年,威廉亲王(即后来的国王威廉一世)作为摄政王接替患病的腓特烈·威廉四世掌握国家权力。此事曾给德国自由派人士带来"新的希望"④,但是他们的希望还是落空了。威廉一世在位期间(1861－1888),不管是 1868 年制定的北德意志联邦宪法,还是 1871

① 刘宗绪:《世界近代史》,北京师范大学出版社 2004 年版,第 158 页。

② 刘祚昌等:《世界史·近代史编》(上卷),高等教育出版社 2001 年版,第 425 页。

③ 刘宗绪:《世界近代史》,北京师范大学出版社 2004 年版,第 170 页。

④ 迪特尔·拉甫:《德意志史——从古老帝国到第二共和国》(中文版),波恩 Inter Nationes 出版社 1987 年版,第 132 页。

年帝国制宪会议制定的德意志第二帝国宪法，都是通过武力而不是人民或民意代表用票箱子投出来的，都是专制君主手中的工具。

比如，北德意志联邦的行政权归联邦主席团，普鲁士国王掌握主席团的大权。俾斯麦就任宰相后在议会里声称："我们这里不是英国，我们这些大臣是国王的奴仆，而不是你们的奴仆。"①普鲁士国王在国际上代表整个联邦，决定战争与和平，是联邦军队的最高统帅。虽然声称立法权归经过选举产生的国会和联邦参议院两个机构，但真正起决定作用的是后者，并且后者也是普鲁士的代表起决定作用；更进一步，是普鲁士国王起决定作用。

北德意志联邦参议院由联邦各邦代表组成，在联邦首相的主持下讨论并通过将向国会提出的法案及国会所作出的决议。当时，普鲁士在联邦参议院全部 26 票中拥有 14 票，这是无法被否决的多数。1867 年以来一直当选为国会议员的反对党社会民主党人倍倍尔曾指出："北德联邦宪法并没有包含立宪制度的民意机构务必坚持的权力。它没有基本权利，没有税收批准权，没有部长负责制，没有规定议员津贴，代替这些的却是铁的军事预算和联邦首相强有力的权力地位。"②总之，如迪特尔·拉甫所指出的："新的联邦国家不是建立在人民主权的基础上，而是建立在普鲁士君主制权力的基础上；它和后来对北德联邦这部宪法只作很小变动就承袭沿用的德意志帝国一样，完全是为俾斯麦个人设计的。"③

迪特尔·拉甫以上所论正确。比如，1871 年 4 月 16 日通过的德意志第二帝国宪法规定，帝国联邦的主席职位属于普鲁士国王，其享

① 刘宗绪：《世界近代史》，北京师范大学出版社 2004 年版，第 171 页。

② 迪特尔·拉甫：《德意志史——从古老帝国到第二共和国》（中文版），波恩 Inter Nationes 出版社 1987 年版，第 145 页。

③ 迪特尔·拉甫：《德意志史——从古老帝国到第二共和国》（中文版），波恩 Inter Nationes 出版社 1987 年版，第 145 页。

有“德意志皇帝”称号，在国际关系上为帝国代表，以帝国名义宣战与媾和，同国外缔结同盟和其他条约，委派并接受使节。联邦议会与帝国议会的召集、延会、闭会权属皇帝；法律的建议权、颁布权和监督执行权属皇帝；皇帝委派官吏，命令他们宣誓效忠帝国，并可以在必要时命令他们退职。如遇联邦内出现威胁社会治安的情况，皇帝可以宣布国内任何地方处于戒严状态。首相是由皇帝任命的帝国最高行政长官。德意志第二帝国的首相从帝国建立时起至 1890 年均由普鲁士王国首相俾斯麦担任。帝国首相对皇帝负责，依照皇帝的旨意并以皇帝的名义领导全国的行政工作。帝国首相任联邦议会主席，有权确定联邦议会的开会日期并监督其工作。

德意志第二帝国宪法规定帝国的立法权由联邦议会和帝国议会行使。

联邦议会基本上是北德联邦参议院的扩大，议员共 58 名。普鲁士连同汉诺威、法兰克福等地 17 名，其他邦 1 – 6 名不等。联邦议员由各邦君主和自由市参议院在本邦和本市的高级官吏中任命。议员不能自由投票。议员只能按照各邦君主的指示投票，而所有一切法律都必须经联邦议会的通过才能成为法律。如果是宪法修正案，只要有 14 票反对就可以否决。这样，普鲁士就掌握了对宪法修正案的否决权。

帝国议会议员由选举产生，任期 5 年。帝国议会议员无酬金。直到 1906 年才通过了一项宪法修正案，规定每位议员每月发放 400 马克津贴。

与名为立宪实为专制的君主体制有很大关联，德国皇帝威廉二世于 1914 年挑起了第一次世界大战。① 大战以德国的失败而宣告结

① 王春良：《新编世界现代史（1900 – 1988）》，东方出版社 1989 年版，第 29 – 30 页。

束,德意志第二帝国寿终正寝。

第一次世界大战结束之后,德国新建立的共和国临时政府于1919年1月举行了全国国民议会(又称立宪议会)选举。由于社会民主党得票最多,该党领袖艾伯特出任共和国总统。国民议会的主要任务是制定宪法。六易其稿之后,共和国宪法最终于1919年7月31日通过,8月14日公布生效。由于国民议会是在魏玛城召开的,这部宪法被称作《魏玛宪法》,依据这部宪法建立的共和国被称作魏玛共和国。魏玛共和国宪法由德国著名法学家胡国·普鲁斯起草。① 全文共181条。

《魏玛宪法》首先规定了德国为共和制的联邦政体,国权出自人民。各邦可以建立议会,其代表由选举产生。各邦亦可制定自己的宪法,但不得与联邦宪法相冲突。如发生有关宪法的冲突,由联邦法院进行裁决,由联邦总统命令执行。

《魏玛宪法》规定了立法权属于联邦国会和联邦参政院。联邦国会是共和国的政治权力中心。议员由年满20岁的男女公民依照比例,以普遍、平等、直接、秘密的方式选举产生。每届任期4年。新一届国会的选举最迟应在前届期满60日内举行,应在选出后的30日内举行会议。

联邦国会应于每年11月的第一个星期三召开会议。如果总统请求或有三分之一的议员要求时,联邦国会可提前召开。何时闭会,何时重新开会,均由联邦国会自行决定。

联邦国会的议长、副议长、秘书长由议员自行选举产生。议会休会期间,他们继续履行职务。《魏玛宪法》第28条规定:议长主持议会工作,拥有"议场权"和"警察权",管理议会内部的一切事务,包括行政、预算及开支等。

---

① 马啸原:《西方政治制度史》,高等教育出版社2000年版,第289页。

联邦国会不但表决通过各种重要议案，而且下设各委员会。一种是审查委员会（又译作调查委员会），另一种是常设委员会。凡有五分之一的议员动议，便可设置审查委员会。审查委员会主要是就某一问题进行调查与取证。它可以举行公开的听证会，也有权到政府各部门及法院查阅档案和收集证据。《魏玛宪法》第34条规定："法院及行政官署，对于此委员会所请求搜查之证据，有遵照办理之义务。如委员会调查档案，应即送交。"常设委员会中最重要的是外交委员会。外交委员会的会议秘密举行，只有经三分之二以上委员的赞同才能公开。外交委员会拥有审查委员会所拥有的调查权。委员会在国会闭会期间照常工作。联邦国会和各种委员会有权要求联邦政府总理和各部部长出席会议并且听取意见。

联邦国会和各邦议会议员，无论何时，均不能因其投票或行使议员职权发表言论而受到司法或纪律的惩处，也不在议会外对此负任何责任。开会期间，除非得到议会许可，议员不受审问和逮捕。非经议长许可，不得在联邦国会和各邦议会进行任何搜查或没收。

联邦国会议员虽然没有固定津贴，但在德意志境内所有铁路享有免费乘车权，并可以支领餐费和"损害赔偿"费。

联邦参政院是代表德意志各邦参与联邦立法的机构。各邦代表在联邦参政院中至少有一票。大邦每70万人有一票，如其超过70万人，而余数在35万以上，可以增加一票。但规定，无论何邦不得占有总票数五分之二以上的投票权。宪法规定联邦参政院中的各种委员会，每邦至少有一票投票权。

联邦参政院的议员由各邦政府任命。联邦政府应联邦参政院三分之一的议员要求，应召集参政院会议。联邦参政院各委员会的主席由联邦政府各部部长担任，各部部长有权列席参政院会议。如应参政院的要求，有出席会议的义务，在会议中，有权请求发言。联邦政府成员和联邦参政院议员均有提案权。

与第二帝国时期的联邦议会相比,此时的参政院权力已大为削弱。《魏玛宪法》规定,法律案须由联邦政府和联邦国会提出,并由联邦国会决定。联邦政府提出法律草案时,须经参政院同意。但参政院对政府的提案如有不同意见,联邦政府亦可向联邦国会提出,只是必须把参政院的意见附上,并对自己的观点加以说明。对联邦国会通过的法律,参政院亦有否决权,但它必须在两星期内将否决理由书送交联邦国会,否决案应再次提交联邦国会表决。如果联邦国会与参政院的意见仍不一致,联邦国会以三分之二的多数票反对参政院的否决时,总统可于 3 个月内公布该法律,或者将这一法律案提交国民表决。

《魏玛宪法》规定了德国实行半总统制。共和国的总统由全德公民选举产生。总统有权任免联邦政府的文武官员,并可以授权有关政府部门任免国家官员,其对联邦军队有最高命令权。

联邦政府由总统所任命的总理与各部部长组成,负责国家具体行政事务的管理。总理代表政府向联邦国会提出施政纲领,对国会负责,各部部长按照总理提出的施政纲领独立开展工作,并自行对联邦国会负责。联邦政府总理及各部部长在行使职权时,须得到联邦国会的信任,如果任何一位部长在明显得不到联邦国会的信任时,本部长应立即辞职。

此外,《魏玛宪法》还对人民各项基本权利、司法独立以及国家官吏的超党派等事宜作了明文规定。比如,《魏玛宪法》第 114 条规定,人民"人身之自由不得侵犯";第 117 条规定,人民"书信秘密以及邮政、电报、电话之秘密,不得侵害";第 123 条规定,"人民不必报告官署及得到特别许可,有和平及无武器集会之权";第 124 条规定,人民"其目的若不违背刑法,有组织社团及法团之权。此项权利不得以预防方法限制之";第 102 条规定,"法官独立,只服从法律";第 130 条规定,"官吏为全国之公仆,非一党一派之佣役"。

总之，与法兰克福宪法大体相同，无论从立法主旨还是从具体内容来看，《魏玛宪法》是德国宪政体制制度确立史上值得充分肯定的法律文件。

但是，《魏玛宪法》未能在德国得到长期的实行与坚持。随着1933年希特勒上台与国家社会主义工人党（简称纳粹党）的一党专制，德国又退回到了专制体制的泥潭之中。从此以后，主宰整个德国的不再是德意志帝国皇帝，而是国家社会主义工人党的领袖希特勒。

三、从"第三帝国"建立到"第四帝国"崛起

这里所用"第三帝国"与"第四帝国"的概念，均借用了两位美国学者对德国两个历史时期的称谓，"崛起"二字也是从他们那里借来的。这两位，一位是威廉·夏伊勒，另一位是埃德温·哈特里奇。他们都曾是第二次世界大战期间美国派往德国的新闻记者，后来都成了享誉世界的历史学家。

威廉·夏伊勒的《第三帝国的兴亡——纳粹德国史》主要讲述了希特勒统治时期的德国，除了作者亲身经历之外，主要利用了美军运回的纳粹档案文件。威廉·夏伊勒于1993年12月27日去世时，笔者正在美国。除了美国学界有人写文章对其著史事业给予很高的评价之外，当时其他国家和地区的报纸对夏伊勒也表示了崇敬之情。如中国作家彭歌在《记者史笔》中写道："他的文笔洗练生动，保持着近乎新闻报道的活跃的可读性。但是，更重要的是，他是有意识地撰著历史，'千秋大业存青史'。"埃德温·哈特里奇的著作是《第四帝国的崛起》，写成于20世纪80年代，主要记述了德国实现统一之前，西区——德意志联邦共和国既建成了民主宪政的政治体制又实现了经济飞速发展的历史。埃德温·哈特里奇起初是美国驻德国记者，"后来是许多德国企业，包括埃森的弗里德里希·克虏伯、弗里德里希·弗里克股份公司和威利·H·施利克尔（'经济奇迹'的创造者）

的企业顾问……参加了战后新德国的兴建”①。

德意志第三帝国,即希特勒在德国的独裁专制统治开始于1933年3月,结束于1945年4月,前后共12年。

1933年1月30日,德国总统兴登堡任命希特勒出任总理并组织政府。早在《我的奋斗》一书中,希特勒就反对议会政治,认为“合一百个愚夫不能成为一个聪明人”,议会集合了“一群卑鄙无用的人”。他主张德国国家社会主义工人党实行领袖独裁制,声称“依照新运动的主张,不论事件大小,领袖是具有绝对的权威,并且还负完全的责任。把这种原则去贯彻于全党,并且再推行于一国”。担任政府总理后不久,希特勒就把自己的这些独裁专制思想贯穿于整个国家的行政运行之中。

是年3月20日,新选出的国会由纳粹党联合民族人民党及天主教中央党以440票对94票的绝对多数通过了一项授权法——《消除人民和国家痛苦法》,授予政府总理制定法律的权力。该授权法规定:政府制定的国家法律由总理起草,在政府公报上公布,并使法律立即生效;政府可以不必取得立法机关的同意,自由与外国订立条约,并发布命令予以施行。授权法甚至容许政府颁布的法律与宪法相抵触。这样,国会的立法权就在实际上移交给了政府总理。于是,希特勒既是政府首脑,又拥有立法大权。随后,希特勒利用这一权力颁布了一系列法律和法令,屠杀犹太人,同时对军队和政府机关各部门进行清洗,大批忠实于希特勒的纳粹分子进入国家机关和军队,使整个国家机关和军队全部置于纳粹分子的控制和监督之下。

总统兴登堡于1934年8月去世后,希特勒又通过全民公决的形式兼任国家总统,并且获得“元首”的称号。希特勒就任国家元首之后,

---

① 埃德温·哈特里奇著,范益世译:《第四帝国的崛起》,世界知识出版社1982年版,第3页。

不仅要求全体政府公职人员对自己宣誓效忠,而且要求军队全体官兵举行隆重仪式,表达对自己的忠心。从此,希特勒既是纳粹党的领袖,又是国家元首和政府总理,集全党、全国大权于一身,就像他自己曾公开讲的:“在我们这里,领袖和思想二者合一,每个党员必须执行领袖的命令,领袖接受永存的思想,独自知道它的最终目标。”①

希特勒统治之下的德国,做到了充分的“党国一体化”、“邦国一体化”(中央集权)与“立法、行政、司法一体化”。②

专制统治者一般都是阴谋家。希特勒上台不久,便制造了有名的“国会纵火案”。于是,借口国会纵火案,希特勒要求总统兴登堡颁布紧急条例——《保护人民和国家条例》,停止《魏玛宪法》中关于人权保护规定的效力,对“严重扰乱治安行为”处以重刑或死刑,并授权联邦政府在必要时接管各邦的全部权力。

希特勒推行党国一体化,主要是通过制定《文官任用法》、《关于党和国家保障的法令》以及制定《禁止组织新党法令》等实现的。

《文官任用法》颁布于 1933 年 4 月 7 日。希特勒据此对国家工作人员进行了一次清洗。借口非日耳曼人、不称职和缺乏必要的教育和训练,解雇了大批公职人员,国家机关以及国家管辖的所有企事业单位的一切重要职位,此后都由纳粹分子控制。

《关于党和国家保障的法令》又译作《关于党和国家统一的法令》,颁布于 1933 年 12 月 1 日。法令规定,德国国家社会主义工人党的指导思想是国家的指导思想,党的领袖即国家的最高领导,党的机构是人民权力的一部分,应与国家机关实行最紧密的合作。从此,纳粹分子开始对国家和社会生活进行全面渗透、干预、监督和控制,

---

① 艾伦·布洛克著,朱立人译:《大独裁者希特勒(暴政研究)》,北京出版社 1986 年版,第 148 页。

② 马啸原:《西方政治制度史》,高等教育出版社 2000 年版,第 299 - 300 页。

进而在德国确立起不仅党政一体而且党国一体的制度。

《禁止组织新党法令》颁布于1934年。其中明确规定，只有德国国家社会主义工人党是国家唯一合法的政党，凡继续维持其他政党或另组新党的，以叛国罪论处。

纳粹党在对国家和社会生活进行全面渗透、干预、监督和控制的过程中建立了众多的组织，把几乎各行各业的人员都纳入其中。例如，取缔了原来所有的工会，建立了德国劳工阵线，所有的德国工人都必须参加；建立了国家社会主义青年团、国家社会主义妇女联合会、国家社会主义大学生联合会、国家社会主义教师联合会、德国机动车驾驶团、国家社会主义医生协会等所谓的群众组织。在经济方面，建立了德国经济协会，把全国原来的企业家组织和手工业协会全部纳入中央的统一控制之下。艺术、文学、电影、广播、新闻等行业也全部被纳入一体化体系之中。政府建立了一个叫做帝国文化协会的组织，下属电影、广播、戏剧、音乐家、艺术家、职业作家和新闻工作者7个分会，所有从事这些职业的人都必须分别参加这些分会，接受纳粹组织的监督控制。书籍、戏剧、电影、新闻等都要经过严格的检查。犹太作家的作品，具有民主倾向的作品，受到纳粹指责的某些作家的作品，一律当众烧毁。希特勒不喜欢的音乐和美术也遭到公开的嘲笑与指责。被查禁的作家、艺术家中，包括诗人席勒、歌德，也包括音乐家贝多芬、莫扎特。

按照希特勒的设想，“德国人10岁开始加入少年队，14岁加入希特勒青年团，然后加入纳粹党，加入青年义务劳动军，加入德国国防军后，立即又被吸收进冲锋队和党卫军”①。

德国纳粹党对国家和社会生活进行全面渗透、干预、监督和控制，笔者认为，类似纳粹党这样的政治体制，还不能如目前中国学术

① 陈敏昭：《德国的宪政之路》，参见“中国宪政网”。

界对之仅用党政一体、党政不分或党国体制的概念加以把握,而应该用美国政治思想家阿伦特说过的"极权主义"会比较贴切。

魏玛共和国时期仍实行联邦制,立法机构中的联邦参政院代表了各邦利益,有权否决联邦国会通过的法律。但希特勒上台之后,对其进行了彻底改变。除前面已提及的《保护人民和国家条例》中总统授权联邦政府在必要时接管各邦全部权力之外,希特勒还制定和颁布了《联邦摄政法》、《德国改造法》等,从而把国家造作成当时世界上最为中央集权的国度。

希特勒于 1933 年 4 月 7 日依据授权法制定了《联邦摄政法》,规定总统根据总理的要求任命各邦摄政(又译作"州督"),摄政负责监督各邦对总理制定方针政策的执行情况,并有权任命和撤换各邦政府官员和法官,有权解散各邦议会,有权起草和公布法律。新任各邦摄政必须由纳粹党的领导担任,并必须对希特勒宣誓效忠。

《德国改造法》颁布于 1934 年 1 月 30 日。该法废除了各邦的议会制,规定邦政府隶属于中央政府,各邦摄政隶属于内政部。不久又继续颁布法令,撤销各邦参政院,进一步限制各邦的立法权。

1935 年颁布的《乡镇法》取消了德国传统的乡镇地方自治权力,把乡镇也纳入了纳粹党所构建的举国一体化中央集权体制之中。

关于实行"立法、行政、司法一体化"。希特勒上台后,德国虽保留了原来国会的形式,但其实际上已成为希特勒独裁专制的招牌与工具。当时国会议员的选举完全在纳粹党的控制之下进行。纳粹党提名的国会议员候选人,多数是该党的重要成员和政府各部部长。开会时已经没有辩论,有的只是对希特勒各项决定的坚决拥护。许多议案都是全体起立,高呼"希特勒万岁",然后再一致通过。

本文前已提及,1933 年制定了《文官任用法》,德国的政府机关被纳粹化,以后纳粹化进一步强化。1937 年 1 月 25 日颁布的《文职人员法》规定,所有政府官员和一切文职人员都必须由纳粹党员担任，且必须加入纳粹党的附属组织——德国公务员联合会，各级法院的法官和律师必须加入国家社会主义法律工作者协会。

魏玛共和国时期司法独立的原则在希特勒统治时期被完全废除，希特勒在司法上所确立的原则是“元首的意志就是法律”①。

希特勒在1933年3月21日颁布的法律中规定，设立特别法庭，所有攻击和反对政府的政治案件均由特别法庭审理。特别法庭不设陪审员，要求法官必须是忠实的纳粹党人。被特别法庭判处监禁者刑满之后也不得释放，而是被转送到集中营。

1934年4月24日，又建立了所谓的人民法庭代替最高法院来审理叛国案件。法庭由2名职业法官和5名纳粹党员组成。它的判决是最终判决，不得上诉。判决无须证明或证据。

1935年，又为加强对司法的控制而对司法系统进行反动改革。对全国的法院系统进行简化和统一，要求全国6万余名法官都必须忠实执行纳粹党的行动路线，在每一个判决中都要遵循领袖的意志与政策。

希特勒在德国的独裁专制统治是被盟国强大的军事力量打破的。笔者认为，如果没有外力干预的话，这种专制统治一定会在德国继续。

美、英等国战败纳粹德国并对之进行分区占领之后并未肢解之，而是帮助德国人民重建宪政国家。他们先是合并各自的占领区，发表公告宣布召开德国西区的制宪会议，随后“向西德十一个州建议起草一份联邦式宪法”②。各州总理们决定成立一个议会委员会来起草基本法，作为未来新建立国家的宪法。

---

① 马啸原：《西方政治制度史》，高等教育出版社2000年版，第300页。

② 埃德温·哈特里奇著，范益世译：《第四帝国的崛起》，世界知识出版社1982年版，第132页。

议会委员会于 1948 年 9 月 1 日在波恩成立。65 名议员是经过各州议会选举产生的。另有 5 名代表来自西柏林,他们无表决权。在选出的议长康拉德 · 阿登纳的主持下,议会委员会用 9 个月的时间完成了任务。实际负责起草《德意志联邦共和国基本法》的是指导小组主席卡洛 · 施密德教授。卡洛 · 施密德是社会民主党人,具有"典型自由主义思想,即民主要把国家和社会分开,分权制,保证基本权利"①。

《基本法》经军事政府批准后,又经各州议会通过,于 1949 年 5 月 23 日宣告生效。德国西区据此于 1949 年 8 月 14 日经过自由选举产生了第一届联邦议院。9 月 12 日,联邦代表大会召开会议,选举笃信自由主义思想的自由民主党主席奥多尔 · 豪斯为联邦总统。三天后又进行总理选举,康拉德 · 阿登纳当选为德意志联邦共和国的第一任总理。至此,美国历史学者埃德温 · 哈特里奇所说的德意志第四帝国正式创建。

大体与此同时,苏联所占领的德国东区建立了民主德国。但是,名义上民主的东部并不民主,而是专制。贺卫方先生曾言:"柏林之行,以德国对于纳粹的反思以及东德历史的反思为考察对象……最震撼者,莫过于进入前德意志民主共和国国家安全部(斯塔亚)档案库,看到汗牛充栋的档案,不禁感叹:一种以人的完成解放为追求的学说导致的却是对自由的疯狂压制,可谓异化之顶级范本。"②

与东区专制的情况相反,作为德意志联邦共和国建国依据的《基本法》,其主旨是保护人的最大自由。《基本法》的创始人之一施密德说,这时,也只有这时"才可能产生一部真正的宪法……它是全体

---

① 迪特尔 · 拉甫:《德意志史——从古老帝国到第二共和国》(中文版),波恩 Inter Nationes 出版社 1987 年版,第 356 页。

② 贺卫方:《我的 2011》,贺卫方新浪博客,2012 年 1 月 4 日。

德国人民的劳动成果。《基本法》中没有任何一条会限制我国人民按照自己的意志安排一切事务的自由"①。施密德上述话语中的后半段非常正确,但其前半段话语,笔者认为还有进一步补充说明的必要。

与德国以前的同类法律文件相比较,《基本法》最大的不同之处是:第一,注意吸收美国等其他国家宪法的优点,突出对于人权的保护;第二,实行联邦与各州"划界分权"的体制,给予各州较多的自治权力;第三,削减总统权力,把实权总统变为虚位元首;第四,对政党问题作出规定。此外,还增加了禁止侵略战争的条款。

我们前已论及,《魏玛宪法》也是一部比较关注人权保护的宪法。但是,《魏玛宪法》把公民权利的部分放在了第二编,即位于宪法的后半部分。《基本法》则针对希特勒统治时期蔑视人权、践踏人权与在肉体上毁灭人的暴行,把公民基本权利的保护列在了第一章,以示对该问题的高度重视。该章题目就是基本权利,共有 19 条具体规定。

其中,第 1 条规定:人的尊严神圣不可侵犯,尊重和保护人的尊严是全部国家权力的义务,因此,德国人民承认不可侵犯和不可转让的人权是一切社会、世界和平和正义的基础。第 2 条规定:保护人的自由,人人都有自由发展其个性的权利,人人都有生存权和人身不可侵犯权,个人的自由不可侵犯。第 3 条规定:法律面前人人平等,任何人不得因性别、门第、语言、籍贯、血统、信仰或宗教或政治观点而受到歧视或优待。第 4 条规定了信仰、良心和信教的自由。第 5 条规定了言论自由,人人都有以口头、书面和图画自由表达和传播自己观点以及自由地从一般可以允许的来源获得消息的权利,出版自由和通过广播、电影进行报道的自由受到保障,不建立检查制度。另外,《基本法》第一章的其他条对公民的教育、集会、结社、电信秘密、

---

① 迪特尔·拉甫:《德意志史——从古老帝国到第二共和国》(中文版),波恩 Inter Nationes 出版社 1987 年版,第 358 页。

迁徙、住宅、财产、继承、避难、请愿等基本权利也作了明文规定。

此外，接受《魏玛宪法》中关于人权保护条款被废除的教训，以阿登纳为首的《基本法》起草者还规定了第一章中前三条所规定的公民基本权利不得修改。

《魏玛宪法》在联邦与州的关系上似乎过于强调了中央集权，希特勒统治时期更实行了高度中央集权的体制。对此，《基本法》予以坚决改正。

为表示对该问题的重视，国家的名称被定为德意志联邦共和国。为避免希特勒独裁专制统治悲剧重演，《基本法》的起草者规定了几项重要准则在任何时候都不能修改，包括三权分立、民主制、法治以及联邦制的国家制度。

在规定联邦法律优于州法律、各州机关服从联邦最高主管机关指令的同时，《基本法》对各州权力与地位给予了较大关注与考虑。它划分了联邦与州的立法权限以及联邦政府与州政府的具体管辖事宜，给予各州较多的自治权力。《基本法》规定，由各州代表组成的联邦参议院参与联邦决策过程，在州的权益、权威和州的立法权限受到影响的地方，联邦参议院的提议在联邦决策过程中应占有优势。联邦政府除管辖外交、国防、货币、海关、邮政、铁路、航空等之外，其他事宜的大部分管辖权力给予各州。在处理与外国的关系上，在缔结涉及某一州的条约时，联邦政府应听取该州意见。各州在其立法权限范围内，可以经过联邦政府同意与外国订立条约。各州通过共同协定，可以调整或部分调整各自的领土范围。各州拥有自己的警察部队。在发生特别重大事件本州警察部队不能独自处理或应对而需要帮助时，可以请求联邦警察或边防部队支援。联邦政府亦可为应付灾害和事故，指令各州提供警察部队，但是须得到联邦参议院的同意。

《魏玛宪法》赋予总统较大的权力。总统有权不经国会同意任命总理和其他政府官员，有权解散国会，有权动用军队维持社会秩序等,是造成魏玛共和国政局不稳与希特勒能够夺权上台的重要原因。鉴于此,《基本法》根据德国的情况,吸取以往的教训,把实权总统变成虚位总统。

《基本法》对政党问题作出规定,这是《魏玛宪法》中所没有的。同时,这也是世界上其他国家宪法中所没有的内容,也是针对希特勒及其纳粹党的一项内容。

《基本法》规定,“政党参与形成人民的政治意见,可以自由建立政党”。但其中又规定,政党内部组织必须符合民主原则。它们必须公开说明其经济来源、使用情况及其财产状况。凡由于政党的宗旨或党员的行为企图损害或废除自由民主的基本秩序,或企图危及德意志联邦共和国,都是违背宪法的。后来又根据《基本法》的上述原则,制定了一部《政党法》,对政党问题作了详细规定。这是联邦德国所特有的法律,西方其他国家没有。

由上述《基本法》中关于政党问题的规定,笔者想到,当时主持制定《基本法》的德国政治家与法学家们,实际上是想在德国西区铲除中国自由主义思想家胡适先生当年所说的“乙式政党”。胡适先生在1947 年 7 月发表的《两种根本不同的政党》一文中明白指出,世界上有两种政党,一种是甲式政党,一种是乙式政党:

> 乙式政党的党员必须服从党的纪律。党员没有自由……有严密的特务侦查机关,他们的作用不但是侦查防范党外的人,还须监视党员的言论、思想、行动。党员必须服从党的命令,思想言论必须依照党的路线。
>
> 乙式政党的目的是一党专政。未取得政权之时,他们不恤用任何方法取得政权;既得政权之后,他们不恤用任何方法巩固政权,霸住政权。乙式政党本身是少数党,但因为组织的严密坚强,往往能利用政治的特殊权威,压服大多数人民,以少数党统治全国。

乙式政党绝对不承认，也不容许反对党的存在。一切反对力量，都是反动，都必须彻底肃清铲除，才可以巩固一党永久专政的权力。

1990 年，两个德国实现了和平统一。按照双方签订的《统一条约》，民主德国改建为 5 个州，加入德意志联邦共和国。10 月 3 日，两个德国正式实现统一，宪法仍沿用原联邦德国的《基本法》。国家名称、国旗和国歌也沿用原联邦德国的。至此，德意志人民终于建成了他们 100 多年以来所梦寐以求的自由民主宪政统一的国家。

四、德国人民建成自由民主宪政统一国家的启示

德国人民建成自由民主宪政统一的国家，实属不易。他们的追求历程极其漫长，他们实现“德国梦”的道路非常坎坷崎岖。

就德意志人民追求历程的漫长而言，如果从思想家们的设想算的话差不多是 200 年，如果从宪政制度实践开始的历史算的话也有 140 余年的时间。这里所说的时间，分别是从威廉·冯·洪堡于 1792 年写成《论国家的作用》一书以及德国人从 1848 年 3 月在法兰克福召开制宪预备会议筹划召开全德国民议会制定宪法算起。

就道路的崎岖而言，其中最典型的历史事件是普鲁士国王腓特烈·威廉四世用武力解散普鲁士议会、废除议会制定的宪法，拒绝接受法兰克福议会代表团送来的皇冠、只身践踏法兰克福宪法；普鲁士国王威廉一世与宰相俾斯麦置议会权力于不顾，推行铁血政策，建立君主专制的德意志第二帝国；纳粹党领袖希特勒将时代与世界自由民主的大势抛之脑后，践踏《魏玛宪法》，在德国建立世界空前的极权独裁专制暴政体系。

德意志人民建成自由民主宪政统一的国家，历程是漫长的，道路是曲折的。分析其中的原因，如下几点不可不察：第一，关键历史时期，德意志民族中一些历史人物的错误选择，起了至关重要的阻碍与

破坏作用。这些关键性的破坏作用，阻碍了民族的航船走向正确的航程。第二，德意志民族深受自己过去辉煌历史的误导。第三，与英、美等国家相比较，德意志民族整体的思想认识水平欠佳。

就上述第一点而言，腓特烈·威廉四世拒绝接受皇冠与希特勒肆意践踏《魏玛宪法》可以给予说明。中国古语曰“时势造英雄”，实际上，英雄在关键历史时刻更能创造历史。另外，梁启超说过“大人物心理之动进稍易其轨而全部历史可以改观”的话，也很有道理。

就腓特烈·威廉四世而言，他所生活的时代已经后于英国君主虚位一个世纪以上，后于华盛顿任美国民选限权总统也50年。但当时，他竟然如我们前所提及的，在给普鲁士驻伦敦公使本森的信中称法兰克福议会的皇冠实非皇冠，是用粪土污泥制成的想象中的头箍，还认为“有权拿皇冠授人者舍我和我等之人其谁”。至于希特勒搞极权独裁专制而与时代断层错位，则纯是一种严重犯罪行为。笔者想到，当年美国也遇到了空前的经济危机，许多美国人在挣扎中求生存，但富兰克林·罗斯福当选总统之后，并没有因为国内经济萧条而大搞极权独裁专制，仍坚持实行民主制度。这与希特勒形成了多么鲜明的对照呀！

关于上述第二点。这里主要是指德国人一直以来对普鲁士军国主义扩张与单一追求富国强兵之术的推崇。对此，威廉·冯·洪堡早已在《论国家的作用》一书中有过针对性极强的抨击，可惜德国人对此问题颟顸者太多，清醒理智者太少。许多德国人认为自由与建立强大统一的国家是不能两全的，包括俾斯麦在内，他们均推崇普鲁士少将、军事理论家克劳塞维茨的话：“通过剑，由一个邦支配其余各邦。”①克劳塞维茨所言居于支配地位的邦，即指在军事上唯一独大

① 吴友法等：《德国：从统一到分裂再到统一》，三秦出版社2005年版，第49页。

的普鲁士。

关于上述第三点。这可以从德意志民族中许多所谓的精英人物对个人独裁、对限制个人人身自由的举措、对极权专制暴政不是保持高度警惕,不是提倡制约,而是怂恿之,以及从德意志民族中认可与拥护专制政治的普通民众数量很多等方面给予证明。

笔者认为,德意志民族中虽有黑格尔的辩证法,有所谓的思辨理性,但从某种角度来说,这其实是一种相当有害的认识。顾准先生曾指出:"'辩证法'作为批判的即'破'的武器,是有巨大价值的。一旦它成为统治的思想,它的整体性的真理,它的'一元主义',都是科学发展的死敌。"①他又指出:"中国人是天生的辩证法家,可是辩证法把中国人坑害苦了。"②笔者认为,辩证法同样把德国人坑害苦了。相反,英美国家的人们重经验,不注重思辨,人民与国家均从中受惠。就像美国开国元勋迪金森所言:

> 经验应该是我们唯一的指南;理性可能误导我们。英国宪法中特别令人赞叹的机制,并非理性的发现。由陪审团审理的方式,看来荒谬,曾经遭到许多主张理性的人反对,可是,这种方式的发现,并不是理性,而是经验。英国的一些发现,可能都是出于偶然,后来受到经验的支持。所以,经验是我们的指南。③

在此方面,除了有黑格尔对普鲁士专制国家的愚蠢赞美之外,另有一些具体事例可以证明,不妨列举如下:(1)纳粹党执政期间,德国著名哲学家海德格尔曾率领960名教授向希特勒宣誓效忠。(2)当希特勒于1939年4月28日在国会发表演讲,自吹自擂,并对美国总统罗斯福进行无礼嘲弄时,全场议员兴奋异常。亲历了此场景的威

---

① 顾准:《顾准文集》,贵州人民出版社1994年版,第418页。

② 顾准:《顾准文集》,贵州人民出版社1994年版,第416页。

③ 麦迪逊著,尹宣译:《辩论:美国制宪会议记录》,辽宁教育出版社2003年版,第514页。

廉·夏伊勒记述道:“可以肯定地说,在普通人听来,这些话充满了伪善与欺骗,但是对那些仔细挑选出来的国会议员们和成千万德国人说来,他那运用自如的嬉笑怒骂,听起来却真是一番享受。当德国元首用越来越动人的效果,几乎无止无休地取笑美国总统的时候,那些脑满肠肥的议员们不断地哄堂大笑。”①(3)1939 年 11 月 23 日中午,希特勒在总理府对担负指挥德军的将领和德军参谋总部的人员发表讲话,声称:“我对于历史事态的可能发展有清楚的了解,对于作出无情的决定有坚定的意志……作为最终决定性的因素,我可以毫不夸大地说,我是不可代替的,没有一个军人或是文官能够代替我。……我对我的才智能力和决断能力是深信不疑的……从来还没有一个人取得过像我这样的成就……国家的命运全在我一个人身上。”并进而表示决心破坏比利时与荷兰等中立国的中立,尽快对英、法实施大规模进攻,“当时却没有一个将领站出来表示怀疑,也没有任何人起来质问进攻比利时和荷兰是否违反道德,因为这两个国家的中立和边界是得到德国的庄严保证的”②。(4)1934 年 8 月,德国全民公决希特勒作为政府总理是否兼任总统时,4550 多万合格选民中,有近 4000 万票表示赞成,并赞同给予他“元首”称号。总之,德国的此种状况就像马克思在《路易·波拿巴的雾月十八日》中所讲的:“像法国人那样说他们的民族遭受了偷袭,那是不够的。民族和妇女一样,即使有片刻疏忽而让随便一个冒险者能加以奸污,也是不可宽恕的。”③

考察德意志民族建设自由民主宪政统一国家的整个历程,分析

① 威廉·夏伊勒著,李耐西等译:《第三帝国的兴亡:纳粹德国史》(中),世界知识出版社 1979 年版,第 660 页。

② 威廉·夏伊勒著,李耐西等译:《第三帝国的兴亡:纳粹德国史》(中),世界知识出版社 1979 年版,第 909 - 912 页。

③ 《马克思恩格斯选集》(第 1 卷),人民出版社 1972 年版,第 608 页。

两种思想主张博弈而自由主义最后取胜的原因，给人的启示很多。笔者认为如下四点尤其值得注意：

第一，德国人和平建成自由民主宪政统一国家的经验值得世人借鉴。尽管世界上一些国家的当权人物屡屡拒绝走这条道路，但他们最后还是在转轨时取得了成功。笔者认为这里有一个关键因素，就是所选之路必须是真正民主与宪政的，而不是其他；伪民主与伪宪政有时会给人以有效或成功，但那只是暂时的现象与假象。

第二，思想上的启蒙与进步不能代替制度上的追求与积累，必须是思想与政治的双丰收。在此问题上，绝对不能有任何幻想与机会主义。因为如果没有保证人民权利的制度的建设与积累，再好的思想启蒙也会归于无效。或者说，所做的功大多会归于无用功，会使人们长时间内只有播种而无收获。

为加深读者对于此问题的认识，笔者在此不妨将歌德与胡适的有关话语列举如下。歌德于 1828 年同埃克曼谈话时抱怨德国人没有足够的能力把理论认识化为日常的实践："但愿人们以英国人为榜样，教给德国人少一点哲学而多一点实干能力；少一点理论而多一点实践……"①胡适于 1948 年 10 月 5 日在武昌对公教人员发表了题为《自由主义与中国》的演讲，他痛切地指出："中国历代自由最大的失败，就是只注意思想言论学术的自由，忽略了政治的自由。所谓政治自由，就是要实现真正的民主政治，否则一切基本自由都是空的。"

第三，国家一旦走向自由民主宪政之路后，整个民族必须有坚持和发展完善的决心与政治智慧。因为往往人们找到了正确的路径，也很难坚持走下去。如前所述，当年德国人在这方面的表现尤其突出。必须明白，宪政体制的建设不是只定出一部好的宪法就万事大

---

① 迪特尔·拉甫：《德意志史——从古老帝国到第二共和国》（中文版），波恩 Inter Nationes 出版社 1987 年版，第 101 页。

吉。胡适先生在《〈人权与约法〉的讨论》一文中指出：

> 宪法是宪政的一种工具，有了这种工具，政府与人民都受宪法的限制，政府依据宪法统治国家，人民依据宪法得着保障。有逾越法定范围的，人民可以起诉，监察院可以纠弹，司法院可以控诉。宪法有疑问，随时应有解释的机关。宪法若不能适应新的情势或新的需要，应有修正的机关与手续。——凡此种种，皆须靠人民与舆论时时留心监督，时时出力护持，如守财虏的保护其财产，如情人的保护其爱情，偶一松懈，便让有力者负之而走了。故宪法可成于一旦，而宪政永永无"告成"之时。①

胡适的话很有道理，可与希特勒破坏《魏玛宪法》互证。

第四，凡独裁专制政治传统久远与历史文化负担沉重的民族与国度，宪政体制的确立离不开改革开放，离不开有益的外部影响与推动。往往在这样的国家里，仅凭自由民主的思想本身而与专制主义博弈，是很难取胜的。因为专制主义在这样的国度中不单单是思想，同时还是一种政治、社会与文化。比如德国，从《魏玛宪法》的制定到《基本法》的成功实行，再到德国最后在宪政体制基础上的完成统一，都是如此。

---

① 欧阳哲生：《胡适文集》，北京大学出版社 1998 年版，第 531 页。

第三篇

朝野良性互动，国家走上发展坦途

——韩国民主宪政之路的一种解读

尽管韩国从成立后到1993年之前的经济发展很快，但在政治民主与社会现代化方面严重滞后。其间大部分时间，统治者实行专制统治，人民基本权利得不到保障。当政者可以肆无忌惮地贪污受贿营私，无度敛财而家族自肥。后期则是“社会纲纪松弛了，到处蔓延着不负责任、舞弊和腐败。穷奢极欲，金钱万能，乌烟瘴气。一度著称于世的耐劳精神，曾几何时，已烟消云散”①。有研究者称，当时“韩国政治之舟穿行于黑暗的低谷”②。但是自1993年起，人民直接选举总统的政治制度最终确立下来，以前大的历史错案得到了平反。1996年8月的历史性审判中，当年双手沾满人民鲜血和大肆吞食社

① 金泳三著，郑仁甲译：《开创二十一世纪的新韩国》，东方出版社1993年版，第1页。

② 黄兆群：《韩国六大总统》，人民出版社2004年版，第121页。

会财富的历史罪人全斗焕等得到了应有惩罚。韩国在此后终于走上了民主宪政的正确之途。

历史的成因复杂,但同时有清晰的特征。这就是说,可抓住主要方面对之进行简明扼要的化约言说;并且,这些化约对于人们的历史再造具有路标、指导与启迪的作用。就韩国走上民主宪政的真正正确之途而言,提纲挈领,不外是两个大的方面:第一,人民不屈不挠、坚持不懈的斗争和争取;第二,当权人物的让步与妥协。人民勇敢一贯,当权者开明知势。对之,我们称之为朝野良性互动。就统治者而言,不是人民一有斗争就残酷镇压,并且镇压以后不思进取,不知退让,不实行实质性政治体制改革;就人民而言,不是一直进行无限度的斗争。其中,人民在斗争和争取的过程中,不但要有大无畏的勇敢与牺牲精神,还要有保持理性与限度的一面,也得有让步与妥协。下面,我们就对 1993 年之前韩国的政治状况以及他们如何从 1987 年 6 月起一步步走向民主宪政的正确道路并如何实现转轨作一历史的考察。

一、1988 年之前的韩国政治

从 1948 年 8 月 15 日建立大韩民国至 1988 年 2 月,韩国主要有三位主政时间较长。他们是李承晚(1875 - 1965)、朴正熙(1917 - 1979)和全斗焕(1931 -)。其中,李承晚是通过选举上台的,朴正熙和全斗焕是通过发动军事政变上台的。

李承晚入主韩国总统府青瓦台时已经 73 岁。他受过正规的西式教育,是一位崇尚西方文明的饱学之士,为了祖国的独立而鞠躬尽瘁,后来又具有专制倾向。

李承晚是朝鲜李朝统治者的后代,虽然早年受儒家文化影响,但后来完全倾心于西方文化,迎娶奥地利贵族的女儿杜纳尔为妻。1894 年进入美国卫理公会在汉城创办的教会学校——培才学堂就读。在这里，青年李承晚学会了英语，并接受了基督教信仰和西方近代政治思想的影响。毕业后的李承晚迅速投入社会活动，参加了“独立协会”，并担任韩国第一家近代报纸《独立新闻》的英文版主笔。1897 年，李承晚因抨击时政和锋芒毕露的改革思想被捕入狱，先是被判死刑，后来改为无期徒刑。在狱中，李承晚撰写了第一部名作《独立精神》。1904 年 11 月，李承晚遇大赦出狱后，在教会的资助下渡美留学，于 1906 年获得乔治·华盛顿大学政治学学士学位，1908 年获哈佛大学哲学硕士学位，1910 年获普林斯顿大学国际政治学博士学位。李承晚于 1912 年短暂回国，以传教的名义宣扬独立思想，结果被日本殖民当局驱逐出境。此后，李承晚侨居美国夏威夷，在当地侨民中积极从事独立运动，成为声名煊赫的独立运动领袖。1919 年，韩国的民族主义者在上海成立“大韩民国临时政府”，远在美国的李承晚被选为临时政府总统，随即代表临时政府赴法国向巴黎和会递交韩国独立请愿书。之后，李承晚赴上海宣誓就任韩国临时总统，旋因与临时政府其他成员不和而离职，又远走美国。此后 20 多年，李承晚一直在美国从事独立运动。美国历史学家斯塔夫里阿诺斯在《全球通史》中记述：“李承晚是一位 70 多岁的老资格的政治家，从 20 世纪初起，就在同日本人作战。他是哈佛大学和普林斯顿大学的毕业生，是伍德罗·威尔逊的学生和信徒，是卫理公会派的传教士，曾作为朝鲜流亡政府的首脑在中国和美国生活了几十年。”①

李承晚治理韩国时，在美国的支持下，对社会经济和文化建设做了不少事情。工厂数量比 10 年前增加 5 倍，大学数量增加近 11 倍。但是，他搞专制，并且擅权恋位，两次以欺诈手段获得总统选举。他的对手或者离奇失踪，或者遭遇暗杀，有数十名反对党的支持者也

① 斯塔夫里阿诺斯著，吴象婴等译：《全球通史——1500 年以后的世界》，上海社会科学院出版社 1999 年版，第 806 页。

遭到暗杀。但是,只有一人为天下,岂能天下永远为一人?! 1960 年 4 月 19 日,韩国人民对李承晚的专制独裁不再容忍,十几万学生走上街头,抗议示威, 造成警民冲突,发生了 186 人死亡、6026 人受伤的惨案。① 在国内外一片唾骂声中,李承晚被迫引咎辞职,流亡美国夏威夷,90 岁去世。

朴正熙是农民的后代,早年毕业于朝鲜大邱一所不知名的师范学校,毕业后在家乡庆尚北道闻庆市的一所小学任教。1940 年,伪满洲国军官学校在朝鲜招生,朴正熙以高木正雄的日本名字考入设在中国长春的陆军士官学校。两年预科之后,1942 年又到东京日本陆军士官学校攻读本科。1944 年毕业后,被分配到当时的热河省伪满洲国军第八团任少尉团副。1945 年 8 月 15 日日本无条件投降后,朴正熙所在部队拒不投降,杀死苏军联络员。苏军展开围歼行动后,朴正熙带领 3 名朝鲜籍军官逃出包围。之后,他乔装难民来到北京,混入中国国民党中央军系列的"光复军"。军统调查知道他的真实身份后,于密云地区解除其武装,并在羁押数月后于 1946 年将其遣返回国。

朴正熙回国后,于 1946 年 9 月考入朝鲜国防警备队在汉城开设的军事英语学校(即后来的韩国陆军士官学校),同年 12 月毕业后留校任教官。1949 年任韩国陆军本部作战情报室室长。1950 年朝鲜战争爆发,朴正熙先后任陆军情报局科长、师参谋长、陆军本部作战局次长、第二野战军炮兵司令等职。1953 年晋升为准将,同年 7 月赴美国俄克拉荷马福特希尔陆军炮兵学校留学深造。回国后被任命为韩国炮兵学校校长。1955 年 7 月出任陆军第七师师长。1957 年陆军大学毕业后出任陆军第九师(白马师)师长。1958 年晋升少将。1959 年 7 月任陆军第六管区司令。1960 年 1 月任釜山地区军需基

① 黄兆群:《韩国六大总统》,人民出版社 2004 年版,第 61 页。

地司令部司令,同年12月任陆军本部作战副参谋长和第二野战军副司令。

朴正熙于1961年5月16日发动政变,推翻以尹普善为总统、张勉为总理的第二共和国政府(张勉于1956－1960年间任韩国副总统)后,迅猛发展工业与鼓励出口,韩国经济开始起飞。朴正熙脱下军装,靠"竞选"在1963年和1967年两度"当选"总统。在他统治的18年里,韩国国民收入总值增加4倍,国家产品出口率增长50倍。这就是世人所称道的"汉江奇迹"。朴正熙"当了18年总统,他要求人民节衣缩食努力奋斗,他自己也同样艰苦奋斗。据说,全国人民都要吃杂粮饭不吃大米饭,他家也一样做到"①。

1971年之前,朴正熙的治理是中规中矩的。有研究者称:"1971年之前,朴氏政权虽然关闭了数百家新闻机构,但并未封杀公开批评政府的言路。""也未曾压制在野党的政治势力,更未限制它们的公开活动。朴正熙于1963年和1967年的两度当选(韩国总统),都是通过公民直接投票选举的,不存在任何非法交易。"②的确是如此。对此,朴正熙当时的政敌金大中在谈话中也承认,那时的选举"是比较公正的。朴正熙的军事统治因而有相当程度的合法性"③。但当1971年总统选举的时候,候选人在许多问题上存在着针锋相对的争论,反对党候选人金大中提出"粉碎永远实行个人独裁统治阴谋"等竞选纲领,国内外对之投以赞许的目光。民众支持反对党候选人的情绪空前高涨,参加反对党候选人竞选活动的民众也空前广泛,许多神职人员、学生和知识分子都为金大中的竞选活动奔走呼号。此时,朴正熙个人独裁统治的面目彻底暴露了。

---

① 周志兴:《东鳞西爪记韩国》(三),"共识网"2013年8月21日。

② 黄兆群:《韩国六大总统》,人民出版社2004年版,第99页。

③ 金大中著,冯世则等译:《金大中哲学与对话集:建设和平与民主》,世界知识出版社1991年版,第155页。

1971 年12 月6 日，朴正熙突然宣布国家处于非常状态，强调以国家安全保障为优先，绝不容许一切构成安全保障弱点的社会不安定因素，树立安全保障主义的新价值观。12 月 27 日，他不顾在野党的激烈反对，变相通过《保卫国家特别措施法》，严格限制公民迁徙的权利，禁止公共集会和游行，进一步限制言论和新闻自由。随后，他赋予总统对物价及工资的冻结权、国家对人力物力的总动员权、户外集会及示威的决定权、出版管辖权、限制团体交涉权、预算变更权等广泛的非常时期大权，并追认国家非常状态，使之合法化。

而韩国人民并未因朴正熙创造了经济起飞的奇迹就允许其在政治上开历史倒车，允许其长期变本加厉地搞个人军事独裁统治。1972 年10 月17 日，朴正熙又颁布戒严法，废止宪法，解散国民议会，宣布政治活动为非法，并暂时关闭所有高校。同一天，朴正熙又抛出宪法修正案，即所谓的《维新宪法》。其中规定，以后韩国总统不再由国民直选，而是由新设计的“全国统一代表大会”选举产生。该机构由 2560 人构成，其中一半由总统任命，另一半从总统核准的候选人中选出。总统的任期由 4 年改为 6 年，可连选连任。国会成员的三分之一由总统指定。国会每年只可举行为期两周的聚会。总统可以任意解散国会。为了进一步加强总统的权力，宪法可以授权总统，只要总统认为国家处于紧急状态，就可以暂时限制公民的自由。此举遭到社会各阶层的强烈反对。1973 年底，反对党、大学生们开始走上街头，要求还政于民。1974 年，当朴正熙与夫人陆英习出席在汉城国家剧场举行的表演时突遭枪击。朴正熙虽幸免，但夫人当场殒命。至 1979 年 10 月 26 日，朴正熙终因学生“闹事”的导火索被部下杀死。

朴正熙被杀后，总统一职由职业外交家出身的总理崔圭夏代行。崔圭夏不久颁布非常戒严令，任命陆军参谋长郑升和将军为戒严司令，在全国实行戒严，济州岛地区除外。初步稳定局势之后，崔圭夏于 11 月 10 日发表特别声明,宣布修改宪法并依照新宪法进行选举。1979 年 12 月 6 日,崔圭夏被"统一主体国民会议"推选为韩国第十届总统。朴正熙颁布的紧急命令被废止,在野党包括金泳三的新民党和金大中的国家民主统一阵线等恢复了正常活动,在野政治人士包括前总统尹普善和前总统候选人金大中等也都恢复了人身自由。到 1980 年 2 月,因为反对朴正熙的独裁统治而遭辞退的数百名教授、宗教界领袖、新闻记者以及举行游行示威而遭逮捕的学生等都恢复了公民权。这些举措,开创了所谓的"汉城之春"。

但是,"汉城之春",只是当时韩国政治天空中彗星划过天际时一道虽然明亮却极其短暂的掩光。实际上,早在 1979 年 12 月 12 日,崔圭夏就已经不是韩国大权的真正主人了。他在宪法所规定的真正总统职位上仅有 6 天时间:从 12 月 6 日至 12 月 12 日。12 日,全斗焕发动了所谓的"肃军政变",建立了新的独裁专制统治。"肃军政变"在韩国历史上又被称作"双十二政变"。

全斗焕是朴正熙生前重用的韩军高级将领之一。与朴正熙出身相同,全斗焕也是毕业于陆军士官学校。1961 年 5 月 16 日朴正熙发动军事政变,全斗焕积极支持。政变后,全斗焕得到重用,先是被提升为最高会议议长秘书官,之后回到军中任中央情报部人事科长。于 1967 年 8 月出任首都警备司令部第三十营营长,负责青瓦台的警卫工作。1970 年以陆军第九师第二十九团团长身份去越南参战一年,回国后任特战司令部第一空降旅旅长。朴正熙被暗杀时,全斗焕担任联合搜查部部长和国军保安司令。① 此外,全斗焕还是韩军中陆军士官学校校友组织的"一元会"的骨干成员。

与全斗焕一起发动政变的卢泰愚(1932 -   )与全斗焕一样,毕业于陆军士官学校,也是"一元会"的骨干。卢泰愚于 1959 年赴美国

---

① 黄兆群:《韩国六大总统》,人民出版社 2004 年版,第 123 页。

留学,1979年1月起担任陆军第九步兵师师长。

全斗焕发动政变时打出的旗号是讲道义,是为朴正熙复仇。但以后事态的发展表明,全斗焕发动政变并不是自己所声称的那样,而是他仇视民主的政治立场与权力私欲膨胀所致。

在朴案调查中曾有这样的表述:朴正熙被杀当晚,中央情报部部长金载圭在同一幢建筑内除了宴请朴正熙、朴正熙的心腹侍卫长官车智澈、总统府秘书长金桂元之外,在不同的餐厅里还招待了陆军参谋长郑升和将军与中央情报部副部长金正。朴正熙死后,金载圭立即去郑升和、金正所在的餐厅与二人会谈,企图诱骗或胁迫郑升和参加自己的政变计划。郑升和拒绝,并逮捕了金载圭。但全斗焕当时公然捏造罪名,指称郑升和涉嫌刺杀朴正熙,于1979年12月12日晚发动政变,令卢泰愚的陆军第九步兵师攻占陆军总部和国防部,占领议会大楼。政变中,动用了坦克等重型武器,动用了7500余人的军队。

对于人民拥有言论、集会等自由,全斗焕极端仇视。1980年5月17日,全斗焕操纵下的政权颁布全国戒严法,将非常戒严的实施范围扩大到包括济州岛在内的全国。停止一切政治活动。审查言论、出版、报道、广播内容。大学停课,禁止使用与朝鲜政权相同的主张和用语。5月18日,反对党领袖金大中和金钟泌被逮捕,金泳三被软禁。高等学校被勒令关闭,国会被迫停止活动。

在镇压了1980年5月的光州人民起义后,全斗焕进一步"净化社会",在全国大肆逮捕不满其统治的人。1980年8月7日,统一主体国民会议重新召开会议,推举全斗焕代行总统一职;并修改宪法,总统任期改为7年,不得谋求连任。总统选举仍采用间接办法。依据新宪法,全斗焕于1981年2月被选民代表团"选举"为韩国第十二届总统,登上总统之位。

全斗焕任总统后,对自己的亲属各授权柄,使他们大发横财,很快结成了一张全家贪污受贿网。第一夫人李顺子，在全斗焕的庇护下巧立名目，大肆敛财。她自任两个儿童资助团体的会长，招入1.5万名会员，接纳900余名财东入会，接受捐款160余次，金额高达223亿韩元。全斗焕的胞兄全基焕由一个农民一跃而成为航空旅行社董事长。1983年，全基焕又依仗全斗焕的权势取得了鹭梁津水产市场的经营权。由此他贪污近30亿韩元，偷税漏税103亿韩元。全斗焕的胞弟全敬焕也由一名下级警官摇身一变成了发展农村经济的"新村运动"要员。全敬焕低价强买新村新闻社，占有其大部分股份。7年间，他共贪污受贿173次，总金额达78亿韩元。据报界透露，全斗焕的近亲和远亲在其执政期间贪赃枉法者达450人之多。

全斗焕时期，同样是韩国经济快速发展的时期，尤其是其统治后期。据研究，20世纪80年代，韩国的产业如果以1980年为100的话，那么1989年为276。国民生产总值大约从52万亿韩元增长为120万亿韩元。人均国民生产总值从1592美元增长为4968美元。另外，劳动生产率如以1980年为100的话，那么1989年增长为279.5，年均增长12%。[①] 1987年，韩国经济增长12.8%，人均国民生产总值3098美元，而1986年是2503美元。[②]

但是，由于全斗焕政治上的倒行逆施，所以经济上再高速发展，也同样遭到韩国人民的反对。1988年2月，全斗焕被迫履行自己以前许下的诺言，以和平方式移交政权，总统的职位交到了在1987年12月17日的选举中获胜的卢泰愚手中。卢泰愚于1988年2月25日就任韩国总统，执政到1993年2月。

---

① 黄兆群：《韩国六大总统》，人民出版社2004年版，第138页。

② Soon Cho: *The Dynamics of Korean Economic Development*, Institute for International Economics, Washington, 1994, p. 52.

二、从卢泰愚到金大中:韩国民主宪政体制的确立

卢泰愚生于平民家庭,早年丧父,从小生活艰辛,但为人既勤奋又孝顺。很多韩国人都知道关于卢泰愚的故事:六十多年前的一个夏天,酷热难挨。十二岁的卢泰愚正气喘吁吁地砍伐着粗大的树木。连续一个星期的卖命,他得到的工资却只是五角韩币。一接到血汗钱,卢泰愚便飞奔下山,冲进商店,举着被汗水浸透的纸币为妈妈买了一把篦子和一面镜子,接着走几十里山路回家送给母亲。当母亲知道了这些东西的来历时,心如刀割一般,看着身旁又黑又瘦的儿子,眼泪潸潸而下。

前已提及,全斗焕于1979年纠集新军部势力发动政变时卢泰愚任师长,是全斗焕倚重的人物。1988年汉城因成功举办第二十四届奥运会而"最初引起世人的注意",与卢泰愚有直接关系,是他领导韩国人民从日本手里夺得了第二十四届奥运会的举办权。当时卢泰愚是全斗焕政权的体育部长,用西方媒体的话说,他成功导演了一场"乌龟战胜兔子的东方神话"。

卢泰愚出任韩国第十三届总统后,国家在经济、政治诸方面均有进步。至1991年,在卢泰愚政府的领导下,韩国人均收入达到6000多美元,进入中等发达国家水平。同年,韩国大田市获得1993年世博会的举办权。卢泰愚解除了各种有碍民主的禁令,人民从此可以自由表达自己的政治意愿。1992年10月,卢泰愚又退出民自党并成立管理选举的中立内阁,使民自党自动失去了过去的执政地位。卢泰愚此举造成了无朝野之分的竞选局面,这在韩国选举史上是空前的。正是在此情况下,金泳三得以在1992年12月18日的韩国第十四届总统选举中获胜,并于1993年2月25日正式入主青瓦台。

金泳三就任韩国总统之后所采取的最重要的一项改革措施,便是改组军界。

在就职之前,金泳三曾私下给高级将领们“放风”,试探改组军界的风险。在确信不会招惹太大麻烦的前提下,金泳三就任总统后不久,就对全斗焕和卢泰愚当政时期迅速膨胀起来的军中“一元会”组织进行了彻底铲除。他就职后不到两周,撤换了陆军总参谋长;随后,又撤换了国防部长。在1993年10月的军界正常任免中,所有的“一元会”人士均未得到提拔。在几个月的时间里,约有50名高级军官被重新任命,其中包括9位四星级将军中的7位。到10月份,有20位将军被解职,有8位非“一元会”成员被任命为军区司令。有73.3%的中将、68.3%的少将被调整。另外,金泳三还解散了军中其他所有的私人组织。

金泳三在政治经济上所采取的重要措施有“改写政权家谱”、官员公布个人财产状况、财产与金融交易实名制等。

还人民以公道,还社会以正义,重新恢复自己国家历史的本来面目,这不但是思想文化问题,同时也是重要的现实政治问题。因此,金泳三执政之后对之极其重视。他通过一系列声明,把韩国建国以来所发生的一些重大事件进行了重新命名。比如,1960年死伤严重的四一九学生运动,以前称四一九学生起义,此时改称四一九革命;以前说1980年光州的学生、知识分子、工人起义为光州事变,此时改称光州民众争取民主起义;以前说1987年6月10日的游行示威活动为大游行,此时改称1987年6月10日争取民主的斗争。

出乎人们的意料,金泳三宣誓就职总统的第三天,便向全国公布了他的个人财产,并且也公布了他的妻子、父亲以及两个成年儿子的个人财产。这些财产包括他们的房产、其他不动产、汽车、渔船、银行账户,总计约200万美元。并且,金泳三一再表示在他当总统期间,不会收哪怕是一元钱的政治捐款。

金泳三此举得到了当时媒体的高度赞扬,同时也为其他高官做了榜样,促使他们照做。于是,总理、内阁大臣和其他高官、国会议员、司法部门的高级官员等也都在很短的时间内公布了他们的财产。

对于公布财产的高官，媒体往往加以评论。一是看其是否真实，二是看其巨额财富是否与所担任的职务有内在关联。亦即看其是否有利用职务寻租的行为。真相一旦暴露，常常会导致当事人主动辞职。当时曾有国会发言人 1 人、内阁部长 2 人、副部长 5 人和 242 名长期在政府中任职的资深官员主动辞去了职务。不久又有 1363 名政府官员主动辞去了职务。①

金泳三政府还加强官员廉政立法。1993 年，国民议会通过了政府起草的《公共官员道德法》。除对官员的行为准则作出专门规定之外，立法还规定：1063 名高级官员必须精确公布个人财产；其他行政人员必须登记个人财产；高官必须每年公布个人收入状况。另外，立法同时规定军界官员必须登记个人财产状况与规范自己的行为。

金泳三执政 6 个月时，于 1993 年 8 月 12 日发布第 16 号紧急总统令，宣布在全国实行实名金融交易制度。就像有资料所言，此举让当时的韩国“朝野震惊”。② 长期以来，人们都用假名或他人名字进行金融交易，从而为政界与大企业的勾结创造了便利。巨额的政治捐款，因为使用无名可查的黑账户而变得轻而易举。鉴于此，金泳三在紧急总统令中宣布：没有实名的金融账户，就不可能有健康的民主；在新制度下，所有的金融交易，包括证券交易，都必须用实名；企业或公司，同样必须在营业执照和纳税号码上表明真实姓名。金泳三以上这三项政治、经济改革措施，一方面彻底剥去了全斗焕、卢泰愚军事独裁统治的合法外衣，另一方面是将二人送上了审判台。

---

① 黄兆群：《韩国六大总统》，人民出版社 2004 年版，第 171 页。
② 黄兆群：《韩国六大总统》，人民出版社 2004 年版，第 171 页。

在金泳三采取政治、经济措施所营造的有利形势下,1995 年 10 月 19 日,韩国国民议会在野党议员朴启东在对政府问责的质询会上披露了前任总统卢泰愚有一笔 500 亿韩元的秘密资金分别以 40 个假名账户存在银行里的重要消息;并且,朴启东时还拿出了这些以假名开户存单的复印件。同年年底,卢泰愚和全斗焕一起被送上了被世人称为“世纪审判”的被告席。经过近一年的立案调查,韩国汉城地方法院于 1996 年 8 月 26 日对前总统全斗焕、卢泰愚及其他 14 名参与双十二政变和镇压五一八光州人民起义的被告进行了一审判决。判处全斗焕死刑,判处卢泰愚 22 年 6 个月有期徒刑(同年 12 月 16 日,汉城高等法院宣布为全斗焕、卢泰愚二人减刑,分别改为无期徒刑和 17 年有期徒刑)。由此可见,韩国人民并未因卢泰愚的“优秀品质”和全斗焕发展经济的“历史功绩”而放弃对他们历史与现实罪行的法律制裁。这是对历史负责,也是对民族和国家的前途负责。

历史性的“世纪审判”之后,韩国的民主和政治现代化进程继续向前。在第十五届总统大选中,在野的新政治国民会议领导人金大中以 40.4 % 的得票率击败对手李会昌和李仁济,成为韩国自 1948 年建国以来第一位真正的在野党领导人总统。1998 年 2 月,金大中作为韩国的政界元老入主青瓦台。金大中所以能在总统选举中获胜,主要是他在竞选中提出了一系列治理国家的新措施以及周围有一批著名经济学家的支持。

金大中就任新一届总统,标志着韩国由内斗走向和解、由专制走向宪政事业的最后完成。1997 年 12 月 18 日,总统大选结束后的第三天,留守总统金泳三与当选总统金大中达成协议,赦免全斗焕、卢泰愚和在“世纪审判”后入狱的 23 人。这时,韩国已于此前的 12 月 3 日同国际货币基金组织签订了金融整顿协议。大赦的目的是为了全国共同面对危机。其间,最具有象征意义的事情是,在 1998 年 2 月 25 日金大中总统就职仪式上,“出尽了风头的全斗焕和卢泰愚,也一脸轻松地站在主席台上"①。

三、人民斗争暨自1987年韩国朝野的良性互动

本篇开始时曾指出,韩国走上民主宪政之路是朝野双方良性互动所致。也就是说,以上局面的出现是人民斗争以及韩国当权者明智妥协的结果。但是,二者的历史价值不能等同。韩国人民不屈不挠英勇斗争的大无畏精神尤其值得赞佩,并且也是韩国朝野双方良性互动占主导地位的方面。

韩国人民不屈不挠的英勇斗争,包括广泛的群众斗争,也包括杰出在野领袖人物的不懈努力。他们的斗争既有理性的,也有一些是事后看来不理性的。但是,其历史作用都应给予充分肯定,就像置敌人于失败境地的拳头一样,难以分清哪拳是必要的,哪拳是不必要的。

专制时代的韩国,历次大规模反专制统治的斗争几乎都是以学生为主体开展起来的。前述1960年迫使李承晚下台的四·一九事件,最先是由3000多名汉城学生向总统府进军引发的。到中午时,游行人数已超过10万人,许多市民参加。受民众情绪震慑,当时有不少警察脱掉制服"临阵脱逃"。

前述朴正熙被杀和其专制政权垮台,也与学生的斗争有直接关联。1979年10月15日夜间,韩国南部城市釜山有1000多名学生在市区进行反政府游行,他们高呼口号,要求朴正熙下台。市民也大量加入到游行队伍中来,最后演变成与警察的公开冲突。10月18日,政府宣布釜山地区戒严,但邻近城市马山又发生了斗争。学生和市民冲击政府大楼和警察,政府又不得不连忙下达马山驻军令。可是,斗争并没有结束,而是又迅速转移到了汉城、大邱、全州等地。正是

① 黄兆群:《韩国六大总统》,人民出版社2004年版,第190页。

在这样的形势下，朴正熙集团内部的重要成员金载圭在受到镇压不力的指责之后，于10月26日晚间刺杀朴正熙及朴正熙的心腹、侍卫长官车智澈。

1979年双十二军事政变发生后，最早起来勇敢斗争的也是学生。1980年5月，汉城及其他城市60多所大学、10万多人连续举行游行示威，矛头直指反动的军事独裁专制统治。全斗焕集团被激怒，于5月17日连夜举行"内阁会议"，决定发布"第十号非常戒严令"。取缔所有政党，关闭一些大学，逮捕著名民主运动人士金大中等人。全斗焕的暴行立即遭到民众的强烈反抗，特别是金大中的故乡光州人民的反抗尤为激烈。5月18日，光州市全南大学的5000多名学生在闹市区举行游行示威，得到民众的热烈响应。至19日，学生的游行演变成包括工人和市民参加的起义。21日，学生及其支持者包围政府大楼，80万人口的光州市参加示威者达到30万人之多。示威群众占据政府大楼，甚至夺取军械库武器，把军警赶出光州市，控制光州达6天之久。全斗焕调集万名陆、空军血洗光州城，群众在枪声中成片倒下，学生和市民有200多人被打死，数千人受伤。这就是骇人听闻的"光州惨案"。

随后，全斗焕又以净化社会为名逮捕6万人，搞军事管制的"三清教育队"，有4万多人被关进三清教育队接受"训化教育"，致使许多人死亡或变成终生残废。到7月中旬，232名高级公务员，4760名三级以下公务员，86名教授，611名教师，431名银行、保险、证券业的职员，政府投资机构及下属127个机构的1819名职员，711名舆论界人士等总计8500余人，在所谓"肃政"的名义下被解职。

全斗焕的镇压暴行并未吓倒韩国人民。光州惨案之后，反抗斗争的势头有增无减。仅从6月10日至26日半个月内，各地群众游行示威就达2145次，参加者约830万人。参加者有在野党成员、工人、学生，也有宗教界人士，韩国历史上称作"六月抗争"。当时西方舆论惊呼，“韩国是一座正在冒烟的火山”。

对于韩国人民在20世纪80年代初期开展的反军事独裁的斗争及其历史作用，有研究者指出，随着全斗焕独裁的加剧：

> 在80年代初、中期，学生与工人的绝望程度到了难以发泄的地步，发生了大约70多起示威者自杀事件，有的人甚至从高楼上跳下，以死来抗争独裁统治。“打倒全氏独裁政权”、“美国佬滚回去”，是光州屠杀以后许多游行示威常用的口号。大学校园里出现了许多秘密学生组织，主张重新认识韩国社会，谴责美国分裂朝鲜半岛、支持独裁的军人政府，特别是全斗焕的残暴统治……以反美、反独裁为基本特征的社会激进思潮在80年代的实现，其历史影响不可小视。激进知识分子怀抱的追求和使命，并不在于自我表现、自我建树，而在于扰乱和动摇韩国思想意识界的既定秩序，以引起人们对传统权威和敬畏对象的怀疑和蔑视，他们是清道夫。他们所开创的用于标新立异的强大时代氛围，为后来者的政治观念更新和冷静地看待美国在韩国的作用，提供了珍贵的心理准备与方法资源。①

历史的进步既需要激情四射的清道夫，同时也需要政治经验丰富、坚韧不拔与头脑清醒的领袖人物。在韩国人民的斗争队伍中，不乏此类人物。

金大中有“韩国的台风”、“韩国的霍梅尼”之誉。他从20世纪50年代末跻身政界，曾先后6次当选国会议员，3次参加总统竞选（均遭失败），最后于73岁始实现入主青瓦台的政治理想。在朴正熙、全斗焕执政时期，金大中均与独裁专制统治者进行了坚决的斗争，遭绑架、软禁、入狱，甚至被判处死刑，他都无所畏惧。1981年，金大中在关押自己的清州监狱中给夫人李姬镐写信表示：“登上山巅

---

① 黄兆群：《韩国六大总统》，人民出版社2004年版，第131－132页。

之路要做最好的选择，但一旦这条路选择之后，无论它多么崎岖，无论多么执拗地引诱我改变初衷，都不能使我屈服。为了人民，我不能抛弃我的信念。”此时的金大中刚由死刑改判为无期徒刑。此后，全斗焕为了缓和国内矛盾，使用调虎离山计谋，企图割断金大中与韩国人民的联系。他先是允许金大中到汉城大学附属医院就医，以后又允许他到海外治病。金大中到美国后，仍念念不忘为韩国的政治现代化而斗争。他于1985年2月毅然回国，继续为韩国的民主事业奔走呼号。金大中这种敢于以死赴国的大无畏气概，使许多韩国人为之折服。

与金大中相似，金泳三也是韩国著名的民主斗士。他从20世纪50年代初就跻身于韩国政坛，当选为执政的自由党国会议员时年仅27岁，是韩国最年轻的议员。他曾9次当选为国会议员，3次担任在野党领导人。在朴正熙和全斗焕统治时期，他曾因反对军事独裁专制统治而多次被捕、被软禁，被解除国会议员职务，禁止进行政治活动等。

与金大中相比，金泳三在争取韩国政治民主和现代化的斗争中显得更灵活。1987年，金泳三竞选韩国第十三届总统败北，政治生涯面临严峻考验。为了扭转这一局面，他于1990年1月会同老牌政界人物金钟泌（新民主共和党党首）与当时的执政党民主正义党合并为民主自由党，成为执政党的代表最高委员之一，党内地位仅次于卢泰愚。到1992年10月卢泰愚退出民自党后，金泳三便成了民自党的一号人物。借助实际执政党的有利政治地位竞选并入主青瓦台，韩国的政治历史由金泳三开始正式向新的道路迈进。

对于金泳三带领统一民主党与民正党进行合并，当时人们颇有微词。比如，有老朋友非难他是“叛徒”，三党合并是“野合”；金大中在过去数年之后还提到，金泳三党首“说合并是‘上帝的旨意’。我是天主教徒，他是新教徒。可是，天主教也好，新教也好，上帝却只有一个。既然如此,我就觉得他所说的'上帝的旨意',其实就是他为了能够继承军事政权的个人旨意。后来,当他真的继承了那个政权之后,却又不厌其烦地标榜自己的政府是'文职政府'。他唠叨来唠叨去的,唠叨得国民们都长出耳茧来了。我想,他的这些话恐怕正好反映出了他的一种复杂心理吧。"①

其实,笔者认为,正是金泳三政党合并之举,才确保了韩国政治体制的平稳转轨。对此,我们认为金泳三于1992年写下的如下话语可信与有理:

> 无人否认,1987年"6.29宣言"是一个对渴望民主化进程的国民的"投降宣言"。但是,停滞40来年的民主,不可能在一个早上结出硕果。6.29以后民主化的浪潮,如决堤之水在这块土地上到处漫延。可是这股浪潮的水位日渐上涨,终于到了警戒水位。我清晰地感觉到国家的基本秩序已面临崩溃的边缘。40年来养成的政治感觉,使我更加确信不久国家的宪政可能中断。我的眼前晃动着民主的表针倒退到20年前的情景;脑海里浮现出4.19以后张勉政权时期的恶梦。我夜不成寐。1980年春天,我也经历过类似的事情。我感到第三次悲剧正在临近……在民主被窒息的场合,协商、妥协又何从谈起!那时我们的最大政治目标就是恢复民主。实现这个目标,除了斗争之外,别无他路。三党合并前夕,情况却发生了变化。6.29宣言之后,市民社会迅速成长。由于它的反抗,政府的权威正在削弱;没有市民社会自发的同意,任何权力的正统性都得不到认可;政治权力的基础再也没有无可怀疑不可侵犯的尊严了……后来,局势继续混乱,政局如坠入五里雾中。我深感,建立一个正统的、强有力的政府,

---

① 金大中著,黄玉今等译:《我的人生,我的路——金大中自传》,外文出版社1998年版,第226-227页。

以稳定濒临崩溃的国家的基本秩序和飘忽不定的国内政局，通过稳定的改革，打下社会统一和民族统一的基础，是当务之急。当时的情况是，由于30年来一直由军人出身的总统执政，军人在社会各界拥有庞大的实力，而在野和民主力量却四分五裂……于是，我得出结论，缺乏正统性的执政势力与实际上毫无执政机会的民主势力合并，才是解决问题的关键。我以民主、救国的信念毅然实行了三党合并。①

关于金泳三“6.29宣言”是“投降宣言”的说法，也就是我们前面所讲的1987年起韩国朝野良性互动中执政方在政治上所做出的巨大让步。

“6.29宣言”是1987年6月29日由全斗焕指定的总统候选人卢泰愚以执政党民主正义党主席的身份通过电视向全国发布的。文件全名叫做《民主化与改革宣言》。宣言公布了政治民主改革计划：(1)迅速修改宪法，采用直接选举总统的方式选举新一届总统。(2)修改总统选举法，以确保总统选举时的自由竞选与公平竞争。(3)对持不同政见者进行大赦和恢复公民权利。其中具体讲道，金大中应该被赦免，他的公民权利应该得到恢复；所有那些因为跟政治风波有联系而遭拘禁的人士都应获得自由。(4)在新修改的宪法中加强公民的基本权利。人的尊严必须得到尊重，公民的基本权利应该提高，而且受到最大限度的保护。(5)在新的新闻法中提高新闻自由度。(6)将地方自治纳入议事日程。最大限度地保障自由和自律，地方议会应该没有任何顾虑地选举和组织。(7)确立新的政治对话气氛。创造一种适合对话和妥协的政治气氛，保障政党的健康活动。(8)大胆进行社会改革。建立一个清明而诚信的社会，根除杀人、侵财、流

---

① 金泳三著，郑仁甲译：《开创二十一世纪的新韩国》，东方出版社1993年版，第60－62页。

氓、盗窃等犯罪行为，使所有公民都过上安定祥和的生活。①

卢泰愚关于政治民主改革计划的历史作用是巨大的，它是韩国实现政治体制转轨的起点和决定性一招，对之如何评价都不过分。因为如果像其他某些国家那样，任由外部压力而当政者全无良知永不实行政治体制的改革，他们的专制政权还会长期延续。由此，同样体现了韩国民族的理性与以国为怀的情操。

有史料记载，当"6·29 宣言"中讲到民主计划包括在 1988 年 2 月之前实现总统直接选举和赦免金大中并恢复其公民权利时，"使 DJP（民主正义党）成员大惑不解，在野党、持异议者集团也目瞪口呆。街上的人群欢呼雀跃，咖啡屋提供免费饮料，出租司机提供免费搭乘，学生取消了继续集会的打算，人们同镇压的警察握手言欢，股票价格指数剧增"②。

在"6.29 宣言"基础上新制定的韩国宪法，于 1987 年 10 月 29 日在由执政党、在野党组成的国会中获得通过。宪法包括一个序言、136 条条款和附款，卢泰愚之后至今都没有修改过。

总之，经过 1987 年的朝野良性互动，韩国的历史终于走向了民主宪政的康庄坦途。

四、小结

笔者在结束韩国走上民主宪政之路历史考察之时，还有几点思考需要加以说明与重申。第一，在此过程中，虽然有"世纪审判"等一时令部分人难堪的事情，但实际上是韩国民族的双赢；第二，民主宪政实现与否是政治领域的事情，政治领域的事情不可与经济、社会道

---

① John Kie - Chiang Oh: *Korean Politics: The Quest for Democratization and Economic Development*, Cornell University Press, 1999, p. 99.

② Lee Manwoo: *The Odyssey of Korean Democracy: Korean Politics*, 1987 - 1990, New York, 1990, p. 145.

德等领域的问题搅在一起考虑。政治与经济、社会道德之间有联系，但不能完全代替。

关于上述第一点。主要表现在韩国没有把原有社会与政治势力彻底根除，而是如上所述，实现了全国的和解。另外，专制总统朴正熙的大女儿朴槿惠于2013年就任韩国第十八任总统，也可间接说明此点。

关于上述第二点，这里有两层意思。一是有一种观点认为，经济腾飞了，政治民主和现代化自会到来。韩国的政治历史恰恰证明不是这样的。因为在其经济发展最迅速的时期，也往往是它政治上相当独裁黑暗的时候。二者之间没有必然的同向、同步联系，政治民主和现代化还必须要靠人民的争取。社会政治民主和现代化不是自己到来的，而是人民不懈斗争与争取的结果。实际上，胡适先生于1922年在《努力周报》的发刊词中就已经讲到了此问题："'这种情形是不会长久的。'朋友，你错了。除非你和我不许他长久，他是会长久的。"二是我们在对民主宪政问题进行考量时，往往眷顾在位领导人经济上的"政绩"与"优秀品质"。笔者必须指出的是，这同样是一种认识上的误区。在推进国家民主宪政建设时，不能与在位领导人经济上的政绩与优秀品德搅在一起。因为一届政府经济上的政绩与单个领导人的优秀品德必须在与实现国家政治上的文明进步与长治久安时才具有它们本来的意义。舍此，则是经济上的伪政绩与道德上的伪优秀。就像有学者所指出的："专制制度与富强有重大的不相容性。……专制制度下的富强往往潜生民族和文化的毁灭性因素。"①社会道德有主导道德与次级道德，就重要政治人物而言，让全部社会成员都拥有基本人权，这才是最重要的道德。人们没有参与选举国家最高领导人的投票权利，这就没有道德可言。

① 鲁卫群：《反思和误读》，《读书》1996年第6期。

第四篇

郡县性君主专制时代论

——兼评李若晖《郡县制时代》一文

苏联理论家、学者雅科夫列夫曾在《一杯苦酒——俄罗斯的布尔什维主义和改革运动》一书中写下如下话语："千年以来曾经统治并正在统治我们的是人，而不是法律。应该打破这一老的格局，转向新的、法治的格局。这样，问题就不仅仅是拆除斯大林主义，而是替换掉千年沿袭下来的那个国家模式。"①同样，20 世纪 90 年代以来，中国也有学者对秦代以来政治体制的形态与性质展开讨论。比较重要的著作与文章有周良霄先生的《皇帝与皇权》②、刘泽华先生的《中国的王权主义》③、李慎之的《中国文化传统与现代化——兼论中国的

① 雅科夫列夫著，徐葵等译：《一杯苦酒——俄罗斯的布尔什维主义和改革运动》，新华出版社 1999 年版，第 29－30 页。

② 周良霄：《皇帝与皇权》，上海古籍出版社 1999 年版。该书又于 2006 年再版。

③ 刘泽华：《中国的王权主义》，上海人民出版社 2000 年版。

专制主义》①、王毅的《中国皇权制度研究》②以及李若晖的《郡县制时代——由权力建构与社会控制论秦至清的社会性质》③等。

在以上列举的诸著述中，或者称中国秦代以来的政治体制为皇权主义，或者称王权主义、君主专制主义、封建专制主义。如此等等，而李若晖在文章中称中国秦代以来为“郡县制时代”，特色最为鲜明。那么，“郡县制时代”这个概念有无可取之处？如果有，在何处？有无局限？如果有局限，又在哪里？笔者在本文试对之加以展开论述与探讨。

一、有关提法回顾

在具体论及李若晖关于中国秦代以来为郡县制时代之说有可取之处之前，有必要对该说的学术思想渊源进行一番追寻。

实事求是来讲，李若晖《郡县制时代》中关于中国秦代以来是郡县制时代的观点并不是他的创新，而是继承。在此之前，不但有明清之际的顾炎武在《郡县论一》中已把秦代以来历史的要害归结为与封建制相对的郡县之制，④而且到清朝末年，已有学者将中国秦代以来称为郡县之世了；并且，此后类似的观点在中国学术界不断有学者提及。

首先提出中国秦代以来为郡县之世的是晚清著名思想家、外交家、体制改革实践家、诗界革命的提倡者黄遵宪。清光绪二十四年（1898），黄遵宪在《湘报》第五号上发表的《南学会第一、二次讲义》中写道：

---

① 李慎之：《中国文化传统与现代化——兼论中国的专制主义》，《战略与管理》2000 年第 4 期。

② 王毅：《中国皇权制度研究》，北京大学出版社 2007 年版。

③ 李若晖：《郡县制时代——由权力建构与社会控制论秦至清的社会性质》，《文史哲》2011 年第 1 期。

④ 顾炎武：《顾亭林诗文集》，中华书局 1959 年版，第 12 页。

自周(末)以前,国不一国,要之可名为封建之世。封建之世,世爵,世禄,世官,即至愚不道,如所谓生于深宫之中,长于妇人之手,骄淫昏昧至于不辨菽麦,亦觍然肆于民上,而举国受治焉。此宜其倾覆矣。而或传祀六百,传年八百,其大夫、士之与国同休戚者无论焉,而农以耕稼世其官,工执艺事以谏其上,一商人耳,亦与国盟约,强邻出师,犒以乘韦而伐其谋。大国之卿,求一玉环而吝弗与。其上下亲爱,相继相系乃如此,此其故何也?故国有大政,必谋及卿士、谋及庶人,而国人曰贤,国人曰杀,一刑一赏,亦与众共之也。故封建之世,其传国极私,而政体乃极公也。自秦以后,国不一国,要之可名为郡县之世。郡县之世,设官以治民,虑其不学也,先之以学校;虑其不才也,继之以科举;虑其不能也,于是有选法;虑其不法与不肖也,于是有处分之法,有大计之法。求官以治民,亦可谓至周至密至纤至悉矣。然而彼人坐堂皇,出则呵道者,吾民之疾病祸难困苦颠连,问其所以,瞠目不能答也。即官之昏明贤否勤惰清浊,询之于民,民亦不能知也。沟而分之,界而判之,曰此官事,此民事,积日既久,官与民无一相信,浸假而相怨相谤,相疑相诽,随使离心离德,壅蔽否塞,泛泛然若不系之舟,听民之自生自杀,自教自养,官若不相与者。不贤者复舞之以弄法,乘权以肆虐,以民为鱼肉,以己为刀砧。至于晚明,有破家县令之称,民自以官为扰,而乐于无官。此其故何也?官之权独揽,官之势独尊也。……举一府一县数十万人之命,委于二三官长之手,曰是则是,曰非则非。而此二三官长,又委之于幕友、书吏、家丁、差役之手而卧治焉,而画诺坐啸焉,国乌得而治?故郡县之世,其设官甚公,而政体则甚私也。①

---

① 吴振清等:《黄遵宪集》,天津人民出版社2003年版,第404－405页。

与黄遵宪以实行郡县制来把握中国秦代以来政治性质的做法相似，已故历史学家胡如雷也认为，中国中古时期政治体制的要害是郡县制。他在1979年出版的《中国封建社会形态研究》一书中指出：

> 中国封建社会（按：胡先生在此用封建社会一词指秦代以来的中国社会）的政体是专制主义中央集权制，其具体表现，就是郡县制的存在。……于是在地主经济之外，驾乎整个社会之上，就形成了一套完整而复杂的官僚机构。这种机构体现在地方政权上，就是历代流行的郡县制，也就是贯彻中央集权精神的关键所在。……中央集权、专职官吏、郡县制度是三位一体的。秦代李斯概括地指出，"海内为郡县，法令由一统"，一语道破了郡县制与中央集权制的关系的核心所在。汉人班彪也尖锐地看到了此点，故认为秦汉以后是"并立郡县，主有专己之威，臣无百年之柄"。在专制主义中央集权制度下，正是由于"臣无百年之柄"，皇帝才能居于至高无上的地位，集全国大权于一身，而有了"专己之威"。①

由以上中国秦代以来是中央集权、专职官吏、郡县制度三位一体的论述，笔者想到，王亚南在1948年出版的《中国官僚政治研究》一书中提出中国秦代以来的政治类型是专制官僚政治，非常正确，而胡如雷在这里进一步指出了中国专制官僚政治的源头与载体。

与黄遵宪、胡如雷二人相似，台湾学者杜正胜也认为中国历史以秦王朝的建立为界域，此前可称为"古典封建"社会，此后为"传统郡县"社会；或曰此前为"古典封建制"，此后为"传统郡县制"。杜正胜有两部观点鲜明的关于中国社会性质的专著：一部叫做《周代城邦》，主要研究周代武装殖民与封国建邦；另一部叫做《编户齐民——传统

---

① 胡如雷：《中国封建社会形态研究》，三联书店1979年版，第149－152页。

政治社会结构之形成》,主要研究秦代以来社会是郡县性的问题。

笔者认为,《编户齐民——传统政治社会结构之形成》,如果用《中国郡县性传统政治社会结构之形成》来命名的话,或许更为贴切。因为该书许多论述都是围绕着"传统郡县"社会这一"要义"展开的。就像杜正胜在《编户齐民——传统政治社会结构之形成》"自序"中所说的:

> 《编户齐民》这部书想勾勒传统政治社会萌芽期的初型,从社会基层的平民庶众来分析先秦转变时期的现象,说明两千年传统政治格局的基础,陈述无名群众的贡献,归纳中国社会从古典封建转入传统郡县的要义,并且显示传统政治社会结构的特质。……此期间所形成的社会成员——"编户齐民"是传统两千年历史发展的基础,而其性格一直到近、现代似乎还依稀存在。……读者或许要问:什么力量使中国社会从古典封建制转成为传统郡县制?我们在这部书中描述此一转型的重要现象,拈出人民群众的角色,但并不刻意把复杂的历史变化归于单一或少数因素。如果勉强要找,国际战争恐怕是很关键的一项原因吧。①

杜正胜在这里论述中国社会从古典封建制转成为传统郡县制,"国际战争"是很关键的一项原因,并且认为编户齐民是传统两千年历史发展的基础,而其性格一直到近代、现代似乎还依稀存在,都是非常正确的。

顺便提及,先于李若晖的《郡县制时代》,笔者于 2008 年在与他人合著的《秦汉以来基层行政研究》的"引论"部分,也论及中国秦代以来为郡县性社会的问题:

---

① 杜正胜:《编户齐民——传统政治社会结构之形成》,台北联经出版事业股份有限公司 1990 年版,"自序"第 1－6 页。

先秦时期，中国的地方行政体制可以称之为朴素联邦制，也可以叫做古典邦联政治或原始联邦制。在此地方行政体制之下，当时的基层社会中广泛存在着以血缘为纽带的自治性质的原始村社。秦代及其以后的行政制度，我们称之为郡县政治，也可以称为传统郡县政治或编户齐民政治。郡县政治是一种中央集权的政体模式，基层社会是由一个个的编户齐民单位组成。……郡县型政治体制之下，在基层社会中，上接专制国家政权的是两千年一贯的乡里及保甲制度。①

2010 年，笔者在另一专著《秦汉以来地方行政研究》的“导言”中又写道：

马克思在说到法国中世纪的特点时曾说过这样一句话：“行政权力支配社会。”实际上，秦代以来的中国才真正是行政权力支配的社会。这个行政权力，具体而言，就是上接皇帝制度、下以乡里保甲制为基础的郡县制度。因而，笔者认为，有必要进一步把秦代以来迄至晚清的传统中国社会明确概括为郡县型行政权力控制的社会。简而言之，即秦代以来的中国社会是以编户齐民工作为核心的郡县性社会。②

二、李若晖关于郡县制时代提法之意义

雷颐曾在《精神的年轮》一书中写道：1981 年“在写这篇文章（《辛亥革命前夕资产阶级人道主义思想》）时，我惊讶地发现，我们当时‘激动人心’地讨论的许多问题，如人道主义、个人主义、人的个性解放，对中国传统文化的批判，甚至存在主义，辛亥革命前的思想界已经讨论过了。其水平，甚至高于我们，不禁感叹中国‘历史的轮

① 万昌华等：《秦汉以来基层行政研究》，齐鲁书社 2008 年版，第 1 页。
② 万昌华：《秦汉以来地方行政研究》，齐鲁书社 2010 年版，第 5 页。

回'，感叹这些在现实中仍是'敏感问题'"①。同样，李若晖于2011年在《郡县制时代——由权力建构与社会控制论秦至清的社会性质》中提出的秦代以来是郡县制时代，包括笔者2008年以来在有关论著中提出的秦代以来为郡县型行政权力控制的社会，与110年前黄遵宪关于秦代以来为郡县之世的观点，也是一种轮回与历史重新来过的关系。并且，客观来讲，与雷颐所说20世纪80年代关于人道主义大讨论的水平没有超过辛亥革命前一样，在该问题探讨的学术水平上，我们也未超过前人。

尽管如此，李若晖关于中国秦代以来为郡县制时代的论述，在有关问题讨论的学术发展史层面以及在现实社会作用与影响的层面上，意义是不可抹杀的，甚至可以说意义重大。究其要者在于：第一，该提法能最大限度地反映与把握秦代以来中国政治体制的特点；第二，该文章发表本身意义重大；第三，该文章发表具有重要的社会现实意义。

关于上述第一点。考察前资本主义时期的整个世界历史，我们会发现，其他各国、各民族的历史上多多少少都有一些地方自治的成分存在，不管是封建领地型的地方自治、城市议会民主型自治，还是宗教团体型地方自治、农村公社或牧区团体自治。唯独中国，秦代以来由于实行了郡县性地方行政制度，社会中便没有自治的成分与因素。这样做的结果，就像秦代廷尉李斯所言："今海内……皆为郡县……甚足易制。"②同时，也像本文前已提及的东汉历史学家班彪所言："汉承秦之制，并立郡县，主有专己之威，臣无百年之柄。"

秦代以来，中国广大乡村一直实行乡里（保甲）制，它既可以独立地看，也应该看做是郡县制的一个有机组成部分。秦代以来实行的

---

① 雷颐：《精神的年轮》，复旦大学出版社2011年版，第1页。

② 《史记》卷六《秦始皇本纪》。

乡里(保甲)制是郡县制度赖以存在的基础。我们从下面几条史料中可进一步加深郡县制度实行之后国家政治强权对整个社会控制强度的理解。北齐历史学家魏收在《魏书》中写道:“邻里乡党之制,所由来久。欲使风教易周,家至日见,以大督小,从近及远,如身之使手,干之总条。”①清代人徐栋在《保甲书》中记述道:“县何以里,里何以长也? 所以统一诸村,听命于知县,而佐助其化理者也。每县若干里,每里若干甲,每甲若干村,如身之使臂,臂之使指,节节而制之,故易治也。”②

与中国秦代以来社会权力的结构不同,西方前资本主义时期所实行的领主土地所有制度是一种权力等级寄托制度。虽然一国的君主在名义上是全国最高权力之所在,但是由于土地的分封,君主的治权也被分割与制约了。君主所能全权控制的,只有他的直辖领地而已。在此情况之下,其他领主的领地基本上都是独立自主与自治性质的。换言之,各封建领地是领主们自己的天下。

对于中西中古时期的不同,中国研究中世纪时期西欧历史的学者也曾经指出过。比如,天津师范大学教授侯建新指出:

> 西欧王权最初主要依靠与其对立又合作的贵族进行统治,后来又与等级会议合作,中国王权靠什么呢? 中国王权靠官僚士大夫……皇权制度与官僚制度的结合,更确切说,以官僚体系为工具的皇权专制主义制度,构成了古代中国政治制度的基本框架。中国皇权与官僚士大夫的关系,同西欧国王与贵族的关系,完全不同,同西欧王权与议会的关系更是相去甚远。中国皇权与官僚,不存在西欧王权与贵族那种契约性的等级关系。中

---

① 魏收:《魏书》卷一一〇《食货志》。

② 徐栋:《保甲书》卷四《原始》附刘淇《里甲论》。

国官僚的权力，乃皇帝封授，权力可以给予，也可以收回。因此官僚只对皇上负责，按皇上的旨意办事，违抗“圣旨”要被贬职、撤职，以至杀头、灭族的危险。所以，官僚在下属、百姓面前，盛气凌人，趾高气扬，但在君主面前却顶礼膜拜，卑躬屈膝。他们有权力，但在君主面前却缺乏最基本的个人权利。他们既没有独立的权利，也谈不到维护自己的权利并与皇权抗衡。中国君主与官僚之间的关系是主与奴的关系，官僚完全是专制君主的统治工具。①

在这里，侯先生有一个论述的中心点，即中国中古时期君主与官僚的关系。

要之，就像我们前引胡如雷有关话语中所指出的，中国秦代以来的官僚制与郡县制，二者是一体的。并且，在这里需要进一步说明的是，中国秦代以来各王朝中央行政机关中的官僚们赖以存在的根本原因，是国家实行了郡县性的地方与基层社会行政体制。因为如果没有大版图、全方位、多系统的国土与人口控制行政“需求”，他们也就成了无源之水、无本之木。

关于上述第二点与第三点，二者之间虽然性质是不同的，但又是不可分割的关系，所以在这里一并进行说明。

可能读者会产生这样的不解：既然前面揭示了110年前已经有人言秦代以来中国是郡县之世并加以展开说明，本文为什么又称李若晖的《郡县制时代》发表本身意义重大呢？有一个世界近代科技发明史上二次发明的实例，可以对此给予间接说明。

我们都知道，曾经挽救了亿万人生命的青霉素，它的发明不是一次，而是两次。它最初的发现者是英国细菌学家弗莱明，时间在1928

---

① 侯建新：《社会转型时期的西欧与中国》，高等教育出版社2005年版，第140－141页。

年。1929 年,弗莱明发表了学术论文,报告了他的发现,但当时未引起重视。此项发明一直处于搁置之中。直到 1939 年前后,才有英国牛津大学生物化学家钱恩和物理学家弗洛里对弗莱明的发现感兴趣。钱恩负责青霉菌的培养和青霉素的分离、提纯和强化,使其抗菌力提高了几千倍,弗洛里则负责对动物进行观察试验。至此,青霉素的功效最终得到了证明。结果,第二次世界大战中,人们用它挽救了无数伤者的生命。

笔者认为,李若晖《郡县制时代》一文于 2011 年发表,尤其是在国际知名学术刊物《文史哲》上以第一篇的显著位置推出,有与上述举例相似之处。亦即可以这样说,与青霉素的二次发明相似,这是社会科学研究领域中关于中国古代社会性质问题的"二次发明"。因为当年黄遵宪关于秦代以来郡县之世说以及后来胡如雷、杜正胜等人的类似观点,均未引起世人的足够重视,并且在直至目前的有关历史教科书中,人们还是对郡县性地方行政体制赞许有加。

《郡县制时代》的发表具有重要的社会现实意义。笔者认为,中国目前正处在社会管理体制变革的重要时期,它的发表,或许能够给这场变革提供某些启迪。周良霄先生指出:"历史的经验告诉我们,无论是古代奴隶制的民主,或是近代资产阶级的民主,都只有在较小地区范围内地方自治的温床上,才有可能发生。中央集权的高度发展,是和民主的产生与发展背道而驰的。"①李若晖的《郡县制时代》也表述了类似理念。

三、李若晖关于郡县制时代说之补足

李若晖《郡县制时代》的基本观点应该给予肯定。但是无可讳言,其中有诸多值得指出的问题;并且,就其基本观点而言,也应该加

---

① 周良霄:《皇帝与皇权》,上海古籍出版社 2006 年版,第 355 页。

以根本性的补足。

比如,李若晖在文章伊始写道:

> 在由秦至清的漫长历史中……国家机器为了有效地控制社会而独占全国土地支配权,并竭力将臣民束缚在土地上;流官制的确立与科举制的推行,使国家权力深入宗族内部,最终迫使宗族必须依附于国家权力来保持地位;由平民组成的军队完全置于国家权力掌握之中,确保了专制权力下的全民身份平等。由此,最高权力与个体臣民之间的一切中间力量被扫荡殆尽,从而缔造出一个强大到极点的君主,一个萎缩到极点的社会以及一个个沉默到极点的奴仆化个体。而这三者赖以实现的行政体制,就是郡县制。因此,郡县制构成了中国秦至清两千余年间的基本社会关系。

另外,李若晖在"摘要"中写道:"秦以后的社会规范为'法',周代的社会规范为'礼'。……礼是以共同意志纳上下于一体来建构国家权力,于是礼法之别即在于强制力的有无。"

就上述第一段话而言,是否中国秦代以来强大到极点的君主的出现,完全是郡县制所造成的?就上述后一段话而言,是否"礼"就是先秦人当时上下的"共同意志"?中国先秦时期的历史上,周代社会就真的没有强制力?笔者认为,恐怕都不能这样来言说。

刘泽华先生在《中国的王权主义》一书中有如下两段论述,可以较好地回答上述第一个问题:

> 秦始皇遗留给后世百代而不辍的是什么?人们可以有种种不同的答案。我则曰:皇帝制度。秦始皇在短短的十几年里,做了那么多轰轰烈烈的事,把偌大的中国搞得天翻地覆,他靠得是什么?答案也会因人而异。我的答案依然是:皇帝制度。
>
> 王权为中心的权力体系有如下几个特点:其一,一切权力机构都是王的办事机构或派出机构。其二,王的权力是至上的,没

有任何有效的、有程序的制衡力量,王的权位是终身的和世袭的。其三,王的权力是无限的,在时间上是永久的,在空间上是无边的,六合之内,万事万物,都属于王权的支配对象;或者说,王权的无限并不是说它包揽一切,而是说,王权恢恢,疏而不漏,它要管什么,就可以管什么;就某些人事而言,可以同它拉开一定距离,所谓"不事王事",但不能逃脱它。其四,王是全能的,统天、地、人为一体,所谓的大一统是也。①

关于后一问题,笔者在此不准备展开论述。只是想提醒李若晖,中国先秦时期的礼其实是不具有"共同意志"的性质的。换句话说,它不是契约性的社会规范或"公民约法"。如史书所言,在周代,是周公旦制礼作乐的;如孔子在《论语·季氏》中所讲,当时礼乐征伐是皆从天子出的。

我们所以在此指出此点,目的是警诫一些批判中国秦代以来专制政治的学者好不容易走出了国学热的误区,而又可能进入另一个误区——关于先秦时期历史与文化的国学热误区。要知道,即使是先秦时期,中国的社会与古希腊、古罗马也是大相径庭的。譬如,后者有共和制度,有最高领导人的选举制、任期制与任期届次限制,有公民自主立法,而这些在中国先秦时期都没有。

四、结语

概言之:一方面,无论从学术史的角度观照,还是从现实社会的意义考量,李若晖的《郡县制时代》所蕴含的重要价值都是不言而喻的;另一方面,李若晖关于中国秦代以来为郡县制时代的历史概括,在刘泽华先生所揭示的秦代以来中国为皇帝制度所主导、"王权主义"一直盛行观点的衬托之下,缺陷与不足也是明显的。

---

① 刘泽华:《中国的王权主义》,上海人民出版社2000年版,第13页。

尤其是在我们以上所揭橥的有关论述中,刘泽华先生已经清楚地指出了中国的皇帝们有直属的“办事机构”与“派出机构”,那么很显然,中国秦代以来历代所设置的郡县性地方与基层社会行政设置,就是皇帝们的派驻机构。因此,对于李若晖关于中国秦代以来为郡县制时代一说,有必要加以补足与根本性的改造。

刘泽华先生关于中国秦代以来所实行君主专制政治的概括是全面而深刻的,而李若晖关于中国秦代以来为郡县制时代的提法,如本篇开始所言,特色尤其鲜明。笔者认为,二者合一,则最能反映出中国秦代以来历史的本质与特征。亦即中国秦代以来迄至清朝末年,为郡县性君主专制时代。或者换言之,当时的社会是郡县性君主专制社会。

郡县性君主专制社会的基本特征,撮取其要:第一,社会内有一个名号无比神圣、地位无上崇高,天下无论大事小事皆有最后决定之权的独裁专制君主——皇帝。第二,整个社会在权力的架构上犹如一副多米诺骨牌。中央机构、地方行政、基层行政的运行之权均操于专制君主一人之手。尤其是郡县性地方行政设置,纯是君主个人强权传达贯彻的工具。整个社会之内,天下之大,如前引侯建新的观点,竟无一种限制君权肆虐的力量与设置。第三,高度的社会专制组织化,人人都生活在专制组织中。广大社会成员被地方与基层行政严格控制,被全部编进乡里什伍组织或乡里保甲组织,他们的自由受到最大限度的限制与挤压。

总之,笔者认为,只有郡县性君主专制时代或郡县性君主专制社会这样的概念才能最全面地抓住秦代以来中国历史与社会的本质与特征。

第五篇

再论郡县制时代

笔者认为,了解秦朝至清末历史的实质与要害极其重要,因为它是把握后来社会发展的坐标与锁钥。南宋思想家朱熹与其学生黄仁卿的如下一段对话中对其有所涉及。黄仁卿问:“自秦始皇变法之后,后世人君皆不能易之,何也?”朱熹回答:“秦之法,尽是尊君卑臣之事,所以后世不肯变。且如三皇称‘皇’,五帝称‘帝’,三王称‘王’,秦则兼‘皇帝’之号,只此一事,后世如何肯变!”①

以上对于“秦始皇变法”巨大而深远的历史影响的言说正确。但是,朱熹师徒当年的对话只是谈到了秦代以来中国行政体制的一个方面——皇帝制度的问题。实际上,秦代以来中国的专制体制是由两个大的主要方面构成,即皇帝制度和郡县制度。二者互为表里,浑为一体,不能将二者各自独立来谈。后者较之前者,在其中所扮演“角色”的重要性,所起作用的重要程度,甚至还要大。笔者认为,郡

---

① 黎靖德:《朱子语类》,中华书局1986年版,第3218页。

县制的专制有效性是不容怀疑的。有时候,一个政权非常腐败了,如慈禧太后执政的近50年(1861－1908),还是能把偌大的中国控制在自己手上,并且控制得牢牢的,这全是郡县性地方行政之“功”;相反,在封国建邦的大背景之下,像有些周天子专横跋扈,但其专横是出不了区区王畿的。对于此点,明清以来的一些思想家虽然表述方式不同,但已经有了相当深刻的认识,有的甚至已经将秦至清代的历史称作郡县制时代。本篇以“再论郡县制时代”为题,亦有此意蕴。

对于郡县制之郡与县的起源时间、起源地点,郡县制的确立过程、变迁表现、本质所在与有关评价理论,笔者以前多有考察与评述,①但仍有未尽之意。本篇拟主要涉及如下三个问题:第一,回顾前人关于郡县制在秦代以来历史中的重大作用。第二,考察郡县性行政下皇家“天下”自上而下逐级授权的史实,揭示各级郡县官员既是最高统治者的鹰犬,同时是统治者散于天下“攫贫弱之民”的“千万虎狼”的实质。② 第三,考察郡县性行政下社会为政府主导性的有关史实,揭示此管理模式的社会危害性。

一、前人关于郡县制危害的代表性论述

据笔者所知,将郡县性地方行政与社会全局联系起来考量,并且觉察到它是诐政的,最早要数唐代的孙樵。在此顺便提及,孙樵之前主要生活于唐德宗(780－805)和唐宪宗(806－820)时期、参加过王

---

① 笔者有关的专著与论文主要有:《郡县制度比较研究》,巴蜀书社1995年版;《秦汉以来地方行政研究》,齐鲁书社2010年版;《郡县制起源理论的历史考察》,《齐鲁学刊》2000年第5期;《郡县制度评价理论述评》,《文史哲》2002年第3期;《论郡县制度的嬗变与实质》,《齐鲁学刊》2002年第5期;《郡县制变迁与有关政论研究》,南开大学2007年博士论文;《郡县性君主专制时代论》,《江汉论坛》2012年第12期。

② 王夫之:《读通鉴论》,中华书局1975年版,第1440页。

叔文集团革新活动的柳宗元，虽然在《捕蛇者说》、《种树郭橐驼传》等文章中对州县官吏危害社会的行径进行过挞伐，但在《封建论》中又自相矛盾地对郡县制进行了肯定。

孙樵，字可之，晚唐时期人，唐宣宗大中九年(855)进士，官至中书舍人。广明初年(880)黄巢入长安，孙樵随唐僖宗赴岐、陇，授职方员外郎、上柱国，赐紫金鱼袋。有著作《经纬集》3卷传世，最为人所推重的是《书褒城驿壁》与《何易于拉纤》。他在《书褒城驿壁》中明确提出了"举今州县，皆驿(任州县官员作践的对象)也"、"州县之政(郡县性地方行政)，苟有不利于民，可以出意革去其甚者"的观点与主张。

孙樵在《书褒城驿壁》中讲道，隶属于唐山南道兴元府的褒城驿当年号称天下第一驿。但及待寓目，则见其堂院残破，庭除荒芜。当不明白而问驿吏时，驿吏回答：此驿以前确实宏大。忠穆公严震在此任兴元府府尹时，以褒城控二节度治所，曾崇侈其驿以示雄大，盖当时视他驿为壮。但是：

> 一岁宾至者，不下数百辈，苟夕得其庇，饥得其饱，皆暮至朝去，宁有顾惜心邪？至如棹舟，则必折篙破舷碎鹢而后止，渔钓则必枯泉汩泥尽鱼而后止。至有饲马于轩，宿隼于堂，凡所以污败室庐，糜毁器用。官小者其下虽气猛可制，官大者其下益暴横难禁。由是日益破碎，不与曩类。其曹八九辈，虽以供馈之隙，一二力治之，其能补数十百人残暴乎。

接下去，孙樵继续说：

> 语未既，有老氓笑于旁，且曰：举今州县，皆驿也。……今者天下无金革之声，而户口日益破，疆埸无侵削之虞，而垦田日益寡，生民日益困，财力日益竭，其故何哉？凡与天子共治天下者，刺史县令而已。以其耳目接于民，而政令速于行也。今朝廷命官，既已轻任刺史、县令，而又促数于更易。且刺史县令，远者三岁一更，近者一二岁再更，故州县之政，苟有不利于民，可以出意革去其甚者，在

刺史曰：明日我即去，何用如此？在县令亦曰：明日我即去，何用如此？当愁醉浓，当饥饱鲜，囊帛椟金，笑与秩终。①

对于以驿吏与老氓之口说出郡县制度之极弊的写法，后人赞颂有加。清代张英等人在《渊鉴》中评曰："前幅似主而实宾，后幅似宾而实主，此文家变化错综之法。"②

孙樵在文章最后进一步强调："呜呼，州县者，真驿邪！矧更代之隙，黠吏因缘，恣为奸欺，以卖州县者乎？如此而欲望生民不困，财力不竭，户口不破，垦田不寡，难哉！"③

地方划分政区与下级政区要服从上一级政区的管理与领导，一般而言是世界各国古今皆然的现象，这是不会有多大问题的。问题是，中国秦汉以来的郡县性地方行政是一种以皇帝为主轴的行政体系，它是专制君主的人格化工具与官僚机器，因而不能将其与一般的政区划分制度完全等同。正因如此，对于孙樵关于郡县制的深刻洞见，主要生活于清朝康熙年间的著名学者高士奇赞道："因驿而发明郡县迁代，不宜促数之故，可谓深达物情，有关治体。"④

史载，高士奇出身微贱。早年从外地徒步来京，觅馆为生。后康熙帝见其字学颇工而破格见用，擢补为翰林，并令入值南书房供奉。可以想见，高士奇所以对孙樵《书褒城驿壁》中的观点如此推崇，是有在社会最底层亲身感受过郡县官吏如何"为治"的原因的。

孙樵在《何易于拉纤》中同样论述了郡县性行政官员的"破坏"。

---

① 孙樵：《书褒城驿壁》，《唐宋文举要》，上海古籍出版社 1982 年版，第 642 – 643 页。

② 参看高步瀛：《唐宋文举要》，上海古籍出版社 1982 年版，第 643 – 644 页。

③ 孙樵：《书褒城驿壁》，《唐宋文举要》，上海古籍出版社 1982 年版，第 644 页。

④ 参看高步瀛：《唐宋文举要》，上海古籍出版社 1982 年版，第 644 页。

蜀中某州刺史崔朴尝乘春自游,多从宾客歌酒,泛舟东下,所到之处,均要老百姓出役挽舟。路过益昌地界时,有良心的益昌令何易于为了少扰民,亲自为其拉纤。刺史惊问,何易于说,春季百姓不耕即蚕,时间甚紧,不能再耽误他们的时间。

唐末诗人杜荀鹤用诗对郡县制度进行评说。他对郡县制度大有抨击之意,以特例发挥开去,评说一般。他在《再经胡城县》一诗中写道:"去岁曾经此县城,县民无口不冤声。今来县宰加朱绂,便是生灵血染成。"胡城县即今安徽阜阳。另一首诗《山中寡妇》曰:"夫因兵死守蓬茅,麻苎衣衫鬓发焦。桑柘废来犹纳税,田园荒尽尚征苗。时挑野菜和根煮,旋斫生柴带叶烧。任是深山更深处,也应无计避征徭。"

南宋思想家朱熹对郡县性地方行政体制同样持批评态度,尽管未像孙樵坚决直白,有折中主义在里面。明清之际的思想家顾炎武的一些观点与其相近。朱熹在《论治道》中说:"封建则根本较固,国家可恃;郡县则截然易制,然来来去去,无长久之意,不可恃以为固也。""封建实是不可行。若论三代之世,则封建好处,便是君民之情相亲,可以久安而无患;不似后世郡县,一二年辄易,虽有贤者,善政亦做不成。"虽然实行封建制是"圣人不以天下为己私,分与亲贤共理",但"若封建非其人,且是世世相继,不能得他去"。① 朱熹主张封建制与郡县制折中,实行方镇制。

在明清之际诸知名思想家中,虽然论述篇幅不多,但明确指出其危害并坚决反对郡县制的,要数黄宗羲。除了《明夷待访录》未刊稿《封建》②以及已刊稿中《方镇》③暗含了对郡县制的否定与抨击之

---

① 黎靖德:《朱子语类》,中华书局 1986 年版,第 2679－2680 页。

② 沈善洪:《黄宗羲全集》(第 1 册),浙江古籍出版社 1985 年版,第 418－420 页。

③ 沈善洪:《黄宗羲全集》(第 1 册),浙江古籍出版社 1985 年版,第 21－22 页。

外，黄宗羲在《明夷待访录·原法》篇中明确写道：

三代以上有法，三代以下无法。何以言之？二帝、三王知天下之不可无养也，为之授田以耕之；知天下之不可无衣也，为之授地以桑麻之……此三代以上之法也，因未尝为一己而立也。后之人主，既得天下，唯恐其祚命之不长也，子孙之不能保有也，思患于未然以为之法。然则其所谓法者，一家之法，而非天下之法也。是故秦变封建而为郡县，以郡县得私于我也……宋解方镇之兵，以方镇之不利于我也。此其法何曾有一毫为天下之心哉！①

顾炎武在著述中或者间接或者直截了当地批评郡县制。与黄宗羲相近，他在《日知录》的《守令》、《藩镇》等篇中，暗含了对郡县制的否定与抨击。② 在著名的《郡县论》9 篇论文中，顾炎武明确写道：

方今郡县之弊已极，而无圣人出焉，尚一一仍其故事，此民生之所以日贫，中国之所以日弱而益趋于乱也。何则？封建之失，其专在下；郡县之失，其专在上。古之圣人，以公心待天下之人，胙之土而分之国；今之君人者，尽四海之内为我郡县犹不足也，人人而疑之，事事而制之，科条文簿日多于一日，而又设之监司，设之督抚，以为如此，守令不得以残害其民矣。不知有司之官，凛凛焉救过之不给，以得代为幸，而无肯为其民兴一日之利者，民乌得而不穷，国乌得而不弱？率此不变，虽千百年，而吾知其与乱同事，日甚一日者矣。③

同时期的王夫之虽然在《读通鉴论·秦始皇》说过“郡县者，非

---

① 沈善洪：《黄宗羲全集》（第 1 册），浙江古籍出版社 1985 年版，第 6 页。

② 黄汝成：《日知录集释（外七种）》，上海古籍出版社 1985 年版，第 718－724、741－750 页。

③ 《顾亭林诗文集》，中华书局 1959 年版，第 12 页。

天子之利也，国祚所以不长也；而为天下计，则害不如封建之滋也多矣。呜呼！秦以私天下之心而罢侯置守，而天假其私以行其大公，存乎神者之不测，有如是夫”①的话，但对郡县制的弊害有涉及：

郡县之天下，统中夏于一王。郡国之远者，去京师数千里。郡守之治郡，三载而迁。地远，则贿赂行而无所惮。数迁，则虽贤者亦仅采流俗之论，识晋谒之士，而孤幽卓越者不能遽进于其前。且国无世卿，廷无定位，士苟闻名于天下，日陟日迁，而股肱心膂之任属焉。希一荐以徼非望之福，矫伪之士，何惮不百欺百雠仇以迎郡守一日之知，其诚伪淆杂甚矣。于是而悬赏罚之法以督之使慎，何易言慎哉！②

另外，王夫之在《黄书》中表达了否定自己原来观点的意思：

今命官之制，在外者，一县之令，丞、簿不听命焉。一郡之守，同知、判、推不听命焉。一司之使，分以左右，二参、副、佥不听命焉。文移印信，封掌押发，登于公座，唯恐长官之或偷也，而钳束之如胥吏。行未百年，法已圮坏。犹使藉口公座，脱独尸之咎，疑制之患，已大可睹。又复分其屯田、水利、钱法、驿传、盐政，分为数道以制司。道立分司，督察巡守兵粮之务以制郡。巡按之使，络绎驰道，循环迭任，无隙日月以尽制之。所以制外者无遗力矣！③

清光绪二十四年(1898)，黄遵宪在《湘报》第五号上发表的《南学会第一、二次讲义》一文中写道：

自周(末)以前，国不一国，要之可名为封建之世。封建之世，世爵，世禄，世官，即至愚不道，如所谓生于深宫之中，长于妇

① 王夫之：《读通鉴论》，中华书局 1975 年版，第 3－4 页。

② 王夫之：《读通鉴论》，中华书局 1975 年版，第 126 页。

③ 王夫之：《黄书》卷五《任官》。

人之手，骄淫昏昧至于不辨菽麦，亦靦然肆于民上，而举国受治焉。此宜其倾覆矣。而或传祀六百，传年八百，其大夫、士之与国同休戚者无论焉，而农以耕稼世其官，工执艺事以谏其上，一商人耳，亦与国盟约，强邻出师，犒以乘韦而伐其谋。大国之卿，求一玉环而吝弗与。其上下亲爱，相继相系乃如此，此其故何也？故国有大政，必谋及卿士、谋及庶人，而国人曰贤，国人曰杀，一刑一赏，亦与众共之也。故封建之世，其传国极私，而政体乃极公也。自秦以后，国不一国，要之可名为郡县之世。郡县之世，设官以治民，虑其不学也，先之以学校；虑其不才也，继之以科举；虑其不能也，于是有选法；虑其不法与不肖也，于是有处分之法，有大计之法。求官以治民，亦可谓至周至密至纤至悉矣。然而彼人坐堂皇，出则呵道者，吾民之疾病祸难困苦颠连，问其所以，瞠目不能答也。即官之昏明贤否勤惰清浊，询之于民，民亦不能知也。沟而分之，界而判之，曰此官事，此民事，积日既久，官与民无一相信，浸假而相怨相谤，相疑相诽，随使离心离德，壅蔽否塞，泛泛然若不系之舟，听民之自生自杀，自教自养，官若不相与者。不贤者复舞之以弄法，乘权以肆虐，以民为鱼肉，以己为刀砧。至于晚明，有破家县令之称，民自以官为扰，而乐于无官。此其故何也？官之权独揽，官之势独尊也。……举一府一县数十万人之命，委于二三官长之手，曰是则是，曰非则非。而此二三官长，又委之于幕友、书吏、家丁、差役之手而卧治焉，而画诺坐啸焉，国乌得而治？故郡县之世，其设官甚公，而政体则甚私也。①

胡如雷在1979年出版的《中国封建社会形态研究》一书中指出：

中国封建社会的政体是专制主义中央集权制，其具体表现，

---

① 吴振清等：《黄遵宪集》，天津人民出版社2003年版，第404－405页。

就是郡县制的存在。……于是在地主经济之外,驾乎整个社会之上,就形成了一套完整而复杂的官僚机构。这种机构体现在地方政权上,就是历代流行的郡县制,也就是贯彻中央集权精神的关键所在。……中央集权、专职官吏、郡县制度是三位一体的。秦代李斯概括地指出,“海内为郡县,法令由一统”,一语道破了郡县制与中央集权制的关系的核心所在。汉人班彪也尖锐地看到了此点,故认为秦汉以后是“并立郡县,主有专己之威,臣无百年之柄”。在专制主义中央集权制度下,正是由于“臣无百年之柄”,皇帝才能居于至高无上的地位,集全国大权于一身,而有了“专己之威”。①

另外,汉代直称皇帝为“县官”,应引起我们的注意。笔者认为,这肯定与当时全国各地的县是君主的直辖(私属)土地有关。对于《史记·绛侯周勃世家》中描述的此种现象,司马贞《索隐》曰:“县官谓天子也。所以谓国家为县官者,《夏官》王畿内县即国都也。王者官天下,故曰县官也。”②当不全是。

黄遵宪等人称秦代以来是郡县制时代,导出的一个命题是,在“郡县之世”,天下是君主之天下。亦即秦代起在全国实行的中央集权体制,同时也是君主专制体制。刘泽华先生在《专制权力与中国社会》一书中指出:“公元前221年,秦始皇在战国群雄的兼并战争中取得了最后的胜利,把中央集权制度推向全国,使如此广大的土地和众多的人民,第一次被置于一个政权(实际上准确地说是一个人)的统治之下。中国古代这种权力至上的专制制度就是于此时趋向定型的。”③

刘泽华先生在《专制权力与中国社会》一书中就上述问题进一步

---

① 胡如雷:《中国封建社会形态研究》,三联书店1979年版,第149-152页。

② 《史记》卷五七《绛侯周勃世家》引司马贞《索隐》曰。

③ 刘泽华等:《专制权力与中国社会》,吉林文史出版社1988年版,第1页。

展开了论述：

春秋中期以后……一些诸侯及卿大夫的世族内部，停止了新宗族的产生，他们开始不再把兼并来的土地、人民像过去那样分封出去，而是设立郡县，然后派家臣去充任那里的官吏，直接为其进行管理。家臣与分封出的小宗不同，他们没有自己的宗庙，不能自统一宗，死后也只能祀诸主人的庙内；与此同时，为这些诸侯大夫效劳的家臣官吏们也不再像以往的受封者那样拥有自己的封土。这样，他们便失去了闹独立的资本，其命运完全操之于君主之手，成为简单地为君主服务的工具，从而消除了以宗族血缘关系为基础的、旧式君主专制形式下一人亦臣亦君的矛盾，实现了真正的君主独裁。历史进入战国以后，这种集权的形式继续向前发展。这一时期的郡县，在直属国王君主这种属性上，比春秋时期更明显了。君主通过对郡县长官的直接任免，把地方政权牢牢控制在自己手中。战国时代，各国虽然都保留了封君制度，但已不同于春秋以前的分封制。这时的封君，一般不再世袭，他们的权力要受到国王派去的"相"的监督……各国君主为了加强集权，还实行了符玺制度，即用符来控制武官，以玺来控制文官。玺印同时也是行文书的证据，通过它，君主可以号令四方。与此同时，还实行及进一步完善了一系列对官吏的奖惩、考核制度，如爵秩制度、俸禄制度、上计制度等等。这样，一种崭新的、以官僚和行政体制为基础、区域性的君主专制政体便初具规模了……以后，就在这些区域性的君主集权国家争夺全国最高统治权的战争中，最终由秦完成了统一大业，建立了秦王朝。从此，全国上上下下一切大权全都由皇帝一人总揽。正如《史记·秦始皇本纪》所说"天下之事无大小皆决于上"，君主集权达到了空前的高度。秦汉这种中央集权的君主专制形式，终于在中国政治史上确立了下来。①

二、郡县制时代自上而下逐级授权与地方官场日趋腐化

黄遵宪、胡如雷、刘泽华诸先生关于郡县制时代为君主专制集权社会的分析非常到位。但是,钱穆先生对之不以为然,他对此问题最有代表性的表述是:"近代中国学者,只知道说中国传统政治是由皇帝一人专制黑暗。试问他皇帝一人,如何来专制这样一个广土众民的大国?即在政治技术上,也值得我们细心研究。不能尽骂中国人从来是奴性,不遇到西洋人,老不懂革命,便尽由那皇帝一人来放肆专制了。"②

与钱穆关于中国广土众民而君主不能专制相似,近年学术界又有君主与士大夫共治天下的观点出现。宋神宗时枢密使文彦博说过君主"为与士大夫治天下,非与百姓治天下也"③,于是便有学者认为宋代的君主不是专制的,是与士大夫共治天下的。亦即认为天下是二者共有的。④ 笔者认为,这些都无道理,都与秦代以来的历史实际不相符。

那么,在秦代以来的"郡县之世",君主是如何统治偌大中国的呢?具体来讲:在地方与基层社会的各级行政管理上,自上而下逐级授权。下面,我们会仔细讲明此点,以回答秦代以来君主专制的"钱穆之问"。

---

① 刘泽华等:《专制权力与中国社会》,吉林文史出版社 1988 年版,第 10 - 11 页。

② 钱穆:《国史新论》,三联书店 2001 年版,第 109 页。

③ 李涛:《续资治通鉴长编》卷二二一"熙宁四年三月戊子"条。

④ 参见张其凡:《"皇帝与士大夫共治天下"试析——北宋政治架构探微》,《暨南学报》2001 年第 6 期;程民生:《论宋代士大夫政治对皇权的限制》,《河南大学学报》1999 年第 3 期。

所谓自上而下逐级授权是指，在秦代以来中国的专制社会里，君主为首的中央政府为进行统治而把各地一级地方行政区（郡或州、省）的治权委托给各地一级地方行政区的行政主官们；各地一级地方行政区的行政主官们再依次类推，将其下级地方行政区的治权逐级向下委托，直至社会最基层的乡、里、什（保）、伍（甲）。地方各级官员，其权力来源是专制君主皇帝与自己的上一级行政主官。

钱乘旦先生在论述英国中世纪的情形时，曾说英国"国王最大的经济职能就是分封土地，收取封建义务。他的权力来自于此，同时也受制于此"①。我们这里借用钱先生上述话语的形式：在中国"郡县之世"里，君主的最大职能是向地方行政官员授权，以实现自己对全国的专制统治。历代专制君主，他们的这一专制权力"收获"很大，能很牢固地控制全国；但同时也受制于此。地方各级行政官员所"分割"到的部分专制皇权的执行权，由于他们的弄权"寻租"，往往导致与带来严重的社会问题。

秦代以来的中国，一方面是中央对地方实行严格控制。从秦朝开始，自县的长吏起，各地的地方官吏一律由中央任命；中央政府同时不断加强对地方官吏的监督与考核。在此逐级授权的体制之下，各级地方官员对于上级的指示或政令是严格执行的："今之为郡县者无几为上官之役徒矣，为上者居然役之而不让，为下者甘心役之而无所辞。"②

但是，也不要认为由此专制君主与中央政府就能按照自己的意志把各地完全控制与彻底改造，在很多情况下，地方上的治理形态会走样，有时甚至会走到最高统治者所希望的反面。这主要是由

---

① 钱乘旦：《英国王权的发展及文化与社会内涵》，《历史研究》1991 年第5期。

② 沈炼：《青霞集》卷一《送钟少府赴黄陂序》。

于在这样的社会权力组织形态里，官员从中央到地方再到社会基层逐级授权这一运行体制没有来自下面的真正有效的监督、平衡与制约。

大体来讲，各级地方官员逐级被授之权主要有以下三个方面：(1)下级官员的任免权；(2)下级官员政绩的考核权；(3)下级官员的检查监督权。

上级地方官员拥有的下级官员的任免权，包括任命自己所在政府各具体行政部门的负责人和可以任命下属行政区的代理长官。

从秦代始，地方长官就有自辟僚属的权力，虽然中央限制郡只有辟署百石以下、县只有辟署斗食以下掾史的权力，但地方上郡的设官，除几位主要长官官秩在百石以上外，其余诸曹掾史大都在百石以下，这实际上承认了地方长官可以用自己的近人亲信组成官府体系。

县令长虽然是中央署置的，郡守不得更调，但郡守可以以其能力不高等原因而置守令以摄理其事。比如在汉代，卓茂为密县县令，“初，茂到县，有所废置，吏人笑之，邻城闻者，皆蚩其不能，河南郡为置守令”①。这是真令在而更置守令以夺其权。至于真令有缺，选署守令之事更是多见。同是汉代，朱博为左冯翊，“擢(尚方)禁连守县令”②；王梁“为郡吏，太守彭宠以梁守狐奴令”③；张升“仕郡为纲纪，以能出守外黄令”④。

地方长官有实际对下级官员任免之权的类似记载还有。如《后汉书·孝质帝纪》本初元年诏：“顷者州郡……或以喜怒驱逐长吏，恩阿所私。”《后汉书·孝桓帝纪》建和六年诏：“州郡不得迫胁驱逐长吏。”崔寔《政论》中则直接讲道：“今长吏下车百日，无他异观，则州

① 《后汉书》卷二五《卓茂传》。
② 《汉书》卷八三《朱博传》。
③ 《后汉书》卷二二《王梁传》。
④ 《后汉书》卷八〇《张升传》。

郡睥睨，待以恶意，满岁寂漠，便见驱逐。”

关于上级地方长官对下级官员政绩的考核。《后汉书·百官志》注引胡广曰：“秋冬岁尽，各计县户口垦田，钱谷入出，盗贼多少，上其集簿。丞尉以下，岁诣郡，课校其功。功多尤为最者，于廷尉（慰）劳勉之，以劝其后。负多尤为殿者，于后曹别责，以纠怠慢也。诸对辞穷尤困，收主者，掾史关白太守，使取法，丞尉缚责以明下，转相督敕，为民除害也。”

郡县制时代，上级地方长官对下级官员的检查监督之权尤大，关乎下级官员的政治生命与社会的安宁。汉代有两事能说明此点。《汉书·薛宣传》：

> 始高陵令杨湛、栎阳令谢游皆贪猾不逊，持郡短长，前二千石数案不能竟。及宣视事，诣府谒，宣设酒饭与相对，接待甚备。已而阴求其罪臧，具得所受取。宣察湛有改节敬宣之效，乃手自牒书，条其奸臧，封与湛曰：“吏民条言君如牒，或议以为疑于主守盗。冯翊敬重令，又念十金法重，不忍相暴章。故密以手书相晓，欲君自图进退，可复伸眉于后。即无其事，复封还记，得为君分明之。”湛自知罪臧皆应记……即时解印绶付吏，为记谢宣，终无怨言。而栎阳令游，自以大儒有名，轻宣。宣独移书显责之曰：“告栎阳令，吏民言令治行烦苛，适罚作使千人以上，贼取钱财数十万，给为非法；卖买听任富吏，贾数不可知。证验以明白，欲遣吏考案，恐负举者，耻辱儒士，故使掾平镌令……令详思之，方调守。”游得檄，亦解印绶去。……宣得郡中吏民罪名，辄召告其县长吏，使自行罚。晓曰：“府所以不自发举者，不欲代县治，夺贤令长名也。”长吏莫不喜惧，免冠谢宣归恩受戒者。

上级地方官员对下级地方行政区的高密度视察在中国形成很早。《汉书·韩延寿传》曰：“（韩延寿）入守左冯翊，满岁称职为真。岁余，不肯出行县。丞掾数白：‘宜循行郡中，览观民俗，考长吏治迹。'延寿曰:'县皆有贤令长,督邮分明善恶于外,行县恐无所益,重为烦扰。'"

对于上述汉代薛宣的事迹,安作璋、熊铁基二先生在《秦汉官制史稿》一书中指出,当时"郡守的监察权是与其任免、赏罚等权相辅相成的"①。非常正确。

另外,从上述汉代韩延寿不愿出行属县而怕"重为烦扰"中也可推知,当时名目繁多的检查监督活动,其社会的负面作用很大。

及至明清时期,中国地方行政系统内由上级官员决定一切的情况都不曾改变。就像明人吕坤在《时政录》中所言:"府非州非县,而州县之政无一不与相干。府官非知州知县,而知州知县之事无一不与相同。是知府一身,州县之领袖,而知州、知县之总督也。"②

仍以明代为例。据谢肇淛在《五杂组》中称,当时的州县官只能俯首听命、唯上命是从,丝毫不敢违忤上司的意图,否则"朝忤旨而夕报罢矣"③。

由于郡县之世地方官员均是自上而下逐级授权,下级地方官员升迁陟黜的命运均系于上级,因此就形成了如下三种现象:(1)"事上学"成了社会的显学,各级地方官员以"事上"作为自己工作的中心;(2)各级地方官员宁愿丧失起码的人格,以讨好巴结上司;(3)由此导致各级地方行政中吏治日趋腐败。

"事上学"成为一门显学,这是郡县之世地方官员均自上而下逐级授权所直接导致的后果。中国此类书籍即所谓的"官箴",自宋代以来就有。它们不讲究是否利民利社会,不讲究事情的是非曲直,而是讲究如何谄媚上级,如何与自己的上峰保持上尊下卑的"良好"人

---

① 安作璋、熊铁基:《秦汉官制史稿》,齐鲁书社2007年版,第556页。

② 吕坤:《实政录》卷一《明职·知府之职》。

③ 谢肇淛:《五杂组》卷一三《事部一》。

际关系。

宋代李元弼在《作邑自箴》中写道："上官误有沮驳公事，不可谓理胜在我，辄于应答之间失上下之分。"①元代张养浩在《牧民忠告》中将《事长》归纳为"各守涯分、宁人负我、处患难、分谤、以礼下人、不可以律己之律律人等6条"②。明代吕坤的《实政录》把"事上"作为政事成败的关键。至清代，中国的"事上学"达到了新的高峰，仅徐栋的《牧令书》就收录了12人的论述。③ 清道光年间曾出任陕西兴安、汉中、西安等地行政长官的徐栋明确讲道，要尽力讨得上级的喜欢，向上请示汇报是州县官员的主要职责，"成我者惟上，格我者亦惟上"④。

在清代有关论述中，黄六鸿的议论最有代表性。黄六鸿是江西新昌人，举人出身，有丰富的地方为官经历，并且后来经过努力，成为一位京官。康熙九年(1670)出任山东郯城知县，康熙十四年(1675)调迁直隶东光县，之后迁行人，巡行五省，升礼科给事中，康熙三十年(1691)充会试同考官，升工科都给事中，康熙三十二年(1693)致仕归故里，次年编纂官箴类书籍《福惠全书》刊印。有学者认为，黄氏书中的有关议论"颇符合明中叶至清前期的地方官场现状"⑤。笔者将其录之如下：

> 属吏之所以事上官，惟在敬与勤而已。敬则傲慢不敢生，而参见之必恭必慎，仪节之必时必周；勤则怠忽不敢萌，而奉行之

---

① 李元弼：《作邑自箴》卷一《正己》。

② 柏桦：《明代州县政治体制研究》，中国社会科学出版社2003年版，第154页。

③ 徐栋：《牧令书》卷五《事上》。

④ 徐栋：《牧令书》卷五《事上》"序"。

⑤ 柏桦：《明代州县政治体制研究》，中国社会科学出版社2003年版，第154页。

必详必速，谘请之必婉必诚。所云参见，州县到任必谒上司，或途次先由省会，或同城抵治次日，或治境距省稍远，皆不宜迟缓。上司乐见属员，觇其才品；属员亦乐见上司，识其性情。惟相见之仪，询之礼房，访之寮寀，揣之时势，毋过谄，毋不中度。语寒暄则先后有序，禀公事则详切有要；或蒙诘问，观喜怒而委曲致对；或同寅共见，上司向他语，勿掺杂而更置己词；容止跪拜，进退疾徐，宜娴之于平日；凡有启事，书之袖摺，临时省览，免致遗忘，此则恭慎之谓也。其馈送土宜，悉照旧规（礼数一增，即为成例，未免取怨后官），务于先期躬亲简点（过期而送，上官以为慢己，故宜早办。币帛恐有霉点，物色恐有低假，封签字迹恐有污斜错误，故必一一亲细点看），勿露吝形，致见挥斥，所谓时而周者非乎。每有下僚，外饰贫俭，自炫孤高，一切仪文出之淡薄，若非真正清廉，上司见谅未有不恶其矫诈而披摘瑕疵者矣。至于奉到上行，审度轻重（凡上司来文，须亲手开拆，先看封套有无擦损，封面开内几件，封内有何注语、年月；遇有钉封，即系机密，待进衙拆看。计定然后发行，毋先轻泄），登号发房，宜详始末（要看是否特行，如有前案，须查此案原委，有无回复，毋得前后矛盾，糊涂了事，使上司视为昏庸），立即申覆，尤加亲阅（用印时须将回文详看，纸张坚白，字无洗补，笔画端楷，再看年月、小日及封面件数、官衔），切勿朦混草率以示疏……或因要务，应修禀牍（凡事有委曲，未便见之详文，即宜用禀声说，亦宜于见上官时将要事用禀预先禀明），更须悉白情事（将此事原委说得透彻，应行应止，说得动情可听，上官未有不首肯见信者），切勿虚词巧饰，以示欺。此详与速，婉与诚之兼尽也。然又有旌节经临，驺舆按部，厨传供帐，丰盛宜加（凡上司经过，或公事特临，往来桥梁道路，预饬地方平治；公馆铺设，俱宜亲身料理。凡系需要，不可有缺；小饭坐司，务要鲜洁，切不可听衙役之言，用示荒凉穷苦），册籍仗仪，整齐具备（如系查勘，即将所勘事宜料理齐备，勿致临时仓促，经承取责，本官体面不雅。一应伺候执事，俱要鲜明，供役诸人，俱要老成省事。上司所临之处，预饬地方及差能事衙役巡逻，毋许藏留棍徒于村头市尾、旷野荒郊，呼冤喊告）。若颁行文告，务须张挂通衢（上司告示，或系禁止申饬，应刻榜者，即遵示列榜；应贴某所者，即贴某所，恐上司经过亲见，或差人探看，以为藏匿，有心疑其行止也）。奉遣差承，亦视等差接待（如系上司专差，须看事之大小，所差人之浮实，以定所待之厚薄，总宜待之以礼，不可怠慢，恐彼不悦，致生毁谤也）。此皆以卑奉尊，以下事上之正轨也。然非敬勤居心，又乌足以语此耶。①

南开大学研究明清州县政治体制的柏桦教授指出，明代中期起，“州县官的荣辱基本上操之于抚、按之手，以抚按为中心，也就成为州县官的施政要领”②。当时的州县官“无论好声名，还是承意指，他们的施政重点都是顺从上方；无论求有事（虚假政绩），还是为有事，他们的心里都在想着自己的利益。为了自身的利益，只要是与其声名前程相关，他们……是门必钻，乃至礼义廉耻全不顾”③。非常正确。如果说，以上“事上学”只是停留在理论层次上，那么，下面的一些史料则记述的是地方官员竭力事上与不惜出卖人格对上峰进行讨好、奉承的具体事实。

明中后期保定巡抚王文奎曾说，当时的官员几乎全都“重交际而忽治本，轻简约而务繁华，贿赂是求，民生莫问。为一州、县、营、卫之官也，监临则有院、道、府、厅，又有邻邦上司，地方显宦，皆操官评，

---

① 黄六鸿：《福惠全书》卷四《莅任部三·承事上司（到任参谒附）》。

② 柏桦：《明代州县政治体制研究》，中国社会科学出版社 2003 年版，第 260 页。

③ 柏桦：《明代州县政治体制研究》，中国社会科学出版社 2003 年版，第 384 页。

持讥奖，往来元旦、端阳、中秋，冬至以及生辰、新任诸馈送。金珠锦绣不已，古器清玩继之；土产备物不已，海错方珍继之。甚有假夫价、公费、手帕、折程之名色，累百盈千，筐筐馈献”①。明人叶春及在《石洞集》中记述，地方官听说上司要来，“喘汗而迎于途，抱几视膳，望尘展拜；羞品极水陆供张拟王者，凡所以悦耳目，娱心意者，纤悉具备”②。张萱在《西园闻见录》中引张涛曰：明代中后期的州县官员尤其无耻之尤，剥下奉上，对事关自己仕宦前程的上司等竭尽讨好巴结之能事，“年节一见，端午一见，中秋一见，重阳、辞岁又数数见；生日一见，考满一见，上司凡有家庆，自己欲效殷勤，有常常时见。近者犹可频来频往，尚有远在一二千里外者，往返或二月、或一月、或月半，计一岁之内，定费半年功夫。在舟车水陆之间，不惟劳夫、劳马、劳挑送下程之人，而自己且耽劳过苦也”。如果上司出巡经过自己的辖境，更是州县官员趋炎附奉的大好时机，“或百里、或五十里，其接止一二十里外者，天下府州县官恐不能得十余人也。上司一到，有饮食矣，有日廪矣；又办下程，备极水陆”③。《西园闻见录》中引申时行曰：明代中后期州县官员，“炫耀声名者，欲暴其所长，恒于无事中求事，为一切苛细刻削之图。承望意指者，欲阿其所好，每以无事为有事，为百方偷合取容之地。故催科之令，至焚林竭泽，而犹以豪右侵隐为词；裁省之法，至于剪爪剥肤，而诡以小民受惠为说，致令民不堪命，人有乱心”④。

地方官员广泛事上，一是助长了地方官场中侥幸苟且之心，二是“会见”、“送礼”、“送往迎来”频仍，进一步刺激了各级地方官员的高额金钱需要。并且二者交互作用，交互刺激，推动着整个官场腐败的

① 《明清档案》第1册《保定巡抚王文奎题本》，总第385页。

② 叶春及：《石洞集》卷二《审举劾》。

③ 张萱：《西园闻见录》卷九六《政术·前言》引张涛曰。

④ 张萱：《西园闻见录》卷九六《政术·前言》引申时行曰。

快速发展与地方官员对社会财富的加紧掠夺搜刮。

以明清两代为例。叶春及在《石洞集》中记述："贪婪萌起，掊罚公拏，卖请私夺。司求之府，府求之县，县安取之哉！驾辞文籍，实则金银；借说土仪，实则贿赂；败则归馈遗之人，密则为囊橐之富；漏网吞舟，良可慨也。"①明人李乐在《续见闻杂记》中记述，嘉靖初年，其"十一二岁时，睹邑令李公，贪仅三四千金尔，近睹归安施公，贪亦如之，皆蒙上司处治罢官去。李越七十年，施越四十余年。今日大可骇异，只要中个进士，为县令赃至二三万或五六万，上官惜大体面，或受嘱托，本犯不受笞辱，不入囹圄，不问徒罪，只作不及、浮躁，降级轻处，衣锦还乡，人羡富贵。其计巧多护者，依然官不改动，十居其五"②。清代洪亮吉在某篇文章中说道，其年少时"见里中有为守令者，戚友慰勉之，必代为之虑曰，此缺繁，此缺简，此缺号不易治，未闻及其他也"。过了二三十年之后，"里中有为守令者，戚友慰勉之，亦必代为虑曰，此缺出息若干，此缺应酬若干，此缺一岁可入己者若干，而所谓民生吏治者，不复挂之齿颊矣"。而守令中，"稍知自爱及实能为民计者，十不能一二也。此一二者，又常被七八人者笑，以为迂，以为拙，以为不善自谋。而大吏之视一二人者，亦觉其不合时宜，不中程度，不幸而有公过则去之，亦惟虑不速，是一二人之势不至归于七八人之所为不止"③。

这里需要明确指出的是，以上所举地方官员谄媚阿谀、逢迎讨好、挥霍摆谱、腐化享乐以及搜刮社会来奉上、来自肥的主要事例发生在明朝，但是，它们又不仅仅发生在明朝，而是一直存活在我们的历史之中，值得我们深思与反思。

---

① 叶春及：《石洞集》卷二《正礼刑》。

② 李乐：《续见闻杂记》卷一一，第15条。

③ 徐栋：《牧令书》卷八《屏恶》引洪亮吉《守令篇》云。

分析明清时期官场严重腐败局面的形成，笔者认为，当不全是处于地方行政设置下级的州县官员之过，而主要在上级官员乃至最高统治者——皇帝。亦即：第一，在各地的官场内，上级过于集权，实际的行政过程中过于提倡上是而下非，会使下面的真实信息不再上达，会使整个地方官场因失去起码的来自下面的制约而迅速腐败；第二，在各地的官场内，上级过于集权与有尊严，必然会导致在下者无权与无尊严，也会导致他们迅速腐化。

关于第一点。据明代王世贞在《觚不觚录》中记载，万历朝内阁首辅张居正回湖北老家奔丧，所经过的省份，三司皆出数百里外迎谒。迎谒者中，跪者十之六七。其还朝，则先遣牌谓本阁部所经由，二司相见，俱照见部礼。于是，各省的迎谒者皆毕恭毕敬，三拜九叩。应该说，在中国郡县制时代，此类上尊与下卑之极端之事，绝大部分是上级的问题。

关于第二点。有学者指出，中国行政的上下级是一种“上持督责之权以临下，下以催逼之权以奉上”的关系。① 在此情况之下，地方的上级官员似乎永远是正确的，而错误的一方永远是下级。以明代为例，范珠曰：“任有司者，以催办钱粮为能事，以奉承上官为得体。而司之临府，府之临州，州之临县，不察俗之厚薄，不问民之休戚，首先计其迎送之远迩，伺其拜跪之疾徐，假公营私，要一奉十。稍拂其意，便有文翁之教化，阳城之抚字，轻不免于骂詈，重莫逃于箠楚。”②时代的官员们大多唯上是尊，“望风承应，唯恐或后，上下之间，贿赂公行，略无畏惮，剥下媚上，有同交易，贪污成风，恬不为怪”③。

王夫之在《读通鉴论·隋文帝》中说：“（隋文帝）令五百家而置

---

① 柏桦：《明代州县政治体制研究》，中国社会科学出版社 2003 年版，第 153 页。

② 张萱：《西园闻见录》卷九七《守令·前言》引范珠曰。

③ 《明经世文编》卷二一载邹辑《奉天殿灾疏》。

乡正，百家而置里长，以治其辞讼，是散千万虎狼于天下，以攫贫弱之民也。"①笔者认为，王夫之对隋文帝做法的评述与其在《读通鉴论·秦始皇》篇目中肯定秦始皇实行郡县制一样，有一定程度的局限与偏差。要知道，郡县制时代攫贫弱之民的千万虎狼，主要还不是王夫之所说的基层官员，而是他们上一级或者再上一级乃至最高级——皇帝。

以明清时期为例。当时有"破家县令"之说，有"三年清知府，十万雪花银"之说；徐珂的《清稗类钞》中则有"下官拼万个头，向上司磕去；尔等把一生血，待本县绞来"②的话语。应该说，上述说法均不是无稽之谈，有相关的史料可以佐证。

尤其是在钱粮的征收上，各地的州县官常常借机对百姓大加搜刮。他们一般都大肆地加收"耗羡"，高达百分之二三十。据海瑞说，"乃至加耗银数，倍蓰（数倍）正数，十百正数"。他曾对此事大发感慨："九重宁复知有此耶！"③

除此之外，征收纸赎银（或简称纸赎）也是明清时期州县官府的一种"创收"方式。有研究者曾明确指出，纸赎既与商人的抵押借款无关，也不是一般案犯用来赎罪的罚金，而是当时诉讼费的名称。④据记载："赎锾贮之郡县，两院止据空册。两院互相查考，而郡县具银起解，似乎无可疑矣。但上查之册，先请本院改正；起解之银，犹经本院提取；则多寡解留之间，按臣上得以措其手，有司又得以窥其隙矣。"⑤

---

① 王夫之：《读通鉴论》，中华书局 1975 年版，第 1440 页。

② 徐珂：《清稗类钞·讥讽类·赠知县知府联》，中华书局 1984 年版，第 1594 页。

③ 陈义钟：《海瑞集》上编《兴革条例》，中华书局 1962 年版，第 61 页。

④ 赵红梅等：《明清文献中的"纸赎"和"纸赎银"》，《贵州文史丛刊》2010 年第 4 期。

⑤ 张萱：《西园闻见录》卷九七《守令·前言》引李世达曰。

明清时期，州县等地方官从上述二途搜刮得来的钱财主要用于三个方面：一是带回原籍广置田产；二是作为自己高升的铺路钱，对上行贿；三是个人享受，被挥霍一空。

据明代李乐在《见闻杂记》中记载："里中张公正，以贡为蕲水令。陈公观，以明经止官广文。张囊橐颇充，田宅颇富。陈终身清约，颓然一小楼而已。"①海瑞说，州县官"效鼠狗计行之，可以厚囊橐，夸耀闾里"②。刘宗周曾言，每逢"朝觐年，则守令以上必人辇一二千金入京投送各衙门及打点使费"③。明人张涛则曰：地方官一般"虐用其民，侈靡为训，尊倨傲贵，谄佞成风"，由此导致了"士习日卑，民生日蹙"④。

三、郡县制时代政府主导社会及其造成的危害

这里再展开论述中国郡县制时代的第二个重要特征——政府主导社会。

著名历史学家费正清如下的一段话虽然论述的是晚明与清朝的情形，但能在一定程度上为秦代以来中国是中央集权的政府主导型社会给予初步说明：

> 理学名教的社会与晚明清朝帝国的弱点在于，历史悠久的独裁体制一直固守着对于所有人、著作、思想、礼仪、军事行动的最终督导控制权，同时却又未发展出能够容忍多样化、异议、少数人的观点、相抗的政策等等的制度系统。思想行为一致的堂

---

① 李乐：《见闻杂记》卷八，第41则。

② 陈义钟：《海瑞集》下编《赠黄村赵先生升靖安大尹序》，中华书局1962年版，第342页。

③ 刘宗周：《刘子全书》卷一七《遵例请旨严饬禁谕以肃觐典疏》，华文书局股份有限公司1968年版，第1149页。

④ 张萱：《西园闻见录》卷九六《政术·前言》引张涛曰。

皇外表虽然支配着一切,其实却是空洞的。在这空洞的外表与日常生活事实之间是一片真空,这片真空中原本应该有一些近代多元主义所做的准备。凡事只容许一个正确标准,便是否决其他可行可信而已经普遍存在的想法,否定多元性。层峰武断主张的政策一元化,否认了地方上变通权宜的多元性。①

华东师范大学王家范教授曾在一篇文章中讲道:“中国的古代政治,从来都是士大夫在台上围着(专制君主)一个人做戏,熙熙攘攘,或哄哄闹闹。”②这很形象,也符合秦代以来中国古代政治的实际。但是,笔者认为,如果把其中的士大夫在台上围着专制君主一个人做戏改为各级郡县等地方官员围着一个人做戏,当更为精确贴切。否则,就不会有《史记·秦始皇本纪》中所记载的“山东郡县少年苦秦吏,皆杀其守尉令丞反,以应陈涉”,也不会有唐代著名诗人杜甫创作的《新安吏》、《石壕吏》与《潼关吏》,“三吏”强烈抨击与谴责了地方官吏的为虎作伥以及压迫百姓。

从秦代起,各朝各代的政府对社会的控制与干预的程度之大,可谓“举世无双”。民之人身、民之思想全是政府主导。

自秦代起,广大百姓就连人身也属于专制君主的了。所谓“编户齐民”,他们被各级地方官吏严密地组织起来,为最高专制统治者服务。《史记·秦始皇本纪》记载:

> 三十五年(前212年),除道,道九原抵云阳(今陕西淳化西北),堑山堙谷,直通之。于是始皇以为咸阳人多,先王之宫廷小,吾闻周文王都丰,武王都镐,丰镐之间,帝王之都也。乃营作朝宫渭南上林苑中。先作前殿阿房,东西五百步,南北五十丈,上可以坐万人,下可以建五丈旗。周驰为阁道,自殿下直抵南

① 费正清:《费正清论中国》,台湾正中书局1994年版,第490页。

② 王家范:《百年世事不胜悲》,《读书》1997年第12期。

山。表南山之巅以为阙。为复道，自阿房渡渭，属之咸阳，以象天极阁道绝汉抵营室也……隐宫徒刑者七十余万，乃分作阿房宫，或作丽山。发北山石椁，乃写蜀、荆地材皆至。关中计宫三百，关外四百余……因徙三万家丽邑，五万家云阳，皆复不事十岁。①

汉武帝茂陵是汉代帝王陵墓中规模最大、修造时间最长、陪葬品最丰富的，相传武帝的金镂玉衣、玉箱、玉杖等一并埋在其中。当时在陵园内还建有祭祀的便殿、寝殿以及宫女、守陵人居住的大量房屋，计有5000人在此管理陵园，负责浇树、洒扫等差事。茂陵东南营建了茂陵县城，许多文武大臣、名门豪富迁居于此，人口最多时达27.7万多人。

秦始皇于公元前221年灭掉东方六国后收集天下之兵，聚之咸阳，销之为钟镰，以收帝位永固之功；秦始皇在公元前218年和公元前216年两次在全国各郡县“大索十日”和“大索二十日”；②秦始皇又焚书坑儒，隋代隋文帝有类似做法。583年，隋文帝下令全国禁大刀长矛；595年，隋文帝收天下所有兵器，并禁民间制造；598年，隋文帝又下令江南诸州，“人间有船长三丈已上，悉括入官”③；585年，隋文帝下令全国“大索貌阅”。隋代还规定每年正月十五日在全国进行“团貌”。进行团貌时，类似于汉代的“案比（比民）”，令百姓五党或三党为一团，县令长派人出查，对所有人的年龄及生理特征进行案验。隋代的全国“大索貌阅”与“团貌”并不仅有经济的意义，同时兼有对社会镇制之意义。

另外，隋文帝与秦汉时期的最高专制统治者一样，极力贱商，直

---

① 《史记》卷六《秦始皇本纪》。

② 《史记》卷六《秦始皇本纪》。

③ 魏征等：《隋书》卷二《高祖纪下》。

接用行政力量阻挠地方商业的发展。最典型的事例是隋文帝东封泰山经过汴州时发现汴州商业繁荣，人民比较富庶，他不是高兴，而是极其反感，特地任命以执法严厉出名的令狐熙出任汴州刺史。令狐熙到汴州后“禁游食，抑工商”，连居民向街道敞开的门都一律堵死，只准人们从闾巷的大门出入。汴州经过令狐熙的整治，商业很快萧条不振。

当代思想家顾准在《要确立科学与民主，必须彻底批判中国的传统思想》一文中说：“‘君天也，天不可逃也’……知识分子不满意这一套，只好像贾宝玉那样当和尚去。你不要以为这是小说的描写，明代思想家如李卓吾，不是因为失恋，而是实在不甘这一套桎梏，晚年入空门，狱中死前留语还自称老衲。”①顾准提到的明末思想家、文学家李贽（1527－1602）被迫害致死，恰与中国郡县性的地方行政体制有关。李贽认为“六经”、《论语》、《孟子》等儒家经典只是当时弟子们的随笔记录，并非“万世之至论”，反对“咸以孔子之是非为是非”。他为逃避官府管束，在湖北麻城出家当了僧人。但是，与官方意识形态不一样，忤逆了最高统治者，是无地存身的。先是，1601 年初春，麻城的“芝佛院”被烧毁，李贽的朋友马经纶闻讯南下，将其接往通州居住。但李贽到通州不久，就有人上奏万历帝，称近来受李贽“蛊惑”，缙绅大夫中有唪经念佛、奉僧膜拜、手持数珠、室悬妙像而不知尊孔子者。万历帝看罢奏疏之后立即批示：李贽应由锦衣卫捉拿治罪，其著作应一律销毁。此时的李贽已 75 岁高龄，他是躺在门板上被抬走的。被捕后，李贽不堪受辱，用剃刀刎颈而死。据袁中道记载，李贽自刎两天以后才死去，生命的最后时刻受尽了人间苦难。

运用地方行政力量推行最高统治者的指令，因所谓“思想有问题”与个别统治者认为“有问题”的文字而草菅人命，而残酷杀戮读

---

① 顾准：《顾准文集》，贵州人民出版社 1994 年版，第 352 页。

书人,清朝与明代如出一辙。清朝的“最高指令”名称上与明代不同。明代称为“大诰”或榜文,清朝称为“上谕”。

清朝康熙年间,专制统治者曾搞过“尚德缓刑、化民成俗”。康熙九年(1670),康熙帝颁布《上谕十六条》,要求全国各省、府、州、县官员认真对老百姓进行宣讲训导,主要内容有“敦孝悌以重人伦”、“黜异端以崇正学”以及“完钱粮以省催科”等。

雍正二年(1724),雍正帝对康熙帝的《上谕十六条》详加阐发,以《御制圣谕广训》为题,又颁发全国各府、州、县地方官吏及教职衙门,晓谕全国军民及在学生童认真讲读学习。

雍正七年,雍正帝为进一步强化对人民的“教化”,在全国各乡村广泛进行《御制圣谕广训》宣讲活动。宣讲运动开展的过程中,各地普遍设立宣讲所。宣讲所又称“讲约所”。按照规定,各讲约所要有“约正”具体负责,另外还配备三至四名能谨守圣训的“值月”。约正一般由乡村中的年长者担任,值月则必须是官方认为能谨守圣训的人充当。每月初一、十五日,约正和值月负责把一乡之内的缙绅、里长以及其他所有有识字能力的人集中起来,向他们宣读广训原文;同时,结合乡村具体情况“详示开导”,以达“使乡曲愚民,共知鼓舞向善”之目的。

在名称上,顺治九年(1652),清廷颁布《钦定卧碑》,要求人们“恭敬长上”、“各安生理”、“无作非为”等。因为有6句话,所以又称作《六谕》。1659年,清廷下令全国各省、府、州、县乡村普遍订立以《六谕》为内容的乡约,亦即实行所谓的村民“自治”,因此有“约正”之名。但在实际上,约正不但不是乡民自治的首领,反而起着相反的作用。因为除了内容是皇家规定好的之外,按照当时官府的规定,约正必须是年在60岁以上,已由官府颁给过顶戴、德业素著的生员。宣讲活动必须“登记簿册”,要进行优劣的评比。

清朝统治者同明代一样,向人民大量颁发了关于“最高指令”的文件。据研究，清代中期以前颁行的最高指令有顺治帝的《六谕》，康熙帝的《上谕十六条》、《御制训饬士子文》，雍正帝的《御制圣谕广训》、《御制朋党论》以及乾隆帝的《钦颁太学训饬士子文》等，"这些都是经过政府大量翻刻，必须让每一个学校每一个学生每年每月反复诵读的政治文件"①。

对于明清时期专制统治者所搞的一系列措施，笔者感到"很脏"，不堪入目，不堪入耳。如有学者所言："无论中外，道德想假权力而行，不能不是悲剧。或可谓：道德，道德，多少罪恶假汝而行！"②

在大兴文字狱方面，清朝甚于明代。在康熙、雍正、乾隆三朝的一百多年间，文字之狱连绵不断。凡被统治者认为是犯文禁者，即使早已入墓，也要剖棺戮尸，乃至罪及子孙、族人、亲友、门生、刻书者、售书者和收藏者。往往为兴一案而关联七八省，株连数百人，从案发到最后结束，拖延数十年，造成了空前的灾难与社会恐怖。

康熙二年(1663)的明史案，是清前期的文字狱大案。由此笔者想到的是，钱穆在《中国历代政治得失》一书中说"在中国历史上，康熙也算是一个好皇帝，至于雍正便太专制了"③，未免有些片面。笔者认为，康熙、雍正二帝是一丘之貉，都不是好皇帝。

先是，庄廷鑨(？-1655)，字子襄，浙江乌程南浔(今浙江湖州)人。家饶富，"少患疯疾"，15 岁贡生，入国子监，因病双目失明。购得明天启朝大学士朱国祯所撰《明史》，广聘名士吴炎、潘柽章等 16 人，以每千字润笔费 30 两白银补写崇祯朝和南明史事，编成《明史辑略》。书成不久，廷鑨于顺治十二年病死。书由其父庄允诚于顺治十七年(1660)冬刻成。书中如实记录了明朝末年天启、崇祯两朝的历

① 刘泽华等：《专制权力与中国社会》，吉林文史出版社 1988 年版，第 50 页。

② 王家范：《百年世事不胜悲》，《读书》1997 年第 12 期。

③ 钱穆：《中国历代政治得失》，三联书店 2001 年版，第 149 页。

史，如建州卫与明朝的关系，直书了努尔哈赤的名字，被认为是有意反清。康熙二年此案兴，庄氏全族和参加文字书写工作、为书写序、刻字、印刷、校对、卖书以及买书者，70 余人被杀，另有几百人充军边疆。其中，参与文字书写的吴炎与潘柽章等被凌迟处死于杭州弼教坊。他们的遗稿也被焚毁。庄廷铣此时已去世 8 年，但被康熙帝为泄愤而下令剖棺戮尸。

康熙五十年（1711），戴名世《南山集》大案发生。戴名世（1653－1713），57 岁中进士，任翰林院编修。此前，他留心明代史事，通过访问明朝遗老和参考前人文字，写出了记录明末历史的《南山集》。书于康熙四十一年（1702）印出，其中多采方孝标《滇黔纪闻》中所载南明桂王事，又因为书中用南明年号并涉及多尔衮不轨之事，康熙帝便下旨将戴名世凌迟处死，戴氏家族凡男子 16 岁以上者立斩，女子及 15 岁以下男子发给清朝功臣家做奴仆。同乡方孝标曾提供参考资料《滇黔纪闻》，和戴名世同样治罪。戴氏同族人中有职衔者，一律革去。给《南山集》作序的汪灏、方苞、王源等处斩刑。给《南山集》捐款刊印的方正玉、尤云鹗等人及其妻、子，发宁古塔充军。由《南山集》受到牵连的有 300 多人。后来康熙帝改判戴名世凌迟为斩刑，本来应处斩刑之人如戴家、方家流放黑龙江。方孝标当时已死，但仍被发棺戮尸。

26 年前，知名旅美华裔历史学家唐德刚在一篇文章中写下与上述所论有关的一段话：

> 十八九世纪之西欧与北美，由于生产之发展，带动中产阶级之兴起。中产阶级为抢夺政权，终能架空王室（state），摈斥教会（church），而完成其以中产阶级为政权基础之英美模式。在此模式中，“国家”成为“社会”之附庸。“社会”兴隆则“国家”强盛；“社会”如由僵化而病入膏肓，则“国家”亦随之毁灭。此模式发轫于古希腊。近世西欧封建制崩溃后，民族国家代之以起，

社会重于国家乃变本加厉矣。"国家重于社会"之模式则不然。处此模式中,则"社会"之变革,悉听命于"国家"。"商鞅变法"时所搞的"强本抑末";秦人统一六国之后的"废封建"、"立郡县"、"开阡陌"(亦即化公田为私田的古代"土改"),均是由"国家"下令,强制执行之。汉武重农轻商,与夫"士农工商"阶级之划分,原也为"国家"之"政策",日久乃习惯成自然,变为"社会"之"习俗"。"社会"形式之构成,实由一极权"国家"下令规范之、铸造之、非自然演变之结果也——此点,马克思、汤恩贝二大师,均因不通汉学而谬论之。商鞅、嬴政之后而"千载犹行秦制度"……此亦我东方之政治传统也。

另外,我们不妨拿托克维尔《旧制度与大革命》一书中的有关论述来加以说明。托克维尔在书中讲道:

在这种(专制制度全面实行的)社会中,人们相互之间再没有种姓、阶级、行会、家庭的任何联系,他们一心关注的只是自己的个人利益,蜷缩于狭隘的个人主义之中,公益品德完全被窒息。专制制度非但不与这种倾向作斗争,反而使之畅行无阻;因为专制制度夺走了公民身上一切共同的感情,一切相互的需求,一切和睦相处的必要,一切共同行动的机会;专制制度用一堵墙把人们禁闭在私人生活中。人们原先就倾向于自顾自:专制制度现在使他们彼此孤立;人们原先就彼此凛若秋霜:专制制度现在将他们冻结成冰。

在这类社会中,没有什么东西是固定不变的,每个人都苦心焦虑,生怕地位下降,并拼命向上爬;金钱已成为区分贵贱尊卑的主要标志,还具有一种独特的流动性,它不断地易手,改变着个人的处境,使家庭地位升高或降低,因此几乎无人不拼命地攒钱或赚钱。不惜一切代价发财致富的欲望、对商业的嗜好、对物质利益和享受的追求,便成为最普遍的感情。这种感情轻而易举地散布在所有阶级之中，甚至深入到一向与此无缘的阶级中……这些使人消沉的感情对专制制度大有裨益；它使人们的思想从公共事务上转移开，使他们一想到革命，就浑身战栗，只有专制制度能给它们提供秘诀和庇护，使贪婪之心横行无忌，听任人们以不义之行攫取不义之财。若无专制制度，这类感情或许也会变得强烈；有了专制制度，它们便占据了统治地位①。

托克维尔在书中继续讲道，法国专制时代中央政府集中了太多的权力，管了太多自己不该管的事情，所导致的结果往往是负面的。他指出，中央政府教给贫穷农民"致富之术，帮助他们，在必要时还强制他们去致富。为此目的，中央政府通过总督和总督代理不时散发有关农艺的小册子，建立农业协会，发给奖金，花费巨款开办苗圃，并将所产苗种分给农民"。"御前会议有时意欲强迫个人发家，无论个人有否这种愿望。强迫手工业者使用某些方法生产某些产品的法令不胜枚举；由于总督不足以监督所有这些规定的贯彻实行，便出现了工业总监察，他们往来于各省之间进行控制"。"御前会议有时禁止在它宣布不太适宜的土地上种植某种作物。有的判决竟命令人们拔掉在它认为低劣的土壤上种植的葡萄"，这样，政府就"由统治者转变为监护人了"。② 对于专制时代法国中央政府的如此做法，托克维尔在书中给予了坚决否定。他说，就像孟德斯鸠所言，"土地出产之少主要不在于土地肥沃程度，而在于居民是否享有自由"③。

---

① 托克维尔著，冯棠译：《旧制度与大革命》，商务印书馆 1992 年版，第 34－35 页。

② 托克维尔著，冯棠译：《旧制度与大革命》，商务印书馆 1992 年版，第 81－82 页。

③ 托克维尔著，冯棠译：《旧制度与大革命》，商务印书馆 1992 年版，第 159 页。

托克维尔在书中还指出，法国专制时代中央政府包揽社会的救济工作，是一种费力不讨好的“越权”之举：

> 在旧的封建社会（封建社会早期），如果说领主拥有极大权利，他也负有重大责任。他的领地内的穷人，须由他来赈济。在1795年的普鲁士法典中，我们找到欧洲这一古老立法的最后痕迹，其中规定：“领主应监督穷苦农民受教育。他应在可能范围内，使其附庸中无土地者获得生存手段。如果他们当中有人陷于贫困，领主有义务来救助。”类似的法律在法国很久以来就不复存在了。领主的旧权力已被剥夺，因此也摆脱了旧义务……中央政府果断地单独负起救济穷人的工作。御前会议根据总的税收情况，每年拨给各省一定基金，总督再将它分配给各教区作为救济之用。穷苦的种田人只有向总督求告。饥荒时期，只有总督负责向人民拨放小麦或稻米。御前会议每年作出判决，在它所专门指定的某些地点建立慈善工场，最穷苦的农民可以在那里工作，挣取微薄的工资。显而易见，从如此遥远的地方决定的救济事业往往是盲目的或出于心血来潮，永远无法满足需要。①

总之，在世界政治制度史上，各民族所经历的专制制度有很大的共性；同时，在世界级的政治思想家那里，他们关于政治问题的深刻政治洞见具有普遍意义。笔者认为，托克维尔关于法国专制体制弊害的论述，完全与中国郡县制时代专制政治体制的弊害相吶凿。

四、追本溯源

其实，本篇是笔者的老同学给出的“命题作文”。他知道笔者一直研究郡县制度，便明确要笔者研究中国郡县性地方行政体制之下

---

① 托克维尔著，冯棠译：《旧制度与大革命》，商务印书馆 1992 年版，第 81 页。

上下级逐级授权与社会政府主导的问题。

实事求是来讲，这是笔者原来研究领域中一直忽视的一个问题。以前笔者研究郡县制度时更多强调的是各级地方行政设置是最高专制统治者手中的工具，但有很大的局限。因为不研究它的上下级逐级授权问题，就无法展开本文第二部分秦代以来直至清末既是中央极度集权的社会又是中央权力被地方官员逐级严重分割侵蚀的社会、是一个高度腐化的社会的讨论。

最后，笔者引用历史学家周良霄先生的有关话语作为本篇的结束：中国“专制主义皇权就是一切，它事实上是无限的……两千多年的专制主义皇权历史，就是皇朝从建立到覆灭，从覆灭到重建，从重建再蹈覆灭的历史。它仿佛永远陷于一个没有出路的封闭循环圈，鬼打墙似地基本上在原地徘徊、踯躅”①。

① 周良霄：《皇帝与皇权》，上海古籍出版社2006年版，第403页。

第六篇

郡县制度评价理论述评

郡县制是中国秦代以来地方行政的基本制度。虽然元、明以来确立了行省制度,但实际上仍是秦、汉以来确立的郡县制度的变异。在此体制之下,国家政治权力的中心在中央,举凡一切行政、军政、财政、外交、用人之权一出于中央,地方各级政治机构不过是以君权为核心的中央政权的派出机构而已。

从秦代起,人们就对郡县制度进行评价,析其优劣,评其功过,时至今日也不曾休已。参加评价的有统治者,有思想家,有统治阶级的御用文人,也有一般的平民文人。评价标准有的是以专制君主的个人利益为中心,有的是以专制国家的利益为中心,也有的是以社会利益和人民利益为中心。评价理论繁杂而丰富,评价坐标不一。尽管如此,对其进行具体的考察,辨识前人认识之局限,吸收前人认识之精华,有利于我们进一步加深对郡县制度实质的认识。大体来说,关于郡县制度问题的论争可以分为秦至明末之前、戊戌变法之前和戊戌变法之后三个时期。三个时期各有特点,下面依次讨论之。

一、明末以前关于郡县制问题之论争

至明末以前,人们对郡县制度的评价基本上是以专制统治者及专制国家的利益为坐标展开的。这与当时"家天下"观念根深蒂固的社会大背景密切相关。

秦代是彻底废除君主、贵族共有制度,完全彻底实行国家家天下化的第一个专制王朝,以家天下思想评价郡县制度优劣的工作也从此开始。据《史记·秦始皇本纪》记载,当时统治阶级内部关于郡县制度优越与否产生过激烈的争论。丞相王绾、御史大夫冯劫、廷尉李斯、仆射周青臣等都认为郡县制度优越:"海内为郡县,法令由一统,自上古以来未尝有,五帝所不及。""今海内赖陛下神灵一统,皆为郡县,诸子功臣以公赋税重赏赐之,甚足易制。天下无异意,则安宁之术也。""以诸侯为郡县,人人自安乐,无战争之患,传之万世。自上古不及陛下威德。"①

齐人、秦朝博士淳于越与以上诸人的观点不同。他认为从秦最高统治者的长远计,实行郡县制不如实行分封制好:"臣闻殷周之王千余岁,封子弟功臣,自为枝辅。今陛下有海内,而子弟为匹夫,卒有田常、六卿之臣,无辅拂,何以相救哉?事不师古而能长久者,非所闻也。"②但秦始皇是权势欲壑不可度之人,他想到的只是一己之身,不会管子弟为不为匹夫。所以在公元前213年,他假意让大臣们讨论一番后,继续在全国实行郡县制。在中国关于郡县制优劣的整个论战中,秦始皇是持肯定观点的第一位专制统治者。

惩亡秦完全收地方之权归专制统治者一人之弊,西汉前期实行了郡县与分封并存的地方行政制度。作为这种现实的反映,贾谊在

---

① 《史记》卷六《秦始皇本纪》。
② 《史记》卷六《秦始皇本纪》。

《新书·属远》篇中认为秦始皇变全国为郡县,“不能分尺寸之地,欲尽自有之”,是不道德的做法。然而,贾谊为论的出发点仍是“致君尧舜上,王祚亿万年”。比如,他在《过秦论》中曾说:“一夫作难,而七庙隳,身死人手,为天下笑者,何也?仁义不施,而攻守之势异也。”

可能与东汉末年以来实行郡县制国家分裂得却更加严重的现实有关,魏晋时期的论者对郡县制度评价颇多,但大都持否定态度。曹魏宗室、政论家曹冏在所作《六代论》中认为,郡县制不利于王朝的帝祚长久。周代所以能有 800 多年的长期统治,与其实行分封制、“信重亲戚”,有众诸侯护卫有关。圣人实行分封,与诸侯共治共守,才是“公天下”;而秦代所以三世而亡,是“内无宗子以自毗辅,外无诸侯以为藩卫”所致。曹冏主张切实推行实际的封建之制,认为如果能“兼亲疏而两用,参同异而并进”,援用古制,使权力互相制衡,则国运自然长久。①

西晋初年的思想家、文学家傅玄认为,郡县制的实行是“荡灭先王之制”②。西晋文学家陆机认为秦代实行郡县制是“忘万国之大德”,其国运不能长久实由此所致。“颠沛之衅,实由孤立”,没有形成“万国相维”之势,所以很快就败亡了。③

很明显,以上诸人与汉代贾谊的出发点相近,是在为有颠覆之虞的曹氏、司马氏王朝寻找久安之计。

唐代评价郡县制者颇多,但评价坐标已有所游移。评价坐标的这种游移是明朝末年后人们以新视角去观照郡县制度的前奏。据笔者所见,唐代著文评价郡县制的有朱敬则、孙樵、柳宗元、刘秩诸人。其中,孙樵和柳宗元的观点对后世影响较大。

---

① 曹冏:《六代论》,《文选》卷五二。

② 傅玄:《掌谏职上疏》,《全晋文》卷四六。

③ 陆机:《五等论》,《文选》卷五四。

朱敬则与前述曹冏一样，认为周代实行分封、天子与诸侯共治共守是公天下。秦代推行郡县制度，由此形成了“高下在心，天下制在一人”的局面，这“殊非至公”。①

能够指出郡县制度实行后最高统治者会随心所欲地危害社会，朱敬则当是中国郡县制度评价史上划时代的人物。同样，从政治体制对社会经济产生严重影响的高度来评价郡县制，深刻揭露郡县制度破坏社会财富积累并危害社会经济进步，直至今日未有出唐末孙樵之右者。

孙樵生活于唐大中、咸通至乾符年间，曾长期担任参与王朝机密的中书舍人之职，对国家治体的深察非一般可比。本书前已提及，在《书褒城驿壁》一文中，孙樵以揪心之痛记述了号为天下第一驿的褒城驿被百十个你来我往的最高统治者爪牙摧残的悲惨景象：

> 及得寓目，视其沼则浅混而茅，视其舟则离败而胶，庭除甚芜，堂庑甚残。……一岁宾至者，不下数百辈，苟夕得其庇，饥得其饱，皆暮至朝去，宁有顾惜心邪？至如棹舟，则必折篙破舷碎鹢而后止；渔钓则必枯泉汩泥尽鱼而后止。至有饲马于轩，宿隼于堂，凡所以污败室庐，糜毁器用。官小者其下虽气猛可制，官大者其下益暴横难禁。由是日益破碎，不与曩类。

随后，孙樵借老氓之口点出主题：“举今州县，皆驿也。”孙樵进而发感慨曰：“呜呼！州县者，真驿邪！矧更代之隙，黠吏因缘，恣为奸欺，以卖州县者乎？如此而欲望生民不困，财力不竭，户口不破，垦田不寡，难哉。”②对于孙樵关于郡县制祸患社会的深刻洞见，主要生活于清代康熙年间的著名学者高士奇深为折服。他在读完《书褒城驿壁》后

① 朱敬则：《五等论》，《全唐文》卷一七一。

② 孙樵：《书褒城驿壁》，《唐宋文举要》，上海古籍出版社 1982 年版，第 642、644 页。

曾写下如下评语:“因驿而发明郡县迁代,不宜促数之故,可谓深达物情,有关治体。”①

柳宗元是中国郡县制度评价史上专门著文对郡县制进行褒扬的第一人。他的文章《封建论》实是论郡县。他在文章中认为,郡县制自秦代以来的实行由“势”所决定,“其不可变也固矣”。周代所以出现“诸侯之盛强、尾大不掉”的局面,原因在于其制不行。秦代实行郡县制克服了这种现象。秦王朝的国运短促不是实行郡县制所致,其“失在于政,不在于制”;“咎在人怨,非郡邑之制失也”。柳宗元认为秦始皇做得对,“秦之所以革之者(指废分封行郡县),其为制,公之大者也。其情私也,私其一已之威也,私其尽臣畜于我也。然而公天下之端自秦始”。② 秦始皇臣畜天下于一己之身,柳宗元却称之为大公,其逻辑何其谬也!清初思想家颜元对此大加鞭笞。他说,柳宗元所谓的公天下自秦始是“不仁之甚”。他认为:“秦人任智力以自雄,收万方以自私,敢于变百圣之大法,自速其年世,以遗生民气运世世无穷之大祸。祖龙之罪上通于天矣!”③

此外,柳宗元还在《封建论》中认为自秦以后官吏的任用做到了“有罪得以黜,有能得以赏”,使“贤者居上,不肖者居下”,不像分封制度实行时,“圣贤生于其时,亦无以立于天下”。柳宗元的这一理论近乎黑白颠倒。因为稍有历史常识的人都知道,秦王朝建立之前各国曾竞相网罗人才,根本不是圣贤生于其时亦无以立于天下;秦王朝建立之后,不但不是贤者居上、不肖者居下,而是正好相反。因为全国为郡县后普天之下用人,全在专制统治者一人的好恶。谁会钻营,

① 孙樵:《书褒城驿壁》,《唐宋文举要》,上海古籍出版社 1982 年版,第 644 页。

② 柳宗元:《封建论》,《唐宋文举要》,上海古籍出版社 1982 年版,第 458 - 459 页。

③ 颜元:《习斋四存编》,上海古籍出版社 2000 年版,第 158 页。

投统治者之所好，自然就得到重用，反之不然。

北宋著名文学大家苏轼十分赞同柳宗元肯定郡县制的说法。他在《论封建》一文中指出："宗元之论出，而诸子之论废矣。虽圣人复起，不能易也。"①南宋学者叶适应该也受到柳宗元的影响，认为秦王朝"破坏封建而为郡县"，做到了"尊京师而威服天下"，使"匈奴遁迹自屏，不敢争衡"。汉代治国"独过于后世"，是因袭了秦制的结果，"岂蹙缩凡儒之论，所可疵病其失哉"。② 此外，中国古代史上与柳宗元提法相似的还有王夫之和顾炎武。王夫之在《读通鉴论》中认为郡县之制是"势之所趋"；③顾炎武在《日知录·郡县》篇中有"固其势之所必至"之语。④ 1973 年，署名北京师范学院"史众"的文章表示，《封建论》虽然"写成已经一千多年了，今天读起来，仍然能给人有益的启示"，《封建论》对我们怎样把思想领域内的斗争进行到底起"借鉴作用"。⑤

时至今日，柳宗元《封建论》的影响犹在。比如，钱伯城近年为文说，"《封建论》所表述的政治和历史见解，超过了它的作者同时代人所能达到的认识高度，作者的深邃目光透视了自远古至当代的历史进程"；作者"虽然没有明指封建制与郡县制区别的实质，就是地方分权制与中央集权制的对立，如顾亭林在《郡县论》一文中直截了当地说，'封建之失，其专在下；郡县之失，其专在上'。柳宗元没有这样说，但包含这个意思"。⑥ 并且钱氏还为柳氏辩解，说其持论是处于藩镇割据的时代使然。笔者认为，钱文所讲以上三点都站不住脚。

---

① 苏轼：《苏轼文集》，中华书局 1986 年版，第 158 页。
② 叶适：《叶适集》，中华书局 1961 年版，第 811－812 页。
③ 王夫之：《读通鉴论》（上），中华书局 1975 年版，第 1 页。
④ 黄汝成：《〈日知录〉集释》，中州古籍出版社 1990 年版，第 512 页。
⑤ 史众：《〈封建论〉的尊法反儒精神》，《人民日报》1973 年 12 月 25 日。
⑥ 钱伯城：《读〈封建论〉》，《读书》1997 年第 5 期。

第一点，说柳宗元的政治见解超过了同时代人所能达到的认识高度，试问，与孙樵、朱敬则诸人相比，能超过吗？第三点，难道生存年代较柳宗元晚得多的孙樵，他所处的时代就没有藩镇割据吗？关于第二点，下面将要讲到，正如当代史学家、知名顾炎武研究专家赵俪生先生所言，顾炎武一直是“确定不移的‘地方分权论’”者，①那怎么能将顾炎武与主张中央集权的柳宗元等同而论呢？总之，钱文以上之论，笔者不敢苟同。

二、明末至戊戌变法以前之郡县制度评价

明末至戊戌变法以前的郡县制度评价虽然仍呈两军对垒之势，但与此前相比有了根本性的变化，即大都以社会利益为坐标而对郡县制度的优劣高下作判断。

本书前已提及，生活于明末清初的顾炎武对郡县制度持否定态度。他著有评说郡县制的文章《郡县论》，专门条分缕析郡县制度之弊。

顾氏在专论《郡县论一》中明确指出：“方今郡县之敝已极，而无圣人出焉，尚一一仍其故事，此民生之所以日贫，中国之所以日弱而益趋于乱也。”他认为造成国家日趋于弱、益趋于乱的局面，根本原因是没有给地方官以生财治人之权。如果给了他们充分的权力，“罢监司之任，设世官之奖，行辟属之法，所谓寓封建之意于郡县之中，而二千年以来之敝可以复振”。《郡县论一》是总论，其他 8 篇论述应该如何治世，中心点是郡县制度下地方官不得长期专任，此种状况应该改变。顾炎武开出了一批惩郡县制之弊的良方。比如《郡县论三》中说：

> 夫养民者，如人家之畜五牸然：司马牛者一人，司刍豆者复一人，又使纪纲之仆监之，升斗之计必闻之于其主人，而马牛之瘠也日甚……故天下之患，一圉人之足办，而为是纷纷者也。不

① 赵俪生：《〈日知录〉导读》，巴蜀书社 1992 年版，第 84 页。

信其圉人，而用其监仆，甚者并监仆又不信焉，而主人之耳目乱矣。于是爱马牛之心，常不胜其吝刍粟之计，而畜产耗矣。故马以一圉人而肥，民以一令而乐。

《郡县论五》中说：

夫使县令得私其百里之地，则县之人民皆其子姓，县之土地皆其田畴，县之城郭皆其藩垣，县之仓廪皆其囷窌。为子姓，则必爱之而勿伤；为田畴，则必治之而勿弃；为藩垣囷窌，则必缮之而勿损。自令言之，私也，自天子言之，所求乎治天下者，如是焉止矣。①

中国自秦代以来官多吏冗，"十羊九牧"的记载不绝于史，各级郡县官吏从来就不为属民计，一直是贼民的虎豹豺狼，顾氏所言正切中郡县制之弊的要害。

本书前已提及，与顾炎武的主张相近，明末清初另一思想家黄宗羲更是批判郡县制，主张实行地方分权。他有《明夷待访录》未刊稿《封建》篇存世，其中写道："自三代以后，乱天下者无如夷狄矣，遂以为五德沴眚之运。然以余观之，则是废封建之罪也。"②他在《明夷待访录·原法》中说，"秦变封建而为郡县，以郡县得私于我也"。三代以上有法，三代以下无法。三代以下非无法也，是非法之法。后世的统治者"不胜其利欲之私"。想"藏天下于筐箧"之中，用一人防一人，设一事防一事，"故其法不得不密。法愈密而天下之乱即生于法之中"。③ 他在《明夷待访录·方镇》篇中写道："今封建之事远矣，因

① 顾炎武：《郡县论》，《顾亭林诗文集》，中华书局1959年版，第12－15页。

② 沈善洪：《黄宗羲全集》（第1册），浙江古籍出版社1985年版，第418页。

③ 沈善洪：《黄宗羲全集》（第1册），浙江古籍出版社1985年版，第6－7页。

时乘势，则方镇可复也……郡县之弊，疆埸之害苦无已时。”①

与主张分封的大制度相适应，黄宗羲在《明夷待访录·田制》篇中提出了实行井田制的主张：

世儒于屯田则言可行，于井田则言不可行，是不知二五之为十也……天下屯田见额六十四万四千二百四十三顷，以万历六年实在田土七百一万三千九百七十六顷二十八亩律之，屯田居其十分之一也，授田之法未行者，特九分耳。由一以推之九，似亦未为难行。况田有官民，官田者，非民所得而自有者也。州县之内，官田又居其十分之三，以实在田土均之，人户一千六十二万一千四百三十六，每户授田五十亩，尚余田一万七千三十二万五千八百二十八亩，以听富民之所占，则天下之田自无不足。又何必限田、均田之纷纷，而徒为困苦富民之事乎！故吾于屯田之行，而知井田之必可复也。②

黄宗羲在这里讲三代之法，讲复井田之制，不是纯粹的复古。世界史上有借古希腊、古罗马之名行资本主义思想解放之实的文艺复兴运动，笔者认为，中国17世纪的思想家黄宗羲的做法与之相近。

顾炎武、黄宗羲关于地方分权的理论，章太炎和侯外庐先生均认为是一种曲线救世的理论。章太炎说：“宋儒欲以封建井田致治，明遗民乃欲以封建井田致乱。盖目睹胡人难去，惟方镇独立以分其权，社会均财以滋其扰，然后天下土崩，而孤偾易除也……清雍正、乾隆二朝，亦能窥其微旨，故有言封建井田者，多以生今反蒙古戮。”③侯外庐先生似是受了章太炎的影响，他曾拿俄国民粹派思想家自“米

---

① 沈善洪：《黄宗羲全集》(第1册)，浙江古籍出版社1985年版，第21页。

② 沈善洪：《黄宗羲全集》(第1册)，浙江古籍出版社1985年版，第25-26页。

③ 章太炎：《菿汉三言》，辽宁教育出版社2000年版，第175页。

尔”中吸取泉源的往例来印证顾炎武的地方分权论，称这是一种曲折的救亡道路。① 笔者认为，章、侯之论皆不妥。因为顾、黄二人都是以致后世于大治自许的思想家，他们应该无如此短视的行为。

明清之际，与顾炎武、黄宗羲一样对郡县体制提出批评的还有知名理学家陆世仪等人。陆世仪，字道威，号刚斋，江苏太仓人，被时人誉为江南大儒。他认为封建之弊，在世守不易，而郡县之弊，在于官吏迁转太速。

与顾炎武、黄宗羲相反，同时期的王夫之为暴秦辩护，为郡县制唱赞歌。王夫之认为封建论者是无益的争论：“两端争胜，而徒为无益之论者，辨封建者是也。郡县之制，垂二千年而弗能改矣，合古今上下皆安之，势之所趋。岂非理而能然哉？”②一如柳宗元所论，王夫之认为秦专制王朝是行大公，“秦之所灭者六国耳，非尽灭三代之所封也。则分之为郡，分之为县，俾才可长民者，皆居民上以尽其才，而治民之纪，亦何为而非天下之公乎？”③王夫之认为，事物都有两面性，但郡县制与封建制相比好得多，“为天下计，则害不如封建之滋也多矣”④。进行化约后，王夫之上述所论的观点是：第一，实行了两千年的制度就是合理的；第二，才居民之上者居于民之上就是天下大公；第三，郡县制不如封建制害处多。实际上，这三点都站不住脚。关于第一点，如赵俪生先生所言，捆住手脚的人与自由的人不一样，历史上往往是反动加“高超”的统治技术能使一种制度长久。关于第二点，以中国历史为例，专制统治者为了一家之天下而将天下英才全部入于彀中，这是公吗？关于第三点，王夫之前后自相矛盾。因为他

① 侯外庐：《近代中国思想学说史》（上），人民出版社1957年版，第213页。

② 王夫之：《读通鉴论》，中华书局1975年版，第1页。

③ 王夫之：《读通鉴论》，中华书局1975年版，第2页。

④ 王夫之：《读通鉴论》，中华书局1975年版，第3－4页。

在《读通鉴论》中又批判道：隋“令五百家而置乡正，百家而置里长……是散千万虎狼于天下，以攫贫弱之民也”①。

清代雍正、乾隆年间，批评郡县制与维护郡县制在反对清朝统治的汉族知识分子和最高专制统治者之间展开。论战从雍正前期开始，一直延续至清朝已经腐败不堪的 19 世纪初年。

雍正前期倡言封建、抨击郡县制的有曾静、陆生楠等人。乾隆时期对郡县制进行批判的有著名文学家姚鼐，还有李富孙等人。李富孙是浙江嘉兴人，他认为秦以封建为郡县是“矫一时之弊而适贻后世之害”。

他们之中，陆生楠直接抨击郡县制度，言词甚为激烈。陆生楠在所著《通鉴论》17 篇中说，“封建之制，古圣人万世无弊之良规，废之为害，不循其制亦为害。至于今害深祸烈，不可胜言，皆郡县之故”；确立郡县制的秦始皇“一片私心，流毒万世”。② 结果，陆生楠被承顺郡王锡保告发，因此获罪。在对陆生楠以言治罪的同时，雍正帝于雍正七年（1729）七月下谕旨于内阁，对陆氏的“反动思想”进行彻底批判。谕旨说，“其论封建之利，言词更属狂悖，显系诽议时政”；“盖此种悖乱之人，自知奸恶倾邪，不容于乡国。思欲效策士游说之风，意谓封建行，则此国不用，可去之他国，殊不知狂肆逆恶如陆生楠之流，实天下所不容也”。③ 在这里，雍正帝作为中国最高专制统治者的代表，实际上承认了郡县制度极度扼杀社会精英的现实。

然而，专制统治者的淫威并未恐吓住世人，一些有思想、有骨气的文人仍然起而进行斗争，只是形式隐蔽一些罢了。

生活于乾隆、嘉庆年间的文学家姚鼐即是如此。他写有《郡县

① 王夫之：《读通鉴论》，中华书局 1975 年版，第 1440 页。

② 《清实录》（第 8 册），中华书局 1985 年版，第 98 页。

③ 《清实录》（第 8 册），中华书局 1985 年版，第 97、99 页。

考》一文,文中提出的郡县起源戎索说,骂锋直指雍正帝。雍正七年七月关于陆生楠案的上谕中有“秦始皇行郡县于中国、元太祖将郡县行之塞外、清高祖将郡县行之更广大地区”之句。姚鼐正好成就己说:推行郡县制的人,皆不是文明程度较高的纯中国人。姚鼐写道:“凡齐、鲁、卫、郑之国,率同王朝都鄙之称。盖周法中原侯服,疆以周索。国近蛮夷者,乃疆以戎索。故齐、鲁、卫、郑名同于周,而晋、秦、楚乃不同于周,不曰都鄙而曰县。”①姚鼐此处不仅仅是为了宣泄对清朝统治的不满,其中还有更深层的含义,其潜在矛头针对的是自秦以来确立的君主独裁集权专制统治。

然而,没有创造过更高政治模式的中国人,千百年来只是在封建制和郡县制之间打转,没有上升到宪政政治和地方自治的高度来认识问题,此实为中国中古时代所有知识分子的悲哀。

三、戊戌变法以来关于地方自治之讨论

以戊戌变法开展为标志,中国关于地方分权问题的讨论进入了新时期。以前人们不知道欧美选举总统和实行君主立宪,想通过分中央之权来制约肆虐难制的专制君主,因此动辄抨击郡县制而鼓吹实行封建之法。在新的历史条件下,人们知道了分最高专制统治者之权的更多方法。这些方法包括宪政政治,也包括联邦制和地方自治。

中国近代史上关于地方自治理论最繁富者为章太炎。他既有畿道分封的地方分权思想,又提出过联省自治的联邦制主张。

与顾炎武等人不同,章太炎没有对郡县制进行过多的抨击,相反,他甚至说过郡县制、分封制各有优劣的话,认为“化有进退,时有险易,其世不同者,其法未可以一也”②。但在1903年之前,章太炎

---

① 姚鼐:《郡县考》,《惜抱轩全集》,中国书店1991年版,第10页。

② 汤志钧:《章太炎政论选集》(上册),中华书局1977年版,第102页。

一直主张地方分权，认为当时民族危机深重，而中国地方的一切权力又莫不受制于中央，“外轻”会加重危机，实行封建制将会“有造于齐州”。① 因为全国不再是一个单一体，事情就会好办。为证明自己的观点，章太炎以国小的日本为例，认为“不小乃不足以自强”②。章太炎的分封主张具体内容为：第一，全国分为王畿和五道，燕、齐、晋、汴及东三省为王畿，其余分为关陇、楚蜀、闽粤、江浙和滇黔桂林五道。第二，道之首脑仿唐，或仿西方俄英之制称王，以有才干的督抚充任，继任者由现任推荐。中央政府除直接管理王畿外，对各道有形式上的赐命权。第三，各道作为封建之国(《訄书》重印本改为附庸之国)，除每年向中央政府少量进贡外，其他皆自专。从具体内容来看，章氏的畿道分权制与当时实行的行省制度宗旨完全相反。

然而，章太炎的主张已不再是中国旧有分封制度的简单复归，其主旨是地方财富自主、地方社会自治。章氏还为自己的理论打上了明显的时代印记。用他自己的话说，叫做“借权之谋”③，希望由此引发督抚革命。章氏有此思想，也有此类行动。比如庚子事变期间，他上书粤督李鸿章，建议“明绝伪诏，更建政府”④。但他的希望未能实现，于是在深刻反省的基础上提出“提挈方夏在新圣”⑤的主张。

1903 至 1915 年，西方宪政思想以迅猛之势冲击了中国思想界。这一时期也是中国关于地方自治思想最为盛行的时期。无论革命派还是立宪派，都以地方自治作为中国地方政治架构的理想选择。孙中山将地方作为“国之础石”看待，康有为将地方自治当做通向建立完备宪政政治的基础而加以赞美。然而该时期的章太炎游离于思想

---

① 汤志钧：《章太炎政论选集》(上册)，中华书局 1977 年版，第 99 页。
② 《章太炎全集》(第 3 册)，上海人民出版社 1984 年版，第 64 页。
③ 《章太炎全集》(第 3 册)，上海人民出版社 1984 年版，第 123 页。
④ 汤志钧：《章太炎政论选集》(上册)，中华书局 1977 年版，第 145 页。
⑤ 《章太炎全集》(第 3 册)，上海人民出版社 1984 年版，第 123 页。

界主流之外，鼓吹加强中央的权力。他说，如果立即在中国实行自治，“内政、外交无统一之办法，势必分崩离析，一变而为东周、晋、唐之末造，重酿割据之乱”①，这很危险；“民国成立，首在规定政权，必中央之权略重，地方之权略轻，始能有统一之望”②。章太炎这一时期抛弃了自己以前提出的畿道地方分治理论，代之以旨在恢复唐以来实行的道县制的主张。章氏主张“剖一省为数道，隶于中央”；“废省存道，废府存县，县隶于道”。③ 按照他的设计，废省之后全国可分为六七十道，每道隶二三十县。这样，道所隶“不过二三十县，则地方之治不纷；其于隶中央政府者，不过六七十道，则中央之政令易行也”。④

但是，控制中央政府的北洋军阀权势过重，导致他们胡作非为，危害社会。同时，由于势不相衡，导致“人思争命，促成分裂”⑤。章太炎的思想在严峻的现实面前于1920年前后发生了第二次转折性变化——提出了联省自治的设想。联省自治，实质是变原来的中央集权制为联邦制。其具体内容为：第一，各省高度自治。章氏主张以兵柄还付各省，以自治还付省民。即各省的军民政务由各省人民自己掌握。“自县知事以至省长，悉由人民直选，督军则由营长以上各级军官会推。”⑥各个自治省的政治架构由“省宪”为其提供法理基础，“省宪”由“省议会或各法团”制定。⑦ 第二，虚置“联省政府”。章氏认为，现在的中央政府因集权过多而成了“频年扰乱”之“厉

① 汤志钧：《章太炎政论选集》（下册），中华书局1977年版，第583页。

② 汤志钧：《章太炎年谱长编》（上册），中华书局1979年版，第402页。

③ 汤志钧：《章太炎政论选集》（下册），中华书局1977年版，第617、575页。

④ 汤志钧：《章太炎政论选集》（下册），中华书局1977年版，第617页。

⑤ 汤志钧：《章太炎年谱长编》（下册），中华书局1979年版，第629页。

⑥ 汤志钧：《章太炎政论选集》（下册），中华书局1977年版，第752页。

⑦ 汤志钧：《章太炎年谱长编》（下册），中华书局1979年版，第638页。

阶”，此状况应该改变。但不能绝对无政府，应代之以联省政府。章氏所说的联省政府是由各省自治经联省自治层累而成，类似于欧美国家的联邦政府，其权力较联邦政府为小。他说，“有省自治而后有联省自治，有联省自治后有联省政府”①，其顺序不能打乱。如果未经各省自治、联省自治而成立联省政府，即是违背了主权在民原则，不是合法之政府。章氏设想的联省政府采取委员合议制。只有“颁给勋章、授予军官之权，其余一切，毋得自擅”②。军政则分于各省督军，中央不得有一兵一骑；外交条约由各省督军、省长副署然后有效；货币由各省委托中央监造，成色审核及银行发券之权犹在各省。③章氏原先设想联省政府不再设立议会，由各省派参事一人进行监督；以后有所变化，主张实行一院制，设立联省参议院。④ 有联省宪法，但必须在各省“省宪”颁行后各省议会议员制定，然后再由全国人民投票决定颁行与否。⑤ 总之，如章太炎所说，自己设想的联省政府，“政府虽存，等于虚牝”⑥，国家的政治权力重心已由中央转至地方各自治省。对于章氏联省自治、中央政府虚置的主张，新中国成立以来学术界评价不高。但笔者认为，它实际是章太炎政治思想中最闪光的部分之一。对绝对中央集权的郡县制社会政治进行矫枉过正的反对，章氏实为秦代以来第一人。

继章太炎之后，中国近代另一思想巨子梁启超把社会改造的目光投向了地方政治领域。与章太炎相同，梁启超的地方自治思想也是分前后两个时期，思想轨迹亦呈马鞍形。所不同的是，梁启超的地

---

① 汤志钧：《章太炎年谱长编》（下册），中华书局1979年版，第611页。
② 汤志钧：《章太炎政论选集》（下册），中华书局1977年版，第753页。
③ 汤志钧：《章太炎政论选集》（下册），中华书局1977年版，第753页。
④ 汤志钧：《章太炎年谱长编》（下册），中华书局1979年版，第638页。
⑤ 汤志钧：《章太炎年谱长编》（下册），中华书局1979年版，第663页。
⑥ 汤志钧：《章太炎政论选集》（下册），中华书局1977年版，第753页。

方自治思想一开始便完全冲破了中国旧时代分封制的束缚。

清光绪二十七年(1901),梁启超发表《卢梭学案》一文,借介绍卢梭阐发自己的联邦制思想。他在文章中说:“卢氏以为瑞士联邦,诚太弱小,或不免为邻邦所侵轹。虽然,使有一大邦,效瑞士之例,自分为数小邦,据联邦之制,以实行民主之政,则其国势之强盛,人民之自由,必有可以震古烁今,而永为后世万国法者。”①梁氏继续说道:“案卢氏此论,可谓精义入神,盛水不漏。今虽未有行之者,然将来必遍于大地,无可疑也。我中国数千年生息于专制政体之下,虽然,民间自治之风最盛焉。诚能博采文明各国地方之制,省省府府、州州县县、乡乡市市,各为团体,因其地宜以立法律,从其民欲以施政令,则成就一卢梭心目中所想望之国家,其路为最近,而其事为最易焉。果尔,则吾中国之政体,行将为万国师矣。”②文章最后,梁氏满带感情地对国人提出希望:不要把此不当一回事,应认真对待自己所讲之言。

当时以联邦制为治世之良规,这似是梁氏的真实思想。但中华民国建立后,梁启超的思想发生了变化。袁世凯未搞帝制复辟活动之前,梁氏一度主张中央集权。结果中央集权集出了一个洪宪皇帝,现实使得梁启超不得不二度提出分中央之权。孟祥才先生曾指出:“梁启超的中央专制集权和平梦破产以后,转而又做联省自治的和平梦。”③孟先生此话正确。

与章太炎相同,梁启超也有过联省自治的思想。梁启超比较明确的联省自治思想首见于1919年由他起草的《解放与改造发刊词》。

---

① 梁启超:《卢梭学案》,《饮冰室合集》(第1册),中华书局1989年版,第110页。

② 梁启超:《卢梭学案》,《饮冰室合集》(第1册),中华书局1989年版,第110页。

③ 孟祥才:《梁启超传》,北京出版社1980年版,第274页。

1920 年 7 月，湖南自治运动的积极鼓吹者谭延闿宣布湖南自治，在此前后，梁启超也成了联省自治的鼓吹者和策划者。其时，旅居京沪各地的湖南名流群起响应，梁启超受熊希龄之托起草《湖南自治法大纲》。同年，梁启超还为湖南督军赵恒惕起草《代赵恒惕发起联省会议宣言》。宣言中写道："民国纷扰，于兹十年。皆由不从自治基础上求统一，是以愈求愈得其反也。""联省自治，为今后解决时局之唯一办法。"梁启超在宣言中提出了如下四点主张：第一，各省同时制宪；第二，在武昌或南京召开联省会议；第三，不承认此前一切法律；第四，宣布南北两政府都不合法。1921 年春，吴佩孚率领北洋军队与南方军队对峙于湖南战场，梁启超竭力拉拢吴佩孚停战以加入联省自治运动。吴佩孚当时对梁启超采取虚与委蛇的态度。梁启超信以为真，欣然命笔，代吴佩孚起草了《联省会议宣言》。

由先后代赵恒惕、吴佩孚起草联省会议宣言来看，梁启超当年参加联省自治活动相当投入，真心想把中国建设成联邦制国家。然而，中国大地早已被郡县制精神所浸透，地方上稍有权力就被认为是割据，就被认为是大逆不道，此路终于不通。

除章太炎、梁启超诸人外，20 世纪初年倡言地方自治者还有胡汉民、李大钊和陈独秀。针对袁世凯用统一为其专制和复辟倒退做掩护，胡汉民在袁氏死去后不久指出：袁世凯利用"统一"一词无限制地集权于中央是倒退的做法，实际上是集权于个人。他认为巩固民权必须从分权上着手，必须定一省制。李大钊当时指出，由于中国复杂、广大、殊异、驳杂，非行联治主义不能改造一个新中国。陈独秀则于 1919 年 12 月 1 日发表《实行民治的基础》，强调人民立宪和地方自治的一致性。他在文中主张"由小村合成邑，由许多邑合成一州，再由许多州合成一国"；与此同时，还必须"由人民直接议定宪法，用宪法规定权限，用代议制按照宪法的规定执行民意"。陈独秀认为后者很重要，是民治的基础。如果没有这个基础，"即或表面上装饰得如何堂皇,实质上毕竟是官制,是假民治”。将宪政纳入地方自治,陈独秀与章太炎的联省自治理论相同。

毛泽东是20世纪中国第三位地方自治思想丰富的历史人物。20世纪20年代初期,毛泽东在《湘江评论》发表文章,较为系统地提出建立湖南民主自治的主张。毛泽东认为,在长达数千年的岁月中,湖南没有可夸耀的地方,灾难多于新生;湖南的历史是黑暗的历史,湖南的文化是废墟的文化,这是4000年来湖南屈从于中国的结果。毛泽东认为中国古代的中央集权是一种阻碍社会发展的坏东西,人们在20年中不要再谈它。中国国之不国,“推究其因,吃亏就在‘中国’二字,就在于中国的统一”①。毛泽东认为中国社会改革的出路在于各省建国。湖南可以作为示范首先建国,建国时立法要经全省人民总投票批准。但是,毛泽东当时所设想的湖南民主国并不是完全独立的国家,而是一种权宜之计,是地方自治的一种极端形式。因为当时“全国总建设在一个时期内完全无望”,所以“最好的办法,是索性不谋总建设,索性分裂去谋各省的分建设”。②

毛泽东当时设想的湖南民主国内人民享有充分的权利和自由,政治实行多党制。主权在民,政治法律不装在穿长衣的先生们的脑子中,而装在工人们、农人们的脑子里。他们对于政治,要怎么办就怎么办;他们对于法律,要怎么定就怎么定。湖南3000万人都有言论、出版、集会、结社之自由,人人要发言,各出独到主义,共负创造之责任。民主国内允许势力强大的在野党存在。毛泽东说,“不论那一国的政治,若没有在野党与在位党相对,或劳动的社会与政治的社会相对,或有了在野党和劳动社会而其力量不足与在位党或政治社会

---

① 毛泽东:《毛泽东早期文稿》,湖南出版社1990年版,第530－534页。

② 毛泽东:《毛泽东早期文稿》,湖南出版社1990年版,第503－506页。

相抗,那一国的政治十有九是办不好的”①。从上述内容来看,笔者认为,毛泽东当时提出的地方分权设想方案有许多合理和可以实践的成分。

而戊戌变法以来赞颂郡县制者有钱穆、高亨等人。钱穆曾在《国史大纲》中说:中国新社会时代的开端始自秦代实行郡县制。中国自秦以下2000年,只可说是君主一统的政府,却绝不是一个君主专制的政府。中国传统的政体自当属于一种民主政体。中国秦以来的传统民主政治的优点正被现在的政府继承着。钱穆推断,将来世界若有真的世界国出现,恐怕绝不会是帝国式的,也不是联邦式的,而该是效法中国的郡县制的。高亨肯定郡县制的文章《商君与〈商君书〉略论》写于1974年。他说:“秦始皇灭了六国,在当时的全中国,废除了分封制,实行郡县制。郡县制的建立,中央集权,君主专制的封建统治制度的建立,是秦始皇最明智的措施,为后来各个封建王朝开创了宏规伟模,起着维护中国统一的重大作用,可以说功勋垂于百代。”②

四、结语

纵观历时两千年之久中国关于郡县制度评价及再评价的历史过程,令人几多思考和感慨:第一,人们一旦进入认识的误区,便很难再走出;第二,历史的新道路虽然被开辟,但颇多波折,条件一变可能就会回归;第三,历史的发展离不开外部刺激;第四,统治者为社会计,面对历史抉择时应较少掺杂个人私欲。

关于第一点。两千年来人们所使用的基本是一个模式:或言封建好,以封建对郡县;或言郡县好,以郡县对封建。能以第三种思路

---

① 毛泽东:《毛泽东早期文稿》,湖南出版社1990年版,第522页。
② 《论商鞅》,山东人民出版社1974年版,第25页。

论者极少,极少有人能像顾炎武一样,指出“知封建之所以变而为郡县,则知郡县之敝而将复变”,应该“寓封建之意于郡县之中”。①

另外,认识问题流于直观肤浅亦是通病。一级辖一级,到最高层面就能统一吗？未必是这样的。唐代杰出政治家李泌因为藩镇之兵连祸结,思以封建为固国之谋事应该引起思考。实际上,中国社会动乱多,割裂亦多,从一定角度看,多由行郡县制引起。因为郡县制不讲上下互动,容易激化社会矛盾;郡县制导致行政机构庞大和地区财富集中,地方长官因而有犯上作乱的资本。东汉末年和唐代中后期的历史皆如此。

与之相反,在具有地方自治要素和个人权利保障特征的封国建邦体制(笔者称之为原始联邦制或朴素联邦制)下,社会中广大成员保家卫国的主人公意识与建设美好家园的主观能动性得到了最大限度的发挥,社会健康得多、正常得多,经济快速发展,并且相对而言平安稳定得多。就像有学者指出的:

> 与秦汉之制的“大一统”体制相对应的,我国古代历史上还有一个周代的“封建诸侯”体制。它的优点,也不能一概抹杀。除了它那绵延八百载的超长寿命可做证明外,它的文治、德治理念也曾让儒家先师孔子一直念念不忘,甚至他还坚信后世的人仍将遵守此道而行。从政治体制的格局上看,这种有分有合的安排还真是充满了智慧,虽不能媲美古希腊的城邦民主制度,但对于中国的文化发展,也是影响深远。如此复杂地处理好统一与自治的关系的政治智慧,可以说暗合了西方联邦体制的某些特点。②

上述有关问题,除黄宗羲《明夷待访录》未刊稿《封建》篇中有较

---

① 顾炎武:《郡县论》,《顾亭林诗文集》,中华书局1959年版,第12页。

② 赵瑞广:《为什么要重视“史华慈问题”》,《读书》2013年第3期。

详细的论述之外，日本明治维新时期知名改革家、改革派公卿领袖人物岩仓具视也论及过。岩仓具视说："闻清朝鸦片之乱时，一日败走数十里，此乃由于郡县之国士气衰颓之故。我国为封建之国，每一个藩国都有如将军所在，其所主者累代相承之封土，士卒以死相守，民众多年沐其治泽，当以死防卫父族坟墓之地……"①

关于第二点。此情况主要表现在戊戌变法之后的一段时间。仅从人们的思想来看，社会历史发展之复杂就很清晰。应该说，孙中山、康有为、梁启超前期、章太炎后期、胡汉民、李大钊、陈独秀以及毛泽东早期的地方自治思想都无大谬，然而终不能实行（或实行有限），是中国历史发展的复杂性、曲折性的典型表现。

关于第三点。上述清末民初西方宪政思想、联邦制思想以及地方自治理论的传人可给予说明。这里的关键问题是应该真正开放，真正从启民智以强国的出发点开放。否则，破车老路，覆辙是很容易重蹈的。而尤其要警惕的是在外部作用与刺激下，经济科技实现了现代化，却出现了旧时代政治的严重反弹与复归问题。

关于第四点。这主要反映在郡县制度确立之时和以郡县制为代表的制度行将消亡之时，统治者本来可以有多种正确的选择，然而，由于又选择了"走老路"以及自身的局限性、软弱性，结果延缓或阻碍了历史的发展与进步。

总之，透视秦代以来两千年间有关郡县制的争论，全面系统地总结经验和分析教训，有助于我们避免思维误区及冲破思想局限，有助于我们深入思考转型时期的制度创新问题；同时，也有利于我们对正确的经验与观点持之以恒地坚持。

---

① 转引自贺卫方新浪微博，2013年8月11日。

第七篇

秦汉时期的郡尉、县尉

——从简牍等有关考古材料说起

秦汉时期是中国体现极端中央集权"精神"的郡县制定型的关键时期。因此,有必要利用已出土的简牍等考古材料,对这个时期一些制度细节作进一步的探讨。

秦汉时期,承接中央的皇帝制度与三公九卿制度,地方上主要实行郡县制度。班固在《汉书·百官公卿表》中说:"郡守,秦官,掌治其郡,秩二千石。有丞。……景帝中二年更名太守。郡尉,秦官,掌佐守典武职甲卒,秩比二千石。……景帝中二年更名都尉……县令、长,皆秦官,掌治其县。万户以上为令,秩千石至六百石。减万户为长,秩五百石至三百石。皆有丞、尉,秩四百石至二百石,是为长吏。"①据有关考古资料,班固的记述总体上正确,但同时存在着严重漏缺,使人们不能全面正确认识与了解当时中国的地方行政。比如,

① 《汉书》卷一九《百官公卿表》。

班固的记述中未涉及当时郡尉与县尉的独立分府办公以及职数、驻扎地点等问题。笔者认为，不涉及这些问题，就难以使人们全面了解当时中国地方行政制度的性状。

一、秦汉时期的郡尉

郡有郡尉，与郡守同是地方主官中的最高级别。“掌佐守典武职甲卒”，主兵，是从秦朝开始就实行的一种制度，除了《汉书·百官公卿表》中有相关话语之外，《史记》以及《汉书》的一些人物传记中也有涉及。比如，《史记·秦始皇本纪》中有“非博士官所职，天下敢有藏《诗》、《书》、百家语者，悉诣守、尉杂烧之”、“山东郡县少年苦秦吏，皆杀其守、尉、令、丞反，以应陈涉”的记载。①《史记·南越列传》中记述“至二世时，南海尉任嚣病且死，召龙川令赵佗语曰：‘闻陈胜等作乱，秦为无道，天下苦之，项羽、刘季、陈胜、吴广等州郡各共行军聚众，虎争天下，中国扰乱，未知所安，豪杰畔秦相立。南海僻远，吾恐盗兵侵地至此，吾欲兴兵绝新道，自备，待诸侯变，会病甚。且番禺负山险，阻南海，东西数千里，颇有中国人相辅，此亦一州之主也，可以立国。郡中长吏无足与言者，故召公告之。’即被佗书，行南海尉事。嚣死，佗即移檄告横浦、阳山、湟谿”，暂时断绝与中原地区的联系，进而自立成了南越王。②《汉书·张耳陈余列传》中有“陈王奋臂为天下倡始”、“家自为怒，人自为斗，各报其怨而攻其雠，县杀其令、丞，郡杀其守、尉”的记载。③

汉代沿袭秦朝旧制，各郡设有郡尉主兵，只是不久后名称改成了都尉。据《汉官解诂》中记载，汉代的“都尉将兵，副佐太守。言与太

---

① 《史记》卷六《秦始皇本纪》。

② 《史记》卷一一三《南越列传》。

③ 《汉书》卷八九《张耳陈余列传》。

守俱受银印部符之任，为一郡副将。然俱主其武职，不预民事。旧时以八月都试，讲习其射力，以备不虞。皆绛衣戎服，示扬威武，折冲厌难者也"①。由此可知，秦汉时期的郡尉或都尉，其职权相当于地方武装的长官。

要之，据考古材料可知，秦汉时期的郡尉（或都尉）有单独的官府衙门；郡尉一般情况下与郡太守不在一地驻守。往往一郡之中有二至三部都尉。亦即一郡之中除了一个太守府之外，在不同的城中还有二至三个都尉府。

《居延汉简释文》卷一中载有多条简文，可以证明当时郡都尉与郡太守是分署办公。比如，其中一简云："地节五年……都尉府移太守府……所移敦煌太守府书曰……"②另外二简则云："武威北部都尉□光□行塞，敢言之太守府。""张掖太守、福库丞承熹兼行丞事，敢告张掖农都尉。"③

汉代，郡尉的治所一般都不在郡守治所所在的各郡首县，而是有自己单独的治所驻地。因汉代都尉的治所一般都不设在首县，所以《汉书·地理志》加注中多标以某县某都尉治。一郡之中有二至三部都尉见于《汉书·地理志》者，会稽有西、南两部都尉各一人；广汉有都尉及北部都尉各一人；牂柯有都尉及南部都尉各一人；武威有都尉及北部都尉各一人；张掖有都尉二人，又有肩水都尉一人；酒泉有东、西、北三部都尉各一人；北地有北部、浑怀都尉各一人；上郡有匈归都尉一人，又有北部都尉二人；西河有南、北、西三部都尉各一人；朔方、五原、云中、定襄、代郡、辽东皆有中、东、西三部都尉各一人；雁门、上谷、辽西皆有东、西部都尉各一人。此外，西汉时陇西、敦煌、金城、蜀

① 孙星衍等：《汉官六种》，中华书局 1990 年版，第 21 页。

② 安作璋等：《秦汉官制史稿》（下册），齐鲁书社 1984 年版，第 87 页。

③ 严耕望：《中国地方行政制度 甲部 秦汉地方行政制度》，台湾"中央研究院"历史语言研究所 1991 年版，第 149 页。

郡等都有两部及其以上的都尉。

秦汉时期,一些郡还设有关都尉、农都尉。关都尉,《汉书·百官公卿表》中说是秦官。西汉以后,边郡多有关都尉。如《汉书·地理志》记载,敦煌郡有阳关都尉,治阳关;玉门都尉,治玉门关。前文述及的肩水都尉也当属于关都尉。农都尉,《汉书·百官公卿表》说是西汉武帝时初置。

秦汉时期的郡守有以时巡行辖境的权利与义务。郡守一般"以春行所主县"。汉代的郡尉亦有此义务与权利。《汉书·周勃传》中有河东郡守和都尉行县至绛的记载。另,《后汉书·城阳恭王祉传》注引《东观汉记》曰:城阳恭王祉的父亲、光武帝的族兄春陵康侯"敞(为庐江都尉)临庐江岁余,遭旱,行县,人持枯稻,自言稻皆枯,吏强责租。敞应曰:'太守事也。'"①由此表明,两汉时期太守与都尉都是分别行县的。都尉行县的主要任务是巡查社会治安。总之,由分官设司立衙与异地分置同级平行的多个官府可以看出,为了分割、制约与平衡一郡主官们的权力,汉代最高统治者在郡级政权的设计上达到了煞费苦心的程度。

由于出发点是讲究全控的社会类型,因此,秦汉时期的地方行政机构就必然庞大,其内部设置随之就必然复杂。

西汉时期郡太守府中吏员众多。《尹湾汉墓简牍·东海郡吏员簿》"太守吏员条"曰:"……太守丞一人,秩六百石;卒史九人,属五人,书佐九人,用算佐一人,小府啬夫一人。凡廿七人。"②这里需要指出的是,汉代郡太守府机关中的卒史是郡守的大吏,他们各自又有自己的属员。

东汉时期,郡的规模比西汉时期更加庞大。据《汉官》记载:"河

---

① 《后汉书》卷一四《城阳恭王祉传》。

② 连云港市博物馆等:《尹湾汉墓简牍》,中华书局1997年版,第79页。

南尹员吏九百二十七人，十二人百石(按：百石前当有脱字)。诸县有秩三十五人，官属掾史五人，四部督邮吏部掾二十六人，案狱仁恕三人，监津渠漕水掾二十五人，百石卒史二百五十人，文学守助掾六十人，书佐五十人，修行二百三十人，干小史二百三十一人。”①东汉时河南尹的地位略同于西汉时的三辅，但职事稍减，因此其属吏当与一般的郡无大的差异。

东汉时，一般郡政府的大吏亦多，东汉灵帝中平五年(188)的《巴郡太守张纳碑》可予以证明。其中记载，巴郡太守张纳的属吏有：行丞事从掾、主簿、主记掾、录事掾、上计掾、议曹掾、文学主事掾、文学掾、文学主事史、文学史、从掾、奏曹史、户曹史、户令史、尉曹掾、献曹史、决曹史、辞曹史、贼曹史、金曹史、右金曹史、左金曹史、右仓曹史、左仓曹史、漕曹掾、右漕曹史、左漕曹史、法曹掾、集曹掾、右集曹史、兵曹掾、右兵曹史、比曹掾、比曹史、功曹史、中部督邮、南部督邮、监市掾、中部案御、府后后督盗贼、待事掾以及守属等。②

与上述郡太守府中属吏众多的情况一样，汉代都尉单独设立的官府衙门有相当规模，有较多的高级属吏。据《尹湾汉墓简牍·东海郡吏员簿》，西汉末东海郡都尉有“都尉丞一人，秩六百石，卒史二人，属三人，书佐四人，用算佐一人，凡十二人”③。在这里，我们同样需要指出的是，汉代郡都尉府机关中的上述卒史是郡都尉的大吏，他们之下各自有自己的属员。

二、秦汉时期的县尉

与郡级行政相似，秦汉时期县级行政机构的组织构成与规模同

① 孙星衍等：《汉官六种》，中华书局1990年版，第8页。

② 洪适：《隶释　隶续》，中华书局1985年版，第63－64页。

③ 连云港市博物馆等：《尹湾汉墓简牍》，中华书局1997年版，第79页。

样庞大与复杂,一县之内有两个或两个以上的县尉,有些县尉与县令长不在一城驻扎。

与《汉书·百官公卿表》中笼统地记述县令长"皆有丞尉"有所不同,《后汉书·百官志》已经涉及了汉代一县有二尉的问题:"每县、邑、道,大者置令一人,千石;其次置长,四百石;小者置长,三百石。……县万户以上为令,不满为长,侯国为相,皆秦制也。丞各一人,尉大县二人,小县一人。"①本注曰:"尉主盗贼。凡有贼发,主名不立,则推索行寻,案察奸宄以起端绪。"

另外,上述《后汉书·百官志》这段话中有些内容还有补充的必要。第一,秦汉时期一般是一县一丞,但都城或重要地区的县,县丞不止一人。第二,当时各县都是二名县尉,小县一般也是二尉。第三,当时县尉的职权不是仅限于"主盗贼",而是要广泛得多。

关于上述第一点与第三点的证明是:西汉时期长安有左、右丞,三辅属县也不止一丞。东汉时期洛阳则有"丞三人四百石"②。《史记·陈涉世家》中有"吴广素爱人,士卒多为用者。将尉醉,广故数言欲亡,忿恚尉,令辱之,以激怒其众。尉果笞广。尉剑挺,广起,夺而杀尉。陈胜佐之,并杀两尉"③的记载。《史记·游侠列传》曰:郭解"出入,人皆避之。有一人独箕倨视之,解遣人问其名姓。客欲杀之,解曰:'居邑屋至不见敬,是吾德不修也,彼何罪?'乃阴属尉史曰:'是人,吾所急也,至践更时脱之。'每至践更,数过,吏弗求"④。由此可知,秦朝县尉还负责征兵、输送兵员等事宜。

与郡都尉一样,秦汉时期县尉不但有单独的属吏,而且有自己单独的治所与官衙。《三国志·魏志·武帝纪》注引《曹瞒传》:曹操当

① 《后汉书·志二八·百官五》。
② 孙星衍等:《汉官六种》,中华书局1990年版,第8页。
③ 《史记》卷四八《陈涉世家》。
④ 《史记》卷一三四《游侠列传·郭解传》。

年出任洛阳北部尉后,“初入尉廨,缮治四门。造五色棒,悬门左右各十余枚,有犯禁者,不避豪强,皆棒杀之。后数月,灵帝爱幸小黄门蹇硕叔父夜行,即杀之。京师敛迹,莫敢犯者”①。

与郡都尉一样,汉代的县尉常以部为称,多有与县令县长分立别治他地者。比如《水经注·江水》曰:“阳岐山……山东有城,故华容县尉旧治也……江水自龙巢而东,得俞口……江之北岸,上有小城,故监利县尉治也。”②

据考古材料可知,从西汉时期开始,各郡之中设二尉的县居多,设一尉的少。比如,《尹湾汉墓简牍·东海郡吏员簿》载,当时东海郡设两县尉的县级行政单位有海西、下邳、郯、兰陵、朐、襄贲、戚、费、即丘、厚丘、利成、况其、开阳、缯、司吾、□□、昌虑、兰旗18个,而设一尉的只有□□、容丘、良成、阴平、平曲5个。③

另据汉代碑刻资料,当时一县设两尉与否并不完全依该县是否是大县,即不依该县的主官是否是县令。比如,江南地区溧阳县的主官是县长而不是县令,就有左右两尉。④ 另外,临江有右尉,浈阳有左尉,朝歌也有左尉,分别见于《隶续·严举碑》、⑤《隶释·周憬碑》、⑥《隶释·张公神碑》。⑦ 总之,如有学者所指出的,以上这些县既然有右尉当也有左尉,有左尉当也有右尉。⑧

① 《三国志·魏志》卷一《武帝纪》。

② 《水经注》卷三五。

③ 连云港市博物馆等:《尹湾汉墓简牍》,中华书局1997年版,第79-84页。

④ 洪适:《隶释 隶续》,中华书局1985年版,第58页。

⑤ 洪适:《隶释 隶续》,中华书局1985年版,第394页。

⑥ 洪适:《隶释 隶续》,中华书局1985年版,第56页。

⑦ 洪适:《隶释 隶续》,中华书局1985年版,第42页。

⑧ 严耕望:《中国地方行政制度 甲部 秦汉地方行政制度》,台湾“中央研究院”历史语言研究所1991年版,第219页。

都城所在县所设县尉更多。《汉旧仪》曰:“长安城方六十里,中皆属长安令。置左、右尉。城东、城南置广部尉,城西、城北置明部尉,凡四尉。”①东汉时期洛阳也有四尉。《唐六典》卷三注曰:“后汉洛阳置四尉,皆考廉作,有东部、西部、南部、北部尉。”

秦汉时期,县级行政亦是分曹设官,分职治事。县令或县长署衙中的属吏大体如郡守,员数众多。《汉官》曰:“雒阳令……员吏七百九十六人,十三人四百石。乡有秩、狱史五十六人,佐史、乡佐七十七人,斗食、令史、啬夫、假五十人,官掾史、干小史二百五十人,书佐九十人,修行二百六十人。”②严耕望先生在引用此材料时说:“按此虽京师特制,然一般县吏员额亦略可想见。”③严耕望先生此论不谬。史载,秦汉时期县令或县长属吏中有功曹。除功曹外,还有廷掾、主簿、主记、录事、小府、门下游徼、户曹掾、户曹史、田曹掾、田曹史、水曹掾、水曹史、仓曹掾、仓曹史、金曹掾、金曹史、集曹掾、集曹史、兵曹掾、兵曹史、尉曹掾、尉曹史、贼曹掾、贼曹史以及将作掾、道桥掾、狱掾、狱史、市掾、传舍吏、守津吏等。

这里需要指出的是,据考古材料可知,当时各县县尉有自己的属吏,并且人数不少。比如,《尹湾汉墓简牍·东海郡吏员簿》记述了东海郡海西、下邳、郯等各大县的吏员情况:

> 海西吏员百七人。令一人,秩千石。丞一人,秩四百石。尉二人,秩四百石。官有秩一人,乡有秩四人,令史四人,狱史三人,官啬夫三人,乡啬夫十人,游徼四人,牢监一人,尉史三人,官佐七人,乡佐九人,亭长五十四人,凡百七人。下邳吏员百七人。令一人,秩千石。丞一人,秩四百石。尉二人,秩四百石。官有

① 孙星衍等:《汉官六种》,中华书局1990年版,第80页。

② 孙星衍等:《汉官六种》,中华书局1990年版,第8页。

③ 严耕望:《中国地方行政制度 甲部 秦汉地方行政制度》,台湾“中央研究院”历史语言研究所1991年版,第223页。

秩二人，乡有秩一人，令史六人，狱史四人，官啬夫三人，乡啬夫十二人，游徼六人，牢监一人，尉史四人，官佐七人，乡佐九人，邮佐二人，亭长四十六人，凡百七人。郯吏员九十五人。令一人，秩千石。丞一人，秩四百石。尉二人，秩四百石。狱丞一人，秩二百石。乡有秩五人，令史五人，狱史五人，官啬夫三人，乡啬夫六人，游徼三人，牢监一人，尉史三人，官佐九人，乡佐七人，邮佐二人，亭长四十一人，凡九十五人。①

从以上列出的各项吏员名称，结合当时县尉的主要职能是维持社会治安与弹压百姓反抗，笔者认为，西汉时期东海郡各县之二县尉所统领的属吏当不少于县令，除尉史、牢监之外，各个县的游徼与亭长等负责社会治安的属吏也是由他们统领的。

三、余论

综上所述，由宋代洪适所著《隶释　隶续》收录的汉代碑刻以及出土的居延汉简与尹湾汉简中有关郡尉与县尉的一些内容来看，中国秦汉时期地方行政的设置与运作有如下特点：第一，类似于西方民选地方政府中的分官任事与分司设衙，当时中国的地方行政设置中民政民事与军事治安等的管辖已经有了系统分立与条块分割，而不是如有的研究者所认为的，当时是郡守与县令有全权、负全责，是地方上的“一头政治”。第二，相对于后代，秦汉时期在各地的统治据点要多。每个郡几乎多出两个郡城（即两部或三部都尉），而每个县也是这样（即有的县尉单独有自己的小城）。第三，中国当时的地方行政设置中，无论是郡尉还是县尉，署衙中有科层与办公室等类似的组织存在。

考察秦汉时期郡尉与县尉的如上特点，对于现今是有所裨益的，

---

① 连云港市博物馆等：《尹湾汉墓简牍》，中华书局 1997 年版，第 79 页。

同时也能引起人们对有关问题作进一步的思考。这些裨益与思考包括:第一,中华民族的历史上关于地方治理的智慧是出类拔萃的,此方面的资源也相当丰富。第二,同时必须认识到,这一方面资源的丰富以及有效性并不表明其就为正当性。因为正如本文一开始所揭橥的,包括郡尉和县尉在内的秦汉时期地方行政设置,上接的是中央行政的皇帝制度及三公九卿制度,是专制君主一家一姓保家保天下的具有专制主义性质的皇家治理工具。第三,对上述必须进行创造性的扬弃转换与脱胎换骨的改造,才能为今所借鉴、所取用。

第八篇

重评隋文帝

政治制度的运行是通过人物的具体活动来体现的。制度规范人的活动,而不同特点的人物反过来又会给制度以巨大影响。

隋代开国君主杨坚是中国历史上有重要影响的人物,史家多有将其与秦始皇等同看待者。魏征认为秦隋两代相似处颇多,将秦始皇、隋文帝相提并论。① 范文澜先生在《中国通史简编》一书中说:"秦始皇创秦制,为汉以后各朝所沿袭,隋文帝创隋制,为唐以后各朝所遵循,秦、隋两朝都有巨大的贡献,不能因为历年短促,忽视它们在历史上的作用。"②范文澜在此也是把秦始皇、隋文帝二人相提并论的。那么,隋文帝真如范文澜所言,对中国历史的贡献巨大吗？明末

① 《隋书》卷七〇:"隋之得失存亡,大较与秦相类。始皇并吞六国,高祖统一九州。二世虐用威刑,炀帝肆行猜毒,皆祸起于群盗,而身殒于匹夫。原始要终,若合符契矣。"

② 范文澜:《中国通史简编》(第3编第1册),人民出版社1965年版,第3-4页。

思想家李贽认为秦始皇“是圣是魔,未可轻议”。同样,笔者认为评价隋文帝杨坚亦应如此。

长期以来,人们研究历史人物基本上是简单肯定或者否定,仅局限于狭隘的物化层面,没有多视角、多层次地进行考虑。隋文帝由于巩固和加强了统一的中央集权体制,属于被肯定的历史人物之列。但是历史是过程式的。历史人物杨坚的活动,从历史学意义来讲,应既要对当时的社会负责,又要对之后的社会负责。另外,作为政治人物的杨坚,其政治品德和性格也应是历史研究所关注的,而绝非人们一直套用的简单公式所能解读。胡如雷先生曾指出,研究包括隋文帝在内的历史人物,“不能局限于用功过论的框架进行评价,可以从不同角度进行探讨,以利于做出新的结论”①。笔者认为胡如雷所言正确。如果稍加转换角度就不难发现,无论将隋文帝置于何种历史时段的观照之下,其历史消极面都是存在的;另外,其政治品德和性格特点也是多疵可论的。

一、关于灭陈问题

隋文帝的灭陈问题以前鲜有人论及。笔者考虑论述时所持观点可能不易为人接受,因而采用比较研究的方法。

印度学者德·恰巴底亚那在《印度哲学》一书中指出:“历史的比较常常投射出非常有意义的光芒,照亮我们理解中的幽暗角落。”法国年鉴学派史学家布罗代尔举例说明比较的重要性。他说,假如一个法国人在英国住上一年,他对英国不会了解得很多,但作为比较,当他对在英国所发现的一切感到惊奇时,他会突然明白某些法国人个性中最根本的东西,这是他以前因为始终生活于其中而永远不

---

① 胡如雷等:《隋唐五代史》,肖黎:《中国历史学四十年》,书目文献出版社 1989 年版,第 175 页。

会注意的。中国已故思想家顾准指出，没有世界史的比较，中国历史其实是不可理解的。上述诸位关于历史比较研究意义的论断很能给人以启迪。运用中西对比方法探讨隋文帝的灭陈问题可以发现，他践踏政权之间起码的交往规则，有严重的反文明、反人类特性。

以往的历史著作中此类现象非常普遍：狭隘歌颂统一。不论统一的方式，不问统一后的历史效果。笔者认为，形成这种局面的主要原因是或者不知或者熟视无睹世界上还有其他更合理的古代文明存在，不知道人类和平共处、统一也可以用和平方式完成，不懂得人人必须遵守的社会准则对人类自身的生存和发展至关重要。

早在奴隶制时代，“由欧洲人带到中国、带到全世界的一套国际关系的惯例——条约、使节、宣战、媾和、战争赔款等等鸦片战争前中国人不知道的东西，已经盛行于当时的希腊世界”①，各政权之间已经形成了一套法权关系。当时的希腊世界，各政权“虽然不容忍它境界以内主权的分割，对它邻邦的独立却是容忍的。防卫的意志超过了攻击的意志”；领土的扩张亦即东方诸帝国内占支配地位的帝国主义，在希腊诸城邦内出奇的微弱，“希腊人缺乏疆域广阔的政治重要性的那种感觉。他们愈是清楚地意识到他们国家的和宗教的社会一致性，他们愈是不愿意扩张，因为扩张意味着他们密切的共同生活松懈下来了。他们打算要统治邻邦，却不打算吞并邻邦，更不愿意在一个较大的联盟内放弃他们的独立”。② 中世纪中期以前的英国，曾有大约两个世纪的七国并立时期。827 年，七国合并后正式形成了统一的英吉利王国。英吉利王国的形成不是靠以强凌弱的武力杀戮，而是在抵御丹麦人入侵时，自愿以西撒克斯王国为中心合并到一起的。合并之后，国王之下设元老会议决定重大国事，地方上仍实行高度自

① 顾准：《顾准文集》，贵州人民出版社 1994 年版，第 314 页。

② 顾准：《顾准文集》，贵州人民出版社 1994 年版，第 67 页。

治。美国人"很早就懂得了恃强凌弱是可鄙的",第十一任总统波尔克为了掩盖发动侵略墨西哥的罪责,谎称在与墨西哥交战前美国人已经在本国土地上流血,但谎言被林肯揭穿。此后,"虽然他和所有的美国总统一样都是很成功的总统,但在人民群众中没有威信,而是以'骗人的波尔克'这一恶名载入史册"①。以色列于1960年在阿根廷抓到了第二次世界大战时参与杀害了五六百万犹太人的德国纳粹秘密警察犹太处处长阿道夫·艾克曼。当艾克曼被押往以色列受审时,世界知名犹太政治哲学家汉娜·阿伦特表示异议。阿伦特认为,以色列特工在阿根廷绑架艾克曼公然践踏国际法,毫无正义可言,再押往以色列进行审判,更是反正义之举。道理何在?因为照以色列政府当时的做法进一步发展下去,"如果只承认局部标准而无视普遍标准,任何罪行都可以找到堂皇的借口","任何正义的事业都将大打折扣。更重要的是,如果没有普遍的原则和标准,人类面临的那些普遍而严重的问题就无法得到深入的认识和解决"。②

翻开隋代历史可以看到,隋文帝对待陈朝与上述世界历史事例与历史精神大相径庭,根本没有人类社会成员相互之间应讲普遍规则和标准、应和平共处的概念,思维方式、价值观念尚处于个人欲望、本能的低级阶段。即人生在世只有"你"死才能"我"活,为了"我"活得好,必须彻底消灭对方;从不考虑人类各成员各部分之间有相互竞争和斗争的一面,同时也有相互影响相得益彰相互依存的一面,没有对方的存在可以有益于己、可以有助于己的意识;认为唯有独占天下、唯我独尊才无比高尚和荣耀。为达君临整个天下之目的,可以任意凭强灭弱、暴殄天物,可以在手段上无所不用其极。

从420年刘宋代晋到581年北周失国的160余年间,中国的南

---

① 康马杰:《美国精神》,光明日报出版社1988年版,第41页。

② 转引自张汝伦:《正义是否可能?》,《读书》1996年第6期。

方、北方各成体系，管理着社会与经济的发展。杨坚代周和陈朝宣帝陈顼去世、后主陈叔宝继位后，两个政权之间建立了和平共处的关系。隋、陈两朝在近10年的并立期间，政治上有使节频繁互访，军事上有力戒侵犯，经济文化上有互相交流，可以说二者之间形成了一种和睦关系。这种局面的形成，是后主陈叔宝和隋文帝杨坚二人做出努力的结果，双方应该珍视，共同维护，但隋文帝没有这样，而是反其道行之。

陈、隋和睦关系的建立，后主陈叔宝做出的努力多一些。史载，他于582年即位后不久就遣使隋朝请和，归还其父宣帝在位时大将周罗睺夺取的隋地胡墅。① 其时，杨坚夺取北周帝位时间不长，面临内部不稳和外部突厥入侵的严重问题，陈朝主动请和，对稳定自己的政权有百利而无一弊，他自然同意。陈、隋交好后，陈叔宝对此非常重视。自582至589年政权为隋所灭，陈叔宝每年都遣使去隋进行友好访问。有时一年一次，有时一年两次，并且所遣使节都是很高级别的。陈朝最后派出的使节——散骑常侍王琬、通直散骑常侍许善心未能返国。因为他们到隋的时间比隋大举入侵陈的时间只早3天，昔日的友好关系一转眼便烟消云散，所以被"拘留不遣"②。

隋、陈交好后，隋文帝杨坚对陈朝做出过友好表示。除开皇三年四月"陈郢州城主张子讥遣使请降，上(隋文帝)以和好，不纳"、开皇四年八月"陈将夏侯苗请降，上以通和，不纳"外，③杨坚在灭陈前的数年间每年都派遣使臣对陈朝进行访问。但与陈叔宝屡派使节访隋的出发点不一样，隋文帝多次派使节出使陈朝，目的在于隐蔽其灭陈的真实动机。表面上交好，口头上说和平共处，实际行动也有表现，

① 魏征等:《隋书》卷一《高祖上》。
② 魏征等:《隋书》卷二《高祖下》。
③ 魏征等:《隋书》卷一《高祖上》。

但中心目的是将对方吃掉。对此,范文澜先生曾有论及。他说,“581年,隋文帝即位,就有意灭陈”①。

下述之事可佐证范文澜之论正确。就在开皇八年(588)三月派出程尚贤、韦恽使陈后数日,隋文帝向全国高级军政要员下发了伐陈在即的密诏。密诏声称,“其将士粮仗,水陆资须,期会进止,一准别敕”。一切伐陈工作准备就绪,只等选择时机行动。②

隋文帝在密诏中除了以古代的圣人和社会解放者自居,把自己将要随意践踏人类普遍社会准则、肆意屠戮南方人民说成是善举以及不惜捏造故事说用兵在即,长江中已有神龙引行外,为蒙蔽部下,他还对陈政权进行了许多无中生有的污蔑:“每见珪璪入朝,輶轩出使,何尝不殷勤晓喻,戒以惟新。而狼子之心,出而弥野,威侮五行,怠弃三正。”③表明将其消灭是不得已的事情。

隋文帝在传达给部下的密诏中说,将被灭掉的陈朝境内已经危机四伏,经济凋敝,治安不稳,人民普遍生活在水深火热之中:“巴峡之下,海澨已西,江北、江南,为鬼为蜮。死陇穷发掘之酷,生居极攘夺之苦,抄掠人畜,断截樵苏,市井不立,农事废寝。”后主陈叔宝“擅造宫室”,“劳役弗已”,“介士武夫,饥寒力役,筋髓罄于土木,性命俟于沟渠”。而决定对陈用兵主要是对那里的人民负责:“士女深迫胁之悲,城府致空虚之叹……既而百辟屡以为言,兆庶不堪其请,岂容对而不诛,忍而不救。”④

隋文帝所言陈朝的社会状况与史实有出入。实际上,陈朝的社会经济较隋朝有活力,后主陈叔宝在顾及人民性命方面做得也较好。

① 范文澜:《中国通史简编》(第3编第1册),人民出版社1965年版,第15页。

② 魏征等:《隋书》卷二《高祖下》。

③ 魏征等:《隋书》卷二《高祖下》。

④ 魏征等:《隋书》卷二《高祖下》。

关于前一点,下文有详细论述;这里仅就后一个问题略加阐发。

陈朝历史的史籍中,并不多见后主陈叔宝大兴土木过度劳民的具体记载。唐代史学家姚思廉在《陈书·后主纪》中曾多次列举陈叔宝之过,但主要是说他重用文士、因循守旧和不事改革,未提及大兴土木之过。而关于隋朝历史的记载中,则多有隋文帝使介士武夫,饥寒力役,筋髓罄于土木、性命侯于沟渠的史实。

据《隋书·食货志》记载,隋文帝于593年命大臣杨素为自己在岐州北造仁寿宫。建造时夷山堙谷,工程巨大。建成后,营构观宇,崇台累榭,宛转相属,壮丽无比。建造过程中"役使严急,丁夫多死,疲敝颠仆者,推填坑坎,覆以土石,因而筑为平地。死者以万数"①。宫殿建成后,隋文帝前往,时方暑月天热难耐,被役使者又死掉许多,"死人相次于道,素(杨素)乃一切焚除之"②。由于隋文帝建造和行幸仁寿宫时役使致死者甚多,以致他后来岁暮晚日,登仁寿殿,周望原隰,见宫外烟火弥漫,又闻哭声,当是冤死的众鬼向他显灵。最后,隋文帝令人洒酒宣敕,事才平息。世间本无鬼,《隋书·食货志》记述之事,也许是隋文帝因害死太多人命而心中一直有愧,晚年便做了些悔过姿态以求心理平衡的曲折反映。

作为仁寿宫的配套工程,隋文帝于598年又自京师至仁寿宫置行宫12所。同年,他还发兵30万分水陆两路进攻高丽。陆路出临榆关(今山海关),军中发生疫疾;海路向平壤,遇大风船多覆没。最后,隋文帝只好退兵。此次军事行动损失惨重,史称30万人"死者十八九"③。

另外,从即位起就发劳役建造新都大兴城、巡幸各地一直不断以

---

① 魏征等:《隋书》卷二四《食货志》。
② 魏征等:《隋书》卷二四《食货志》。
③ 魏征等:《隋书》卷二《高祖下》。

及数次发十余万丁男修筑长城等，也可说明隋文帝未曾爱惜民命、民力。

二、关于推行均田制问题

隋文帝在经济方面实行的主要措施是推行均田制。他是中国历史上在全国推行均田制的第一人。对此，目前中国史学界主要有以下两种观点：一种观点认为，均田制的实行有利于社会生产力的发展，“隋文帝时经济繁荣，均田是一个重要的原因”①；另一种观点认为，隋文帝时期所推行的均田制以及输籍定样等措施，并没有使社会经济得到发展。② 笔者认为，后一种观点坚持者虽是少数，但更符合历史实际。隋文帝大搞均田，“砍掉田里长得太高的谷穗”，既不利于当时社会经济的发展，也不利于以后中国社会经济的进步和发展。

隋文帝推行均田制有两次，一次是在取得帝位不久，一次是在灭掉陈朝之后。前一次由于陈朝未灭，推广地区仅限于北方；后一次南北方一起均田，是全国性的土地所有权变更运动。

在北方推行均田时，隋文帝先进行社会充分组织化，然后在此基础上分田。据《隋书·食货志》记载，当时颁新令，五家为保，保有长。保五为闾，闾四为族，皆有正。畿外置里正，比闾正，党长比族正，以相检察。建立保里制是均田的基础工序。自隋至唐一直由里正负责本地区的土地收授、户口核查以及赋役的征敛与派遣，分给农民永业田和露田。

583 年，杨坚又令北方各州县大索貌阅和用高颎之法进行输籍定样。大索貌阅和输籍定样，是均田制深入推行的具体措施。史载，通

① 范文澜：《中国通史简编》（第 3 编第 1 册），人民出版社 1965 年版，第 22 页。

② 杨希义：《隋文帝评价中的若干问题刍议》，《西北大学学报》1983 年第 4 期。

过大索貌阅和输籍定样，“计帐进四十四万三千丁，新附一百六十四万一千五百口”；“自是奸无所容”。① 上述两条材料可以看做隋初北方彻底推行均田制的佐证。但有人据永业田数目多寡的较大差距，认为隋初均田有名无实，是不对的。

隋文帝第二次推行均田是在灭掉陈朝四年之后。592 年，隋文帝决定在全国推行均田制。从有关记载来看，这次均田进行得较前次更彻底，主要表现在：一是向各地派出专门官吏负责此事，二是特别突出授田于丁男。史称，隋文帝曾“发使四出，均天下之田。其狭乡，每丁才至二十亩。老小又少焉”②。《资治通鉴》的撰者之一、北宋史学家刘恕在评述均田制时说，包括隋文帝的均田在内，主要原因是“农民少而旷土多”，此论与隋文帝推行第二次均田显然不合。隋文帝推行均田制度，主要源自于北魏北周旧制，其基本指导思想是从经济方面加强君主集权专制，客观条件是当时专制统治者的权力得到了高度膨胀。

北魏均田制实行主要依赖于带有野蛮色彩的军事专制王权，大体与秦代初年的迁民均田相似。③ 知名史学家王仲荦先生曾指出，北魏的均田是“拓跋氏王权十分强化的结果”，是北魏统治者“采用超经济的力量强迫中原地区的小农农村接受的”④。北周统治者推行均田制采用的强暴手段超过北魏。周武帝时严禁乡官隐匿户口土地。正长隐匿五户和十丁以上、隐地三顷以上，会被处以死刑。隋文帝推行均田，同样采取了极为残酷的做法。史载，各州县大索貌阅

---

① 魏征等：《隋书》卷二四《食货志》。

② 魏征等：《隋书》卷二四《食货志》。

③ 据出土简牍及其他史料，笔者认为秦代初年实行过迁民均田，详情参见拙著《郡县制度比较研究》的有关章节。

④ 王仲荦：《魏晋南北朝史》（下册），上海人民出版社 1980 年版，第 525 页。

时,"户口不实者,正长远配,而又开相纠之科。大功已下,兼令析籍,各为户头,以防容隐"①。

《隋书·食货志》中称:大索貌阅之前,"山东尚承齐俗,机巧奸伪,避役惰游者十六七"。何为机巧者、惰游者?何为奸伪者、避役者?在很大程度上当指工商从业人员和依附大土地所有者的避官役的农民。隋文帝推行均田的过程中通过大索貌阅和输籍定样,把上述工商从业者重新固着于土地上,把避官役的农民变成为国家提供赋税和兵源的专制君主私属农民,其历史负面影响不可低估。尤其是后一种做法,彻底摧毁了东晋十六国以来南方和北方的庄园新经济模式,从根本上阻断了中国前资本主义社会历史的正常发展进程。

隋文帝与秦始皇一样,采取"贱商"策略。对促进社会文明进步的商业不是鼓励,而是直接摧残。本书前已提及,隋文帝东封泰山经过汴州时,发现汴州商业繁荣,人民比较富庶,不是高兴,而是极为反感,遂任命以执法严厉闻名的令狐熙出任汴州刺史,进行"整顿"。令狐熙一到汴州就"禁游食,抑工商",连居民向街道敞开的门都一律堵塞,只准从闾巷的大门进出。汴州经令狐熙的整治,商业明显萧条。

东晋至陈,南方一直有庄园经济存在,此为中国史学界之共识。实际上,北朝此期间也有庄园经济存在。北朝的大土地所有者一般手中握有较为完整的土地所有权。十六国北魏时期,华北地区的坞壁头人、关中地区的堡户都有大量依附的农民部曲、佃客,拥有经济权力与政治军事权力相结合的土地所有权。《魏书·食货志》说,北魏未立三长前"民多荫附,荫附者皆无官役"。北齐北周时期北方封建性质的庄园经济依然存在。翦伯赞先生认为当时"一般地主都拥有庞大的庄园"②。此论正确。曾任北周平原太守的颜之推在《颜氏

① 魏征等:《隋书》卷二四《食货志》。

② 翦伯赞:《中国史纲要》,人民出版社 1983 年版,第 280 页。

家训》一书中描述了当时庄园经济的有关情况。书中记载，大土地所有者要组织农民种植谷物、桑麻、蔬菜，豢养鸡豕，栽培竹木，自办樵苏脂烛。唐人杜佑在《通典》一书中记述，高颎的输籍法实行之前的北方，北齐北周以来浮客大量存在，“高颎睹流冗之病，建输籍之法。于是定其名，轻其数，使人知为浮客，被强家收太半之赋，为编氓奉公上，蒙轻减之征”。杜佑自注：“浮客，谓避公税，依强豪作佃家也。”①很明显，这里的浮客就是大土地所有者的依附农民。

以往人们每论及中国中古时代的上述经济现象时就大加抨击，认为它们是社会经济生活中的消极东西。其实，实际情况正好相反。山东大学教授孟祥才先生在论及类似情况时指出，庄园经济的出现是当时“社会前进的标志之一”②。华东师范大学余志森先生也指出：“一个种植场就是一个小小的独立王国，不但‘五脏俱全’，而且同外界发生密切的经济联系。一个成功的种植场主必须具备精明强干的管理能力和娴熟的经济知识，当然还不可缺少果断的魄力。”③以上二位先生对庄园（或规模农业）经济的性质与特点的评论深刻而独到，使人们能够正确认识庄园经济形态的积极作用。联系世界史上实行庄园经济和土地适当集中推动历史进步的实例，考察隋文帝推行均田制之前中国中古的庄园，其历史合理性至少有以下三个方面：第一，庄园制能在一定程度上促进社会经济全面协调而不是单一畸形发展；第二，从发展趋势上看，它有为社会经济向更高阶段迈进积累资金和管理经验的作用，避免社会经济长期是小农式的简单重复再生产；第三，它能在一定程度上屏阻专制统治者的强权，对被荫农民较少遭受国家政权的无度掠夺有一定的作用。关于第三点，《魏

---

① 杜佑：《通典》卷七《食货典·丁中》。

② 孟祥才：《农民战争史·秦汉卷》，湖北人民出版社1989年版，第239页。

③ 余志森：《华盛顿评传》，中国社会科学出版社1990年版，第60页。

书·食货志》和《通典》中有相反的记述，认为庄园主对农民的征敛重于国家，笔者不赞同。如果专制统治者对待农民宽容的话，封建庄园就不会成为农民躲避官役的逋逃之薮。中国古代史书中有关农民自愿逃避官役而受人荫蔽的记载很多。

隋文帝推行均田制的历史负面影响，则是导致了原南朝所辖地区经济较长时期内凋敝落后。

南方虽然开发晚于中原地区，但自东吴起，社会内允许“土豪”、“大姓”广泛存在，中央政权不过多干预私人产业发展，社会经济发展迅速。历经东晋到南朝初期，南方许多地区的经济发展已大大高于全国平均水平。王仲荦先生在《魏晋南北朝史》“自序”中称南朝经济有“巨大的发展”，此论属实。南朝梁沈约撰《宋书》说，宋齐以来“江南之为国盛矣。虽南包象浦，西括邛山，至于外奉贡赋、内充府实，止于荆、扬二州”。尤其是扬州地区，“地广野丰，民勤本业，一岁或稔，则数郡忘饥”。①

南朝前期南方的手工业极为发达。“荆城跨南楚之富，扬部有全吴之沃，鱼盐杞梓之利，充仞八方，丝、绵、布、帛之饶，覆衣天下。”②手工业发展促进了整个商业的发展。刘宋时，建康城交通便利，商业盛极一时，“贡使商旅，方舟万计”③。梁时建康有市民28万人，城内“小人率多商贩，君子资于官禄，市廛列肆，埒于二京(长安、洛阳)”④。会稽、吴郡、余杭、番禺还是海外贸易中心，多有犀象、玳瑁、珠玑等奇异珍玮经营，“商贾至者，多取富焉”⑤。至南朝末年，社会经济的发展水平仍然很高。陈朝宣帝时，姑孰地区“良

① 沈约:《宋书》卷五四。
② 沈约:《宋书》卷五四。
③ 沈约:《宋书》卷三三《五行志四》。
④ 魏征等:《隋书》卷三一《地理志下》。
⑤ 魏征等:《隋书》卷三一《地理志下》。

田美柘，畦畎相望；连宇高甍，阡陌如绣”①。富藏于民间，人民多有资产甚多者。临海刘瑱有“资财巨万”②；新安郡程灵洗“性好货殖，躬自耕稼”，“伎妾无游手，并督之纺绩”，家中富有。③ 陈朝的手工业、商业也有发展。江南诸州造船技术很高，好造三丈以上的大船，此风气一直延至隋初。陈朝商人资产雄厚，已能担负起较大规模的社会救灾工作。商人陈宝应在梁陈之际江东饥荒时，“载米粟与之贸易”④并大获赀产。总之，至被隋灭掉时，陈朝的社会经济一直未如隋文帝开皇八年三月密诏中所说的“漆黑一团”。

隋文帝统一全国普遍推行均田后，南方地区的经济急剧凋敝。王仲荦先生曾指出，隋文帝灭陈和侯景乱梁使得江南地区的经济出现了长期停滞，直到唐代中后期，全国经济的布局才又恢复到“扬一益二”的局面。⑤ 把隋文帝灭陈与侯景乱梁相提并论，很显然，王先生强调的是战争对社会经济的巨大破坏作用。对此观点，笔者赞同，但同时认为还有补充的必要。因为没有战争当然有利于社会经济的发展，但是，只有社会稳定，社会经济不一定必然发展。古今中外的许多历史实例表明，战争对社会经济的破坏可以在短时期内克服。笔者认为，制约社会经济发展的主要方面是制度，一国经济体制不善，往往会导致其经济长期停滞。

探讨隋文帝推行均田制有历史消极作用，隋代多有积粟似乎是难以跨越的障碍，其实不然。因为：第一，积粟多与隋代统治者大肆

---

① 姚思廉：《陈书》卷五《宣帝纪》。

② 姚思廉：《陈书》卷三三《王元规传》。

③ 姚思廉：《陈书》卷一〇《程灵洗传》。

④ 参见朱绍侯：《中国古代史》（中），福建人民出版社 1980 年版，第 93 页。

⑤ 王仲荦：《魏晋南北朝史》（上册），上海人民出版社 1979 年版，“自序”第 3 页。

搜刮、掠夺度甚高有关;第二,与贮存前代旧粟有关;[①]第三,看社会经济是否健康,是否真正繁荣,不是简单凭当时官仓中积粟多就能下定论。这里仅对第一点加以论证。

《隋书·高祖纪》中有"平徭赋、仓廪实"之句,后人多有据此认为隋文帝对社会搜刮较轻,这是不符合历史实情的。隋文帝平徭赋,是指他将全国的农民都变成了自己的农奴。每人一块田,终生为供上而劳作。北周政权是隋政权的前身。历史表明,通过禅代继承了北周帝位的杨坚,在许多方面承袭了周制,其中包括对农民的搜刮。据考证,北周时对均田农民的掠夺量在北朝诸政权中最高。当时它的田租五石,比西魏的上等户四石、中等户三石五斗、下等户二石要高许多;缴纳原麻的数量高西魏四倍多。西魏时一夫一妇缴麻二斤,而北周一室缴麻是十斤。[②]杨坚夺取北周帝位建立隋朝后,对农民掠夺较北周有过之而无不及。中国有古谚曰:官吏想斗称大,百姓愿斗称小。因为把斗称变大可从百姓身上搜刮更多的东西。隋文帝时加重对农民的掠夺,就是通过变更衡量单位实现的。史称,隋文帝变衡量单位数倍于古,他所定的一斗等于古斗三斗。一斤等于古称三斤,二者均是北周时的三倍弱。顾炎武在《日知录》中说"三代以来权量之制,自隋文帝一变",即指此事。有关隋文帝通过增大衡量单位加重对人民的掠夺,范文澜先生在研究时也注意到了;但他认为南北归为经济繁荣,农民"衡量骤增也就不甚感到负担的过重"[③],此论不

---

① 隋代继承了北周大量旧粟。《隋书》卷二四《食货志》载,开皇五年,青、兖、汴、许、曹、亳、陈、仁、谯、豫、郑、洛、伊、颍、邳等州大水,隋朝"发故城中周代旧粟,贱粜与人"。

② 王仲荦:《魏晋南北朝史》(下册),上海人民出版社 1980 年版,第611-612 页。

③ 范文澜:《中国通史简编》(第 3 编第 1 册),人民出版社 1965 年版,第14 页。

妥。笔者认为,不是农民“不甚感到负担过重了”,而是实在没有办法。中国历史的许多事例表明,社会成员的手脚被束缚太严之后,就只能任人宰割而没有任何办法。隋代情况就是如此。

有人认为,隋灭陈统一全国与隋文帝推行均田有关系。笔者也认为二者之间有一定的关系。但是,这里的有关系不是说,隋文帝推行均田制,北方经济发展,隋在此基础上得以灭陈,而是均田制在北方实行后,更便于掠夺人民,更便于征发人民。可以说,隋灭陈是以实行均田制、阻断社会经济正常发展为代价的。

马克思曾经指出,“强有力的政府和繁重的赋税是同一个概念”。但事情还不能到此为止。因为中外历史的许多事例表明,在很多情况下,一个政权强有力,除了掠夺人民外,还因为它能将全社会的人都拉来服务于战争。它会最大限度地动员和挖掘社会战争潜能。古代的战争取胜更是这样。具体到隋文帝伐陈,主要原因是他当时最大限度地动员了广大北方人民服务于战争。他同秦始皇一样,善于用“人海战术”。上台伊始,他就扩军备战。589 年,隋文帝以 51.8 万人的绝对优势兵力向陈发动总攻,此时陈朝兵力不过 10 万人,自然不能免于失败。

三、关于创立三省六部制问题

隋文帝创立三省六部制度,属于中央行政建置变动范畴的问题。在此,笔者同时将隋文帝在地方暨基层行政建置方面的一些做法也加以考察。

翻开中国历史可以看到,一部中国行政制度演变史,就是专制统治者为确保个人皇位而添庙增官的历史。王亚南先生指出,中国“一切官制的创立,至少有一大部分是玩弄权谋术数的结果”①。此论拿

① 王亚南:《中国官僚政治研究》,中国社会科学出版社 1981 年版,第 65 页。

来考察隋文帝创立三省六部制的工作,甚有裨益。

隋之前的北周未实行三省制度,它是仿周礼六官行政的。《新唐书·百官志》中称:“唐因隋制,以三省之长,中书(内史)令、侍中(门下)、尚书令共议国政,此宰相职也。”①此处所言隋制,即隋文帝创三省制。隋代之前,虽有过三省类似机构设置,但作为一个有机行政系统存在的三省制度始于隋文帝。三省中的尚书省是中央政务总机关,但无参与政令制定之权;内史省负责诏令撰写,但无发布之权;门下省虽无政务执行和诏令撰写之权,但有诏令的审查、签署和封驳权。三省相互牵制,使专制君主的集权专制较前代大为加强。

隋文帝创立六部制度主要体现的是分割行政执行权的主旨。尚书省下的吏部掌握全国官吏的任免、升降、调动,礼部掌国家礼仪、祭享、贡举,兵部掌全国武官的选用和兵籍,民部(583 年改,以前称度支)掌全国的户籍、赋税,刑部(583 年改,以前称都官)掌国家法律和刑狱,工部掌国家工程及水利等。各部有长官尚书总其政,分统三十六侍郎。

变中央行政部门为专制统治者个人手中的驯服工具,隋文帝较秦始皇可以说有过之而无不及。与秦始皇所创三公九卿中央行政体制相比,隋文帝所创三省六部制有许多有利于专制统治者个人集权统治的“优点”,主要表现在如下三个方面:第一,秦始皇的三公之设,分立而不互相牵制,隋文帝的三省制,既分权又让各省互相牵制;第二,秦始皇设九卿各司其事,分职而无汇总综合,隋文帝设六部,既分职设官做政事,又有专门机构协调和汇总掌握国家政务,知道政事有分有统,二者不可偏执;第三,相对于三公九卿制,三省六部制有利于行政机构的长期正常运行和行政效率的提高。一般情况下,专制统治者都是大权独揽,但不可能事事躬亲。三省六部制之下分司设衙,

---

① 欧阳修等:《新唐书》卷四六《百官志一》。

许多日常事务在各职能部门就能处理。这样,既减轻了专制统治者的个人行政压力,又能确保日常行政事务得到及时处理。总之,隋文帝所创三省六部制在加强君主专制统治方面是大大优于秦始皇所创三公九卿制的。

三省六部制被后代统治者所沿用,除上述原因外,也与隋文帝当时做了以下两方面工作、充分发挥了该制度的特长有关:一是"配套工作"搞得好,二是以大量杀人为手段,确保了从政者自警自律。由于后文有关于第二点的详细阐述,此处仅就第一点略加展开。

隋文帝关于中央行政的"配套工作",简单来讲就是:第一,改地方行政三级制为州县两级制,合并若干郡县,同时大大加强地方行政机构;第二,为确保对重要地区的控制,在地方上设置中央派驻机构行台尚书省;第三,建立严密的基层行政统治网络。

有史著称,隋文帝改地方行政三级制为两级制是出于减缩官员数目、节省支出以减轻人民负担的目的,而从有关史料来看,此论有失公允。隋文帝变动地方行政机构后,地方官吏的数目不是减少,而是增多;地方行政机构中的部门设置有些与以前相比分职更细、设岗更多。由此可以断定,隋文帝进行地方行政机构变动,主要目的是加强对地方的控制。有关史实表明,隋文帝对地方的控制较前代有大为加强之势。

隋文帝确立了全国九品以上官吏全部由中央任命的制度,史书中言隋代"大小之官,悉由吏部",即指此。当时全国有品级、有固定岗位的官吏多于前代。《隋书·百官志》载,隋之前,北齐上上州政府的官吏总数定员为 393 人,上中州减上上州 10 人,上下州减上中州 10 人,中上州减上下州 51 人……而关于隋代州府官佐总数的记载,大大超过了北齐。比如隋代雍州州牧,其官属佐吏总数为 524 人,当时中上州官佐定员数目仅减上下州 29 人。隋代州级行政机构中法定官吏的固定岗位,除刺史外还有长史,司马,录事参军事,功曹,户、兵等曹参军事，法、士曹等行参军，典签，州都光初主簿，郡正，主簿，西曹书佐，祭酒从事，部郡从事，仓督，市令、丞等。他们大都由吏部直接任命。每年年终，许多人要到朝廷报告工作，还要“上考课”，当时叫做“朝集”。

隋代县级行政机构的吏员人数较前代亦多。《隋书·百官志》载，北齐时上上县置令，合属官佐吏员共54人。隋代同类县级行政机构，其官佐总数高出北齐近一倍，法定人数是99人。并且隋代县级行政中官吏名目较前代要多，主要官员佐吏有令，丞，尉，正，光初功曹，光初主簿，功曹，主簿，西曹，金、户、兵、法、士等曹佐及市令等。

中国地方行政建置的行省制度形成于元代，但导源于隋。隋文帝为中国中央在地方大规模设立行政办事机构的第一人。

隋文帝统治时期，曾经数次在重要地区设立行台尚书省，以加强对这些地区的控制和统治。他统治初年设立的行台尚书省主要在腹地和西南地区。582年春所设河北道行台尚书省驻地并州，晋王杨广为尚书令；河南道行台尚书省驻地洛阳，秦王杨俊为尚书令；西南道行台尚书省驻地益州，蜀王杨秀为尚书令。以后，出于对陈用兵的考虑，隋文帝又在东南地区设置行台尚书省。586年冬，置山南道行台尚书省于襄州；588年冬，置淮南道行台尚书省于寿春。隋文帝为加强个人集权而设行台尚书省，无论对当时还是对后来中国政治所产生的影响，均不可低估。

在专制体制之下，地方行政的主要职能是传达贯彻，基层行政的任务则是落实。对此，隋文帝有清醒的认识。他一直注重加强对社会基层的控制与统治。本文前已提及，第一次推行均田制之前，他就在北方各地建立了严密的基层行政系统。灭陈不久，他又把这一做法推广到南方，并且使各地的基层行政整齐划一。开皇九年二月，刚灭掉陈数月，隋文帝就下令全国一律“制五百家为乡，正一人；百家为里,长一人"。乡正、里长均为有阶秩的国家官吏。至此,乡里行政上接州县下管保闾,州县则通过三省六部的中央行政上接专制君主,全国的天罗地网做到了密而不漏。

四、关于个人品格问题

历史表明,主要政治人物的品格往往对当时以及以后的历史发展产生重要影响。通常情况下,主要政治人物的性格特征主导了当时社会政治经济文化制度的变异演进。亦即制度助长品格,品格就成了制度。以前有学者片面认为,强调此点即是唯心史观,其实,研究历史人物而对此有意回避甚或闭上双眼,才是十足的唯心主义。对一个有突出性格特点的历史人物不作品格方面的具体考察,很难说是明智之举。

美国当代学者布莱克在《现代化的动力——一个比较史的研究》一书中指出,不引人注意的执政者的个人特性"在事件的发展中可能起到根本作用",更何况个人鲜明之人!史书中关于隋文帝个人品格方面的记载不少,对于我们深入研究其人带来很多方便。考察隋文帝在位时的一些重要历史事件,许多与他的品格特点关系密切。

隋文帝个人品格的一个重要特点是猜忌,由此导致了他在执政期间杀人甚众。

《隋书·高祖纪》说隋文帝"天性沉猜"、"好为小数";《隋书·刑法志》说其"性猜忌"、好"任智"。一般情况下,人是由猜忌而多疑、而主观、而对他人狠毒,隋文帝亦不逃脱此逻辑。范文澜先生说隋文帝在杀功臣时"察察为明",此论属实。自己身在绝无仅有的高位,自然生怕地位稍高者觊觎。对他们时时小心,稍有异动便认为是意在篡夺,必然屠刀相加。史载,隋文帝杀掉的高官很多,其中包括上柱国、彭国公刘昶,上柱国、鲁国公虞庆则,左卫大将军、五原郡公元旻等；到后来，竟“草创元勋及有功诸将，诛夷罪退，罕有存者”①。隋文帝又“患令史赃污。因私使人以钱帛遗之，得犯立斩。每于殿廷打人，一日之中，或至数四。尝怒问事挥楚不甚，即命斩之”②。

隋文帝不但自己杀人，而且还编造故事，借此将杀人经验传授给儿子。杨勇为太子时，隋文帝就告诉他，要坐稳江山，重要的一条就是杀掉对自己不忠、不利之人；而自己之所以坐稳了位子，是受相面人赵昭的启示，上位之后多杀此类人。

猜忌的性格决定了隋文帝对一般社会成员也多加杀戮。要使江山永固，有必要防微杜渐，这是隋文帝的一贯考虑。《开皇律》定出了十恶之罪，为中国封建社会所首创。十恶包括谋反、谋大逆、谋叛、恶逆、不道、大不敬、不孝、不睦、不义、内乱，中心是保证专制统治者的个人位子不受任何侵犯。凡有触犯，皆从严惩治，不得赦免。越到晚年，隋文帝的杀戮越厉害，达到了喜怒无常动辄杀人的地步。据《隋书·刑法志》记载，596 年以后，“盗边粮者，一升已上皆死，家口没官”；“盗一钱以上皆弃市”；甚至“四人共盗一榱桷，三人共窃一瓜，事发即时行决”。这些严酷律法，当时就有人表示异议，认为“自古以来，体国立法，未有盗一钱而死也”。

除杀人之外，猜忌任智的性格还驱使着隋文帝大搞弱民行动和实行文化专制。隋文帝在此方面与秦始皇有极其相似之处。公元前 221 年秦始皇统一中国后，曾收天下之兵聚之于咸阳，销之为钟鐻，以收帝位永固之功。隋文帝亦有此类做法，并且不止一次。583 年，他下令全国禁大刀长矛；595 年，收天下兵器，并禁民间制造；598 年春，下令江南诸州，“人间有船长三丈已上，悉括入官”③。隋文帝禁

---

① 魏征等：《隋书》卷二《高祖下》。
② 魏征等：《隋书》卷二五《刑法志》。
③ 魏征等：《隋书》卷二《高祖下》。

民间拥有大船，当为后来专制统治者海禁行动之“先驱”。

为达到思想文化专制之目的，秦始皇曾下令烧掉诗、书和非秦纪之外的一切史书，不许人们以古非今。隋文帝在此方面与之雷同。开皇十三年五月，他下令“人间有撰集国史、臧否人物者，皆令禁绝”①。这次禁民间修国史运动，负面影响很大，从一定意义上说不亚于秦代的焚书坑儒。自此之后相当长的一段时期，由于专制统治者多仿效隋文帝的做法而禁民间修史，类似《史记》、《后汉书》等特色鲜明的高水平私撰史书没有出现，代之而起的是全无思想与个性的杂芜官史。

素不悦学是隋文帝的又一重要品格特点。《隋书·高祖纪》称其不悦诗书，素无学术，好为小数，不达大体；《隋书·刑法志》中也有关于其不悦学的记载。《隋书》在谈及隋文帝此性格特点时认为，这是导致隋代全国废黜学校之举的原因，有一定道理。因为一般情况下，好其事者必乐其事，反之则不然。隋文帝从骨子里是爱佛而讨厌儒术的，即位之初曾经办学，但那是为稳固自己的位子。史载，隋文帝于601年下令废止中央太学，一并废止的还有各州县学校，全国仅保留国子监学生70人。

五、结语

旧时代的中国治史者多称隋文帝是明君，开皇年间是圣时，隋文帝统治时期有“开皇之治”之美誉。新中国成立以来，有些史学工作者更是对隋文帝一片肯定之声，评价他减轻了人民负担，推动了历史进步……不一而足；与此同时，对隋文帝加强君主专制和中央集权的行径，也是一片赞美之声。然而，笔者认为，隋文帝并无多少可以肯定之处。因为无论古今中外，自由与人的尊严都应当是历史的核心

---

① 魏征等：《隋书》卷二《高祖下》。

主题，人类社会发展的大致指向是逐步提高每位社会成员的自由、尊严与权利，而不是相反。说到底，隋文帝不过是一位能给除自己之外全体社会成员编织牢笼的专制统治者。

契约达成与契约遵守，这是人类共同体（包括各政权）之间维持文明秩序的基础。我们同时必须认识到，它也是一国国内民主政治的基础。隋文帝却在此点上与秦代建立者秦始皇一样，对政权与政权间的契约全无正面的理解与诚意，认为不过是要要手段、玩玩骗术而已，并且“爽约”之后还振振有词。这一方面的消极影响应该引起历史研究者的高度关注。通常情况下，此类人物的行动逻辑是：先对外极端强权，后对内极端强权。对于世人践踏契约而又认为自己有理的类似做法，中山大学教授袁伟时曾在一篇文章中称之为“狼奶”，笔者认为很有道理。

另外，从社会经济发展与文化繁荣方面来说，隋文帝当年所实行的许多措施不值得肯定。就像有学者所言：“专制制度与富强有重大的不相容性。专制制度下只能实现有限的富强，而专制制度下的富强往往潜生民族和文化的毁灭性因素。社会富强最终需要打倒专制。”①

① 鲁卫群：《反思与误读》，《读书》1996年第6期。

第九篇

论孔孟的朴素联邦制思想及其当代价值

——为孔子诞辰纪念日而作

笔者于2007年在《论孔孟的国家政治体制思想》一文中指出:"对于核心取向是入世和经世的思想家而言,国家政治体制思想在他们的整个思想体系中无疑具有基础与决定性的作用,是了解思想家们其他具体思想如社会思想、经济思想、法制思想等的关键。此理对于孔子与孟子亦然。"①所以如此提出问题,是当时中国学界与政界多有曲解儒家学说以"帮闲",或者为狭隘集团利益而求一时之用。笔者在这里想告诫读者,不要以为孔孟讲究秩序、讲究等级、讲究服从,他们在政治体制的主张上就是专制主义与中央集权主义。实际上,以孔孟为代表的原始儒家,他们讲究秩序,是社会内存在广泛封

① 万昌华:《论孔孟的国家政治体制思想》,《齐鲁学刊》2007年第2期。

建自由前提下的秩序;讲究等级,是地方高度自治前提下的等级制度;讲究服从,是上下之间有契约存在以及下级有反制能力前提下的服从。此种制度设计的核心内容之一是地方高度自治与分权。以前的史书称之为封国建邦(简称封建),我们称之为朴素联邦制,或者叫做原始联邦制。

孔孟的朴素联邦制思想,笔者在前述文章中已有涉及,但不够全面,理论表述也欠周到。下面,笔者进一步考察和论证孔孟有关思想、后来学者对该问题的认识以及孔孟有关思想所具有的当代价值。

一、汉代以来官家儒学对孔孟政治思想的阉割与歪曲

在具体考察孔孟朴素联邦制思想主要内涵之前,笔者需要指出的是,自汉武帝刘彻“罢黜百家,独尊儒术”、实行思想与文化专制政策起,官方所推行的一套儒家学说已经没有了儒家的真精神。汉武帝之后的儒家学说,是中国最高专制统治者棋局中的官家专制儒家学说。汉代以来的儒是官家专制儒,就像夏日里青岛或厦门海滩上成群的甲壳寄生蟹是蟹类而不再是贝类一样。由于地方行政体制思想与主张不同,汉武帝之后历代专制统治者棋局中的儒家学说,在本质上是与孔孟思想背道而驰的。对此,汉武帝时的董仲舒已经夫子自道、讲得很清楚。另外,近人黄仁宇、骆承烈等的有关分析,也部分程度地说明了这一问题。

武帝建元元年(前140),董仲舒在举贤良对策中指出:“《春秋》大一统者,天地之常经,古今之通谊也。今师异道,人异论,百家殊方,指意不同,是以上亡以持一统,法制数变,下不知所守。臣愚以为诸不在六艺之科、孔子之术者,皆绝其道,勿使并进。邪辟之说灭息,然后统纪可一而法度可明,民知所从矣。”①我们说:具体思想是社会

① 《汉书》卷五六《董仲舒传》。

现实的反映;思想又对人的行为有指导功能。董仲舒以上话语的历史背景是:景帝三年(前154年),“七国之乱”被镇压,景帝巩固削藩成果,损黜王国官制及其职权,降低诸侯王权限,规定诸侯王不得再亲自治国,中央集权政治制度得到巩固与加强。之后,武帝借口淮南王安等谋反,杀死数千人,颁布《左官律》和《附益法》,并鼓励以《春秋》经义断狱,以“原心定罪”,进一步加强了专制和中央集权。董仲舒在这段对策中,反转了孔子本来的政治体制主张。孔子最著名的政治与社会主张是“修废官”、“兴灭国,继绝世,举遗民”,是地方分权中央的。①

由于董仲舒的文化主张顺应统治者的旨意,对专制统治者个人而言有百利而无一害,自然会被采纳。对于汉武帝、董仲舒阉割与篡改孔孟学说的行径,黄仁宇在《中国大历史》一书中有较为全面的分析与揭露:

> 刘彻首先公布了帝制意识形态的立场。其宗旨经过综合,则为“罢黜百家,独尊儒术”。实际上他和他的近臣将所谓“儒术”扩展之后又延长,以至包括了有利于中央集权官僚政治所必需的种种理论与实践的步骤。孔子所提倡的自身之约束,待人之宽厚,人本主义之精神,家人亲族的团结,和礼仪上之周到等等全部构成官僚集团行动上的规范。孟子所倡导的人民生计与国本攸关也毫无疑问地被尊重。注重农桑贬斥商业原为法家宗旨,也一并拿来构成武帝御制意识形态之一部。其他法家的措施,如官方专利盐铁,以严峻刑法维持人民纪律也同样被袭用。②
>
> 更有很多信条,既不出于孔子之主张也不见于孔子语录仍

① 黄怀信:《〈论语〉新校释》,三秦出版社2006年版,第491-492页。

② 黄仁宇:《中国大历史·汉帝国的统治政策》,三联书店1997年版,第43页。

被收纳于这体系之内。武帝以皇帝身份登高山,以神秘之祭礼祈祷,企求与神祇直接接触。他朝中博士认为五行(木、火、土、金、水)和东西南北中之五方、五种基本之色彩、五声之音阶、五种个人之德性,甚至五项施政之功能都互相配合而融会贯通……这种观念源于一种信仰,它认定人世间任何"物",不管是实际物品,或是人与人之间的一种关系和交往,都出自某种类谱上的相关价值,所以可用数学方法操纵之。其根源出于《易经》,它是一种来历不明的古老经典。这种利用假科学说真问题的方式,迹近于迷信,暴露了当日读书人承受了巨大的压力,他们急不得暇地务必将天地的现象予以直截的解释,包括可以获知之事物。汉代的朝臣不断以这种带着诗意的方式去贯彻他们的主张,强调良好的政府是基于伦理的和谐,甚至将天候与政治混为一谈。只是如此一来,他们也将专制皇权合理化了,使之比较温和,同时鼓舞百官的自信。他们因此觉得盈天地之道(我们称之为自然律,natural law),都已在掌握之中。纵使天子之职位世袭,臣僚则以文笔见长,但因为彼此有了共通的认识,也能在行动中俨如一体。如此将宇宙观及政治学混为一谈,笼统地称之为儒教,固然符合了某种目的,但其流弊则是一经摆布,今后两千年则再难以摇撼之。诚然,它所遗下之影响时至今日犹未衰竭。①

此外,对于汉武帝、董仲舒阉割、歪曲儒家思想,黄仁宇在《赫逊河畔谈中国历史》一书中也有直陈。其中讲道,汉代思想"一个重要的关键,在于汉武帝用董仲舒之建议,罢斥百家,独尊儒术。其实汉朝立国行杂霸之制,有法家思想,文景之际,施政又有道家精神,董仲

① 黄仁宇:《中国大历史·宇宙观与政治》,三联书店 1997 年版,第 44 页。

舒自己的著作,还掺和着阴阳五行的成分涉及灾异。总之整个汉代思想,是一种有选择的大综合……我们在这里要特别强调指出的,董仲舒之尊儒,并不是以尊儒为目的,而是树立一种统一帝国的正规思想(orthodoxy)"①。

董仲舒及后人对孔子学说的阉割与反用,骆承烈先生在《孔子要平反 "孔家店"要打倒》一文中有揭露。骆先生指出:专制主义的汉帝国建立后,"需要相应的意识形态为其服务,于是汉武帝时便出现了董仲舒为代表的汉儒。他利用儒家的'春秋大一统'思想帮助统一大帝国的发展与巩固,更利用'天人感应'的思想,蓄意将人间的统治和自然界捏合一起,利用人格的天,加强君权,用儒家思想帮助刘汉统治。东汉白虎观会议后发布的《白虎通》中,更明确地提出'三纲六纪',将天、命集于人事之上,将儒学与谶纬迷信搅在一起,不但使儒学程式化、法典化,更使其迷信化。儒学不仅完全为当时的政治服务,甚至变成政治的奴婢。这时的儒学应叫'辅政儒学'"②。

毋庸讳言,以上黄、骆二先生对汉武帝、董仲舒阉割与反用孔孟学说的揭露与批评,有独到之处,但笔者认为,二先生还没有完全抓住要害。在原始儒家尤其是在孔子的思想中,最核心的东西是礼,而其礼的基础便是宗法制前提下的封国建邦。因此,只有讲到封国建邦,才讲到真正的儒家学说;撇开封国建邦而讲孔孟,必定是伪孔孟、伪儒家学说。

孔子一生的政治理想是"复礼",认为"一日克己复礼,天下归仁焉"③。这个"礼"是什么?是周礼。换言之,孔孟政治主张的核心就是封国建邦制,它与后来秦汉帝国时期实行的郡县制完全相反。

---

① 黄仁宇:《赫逊河畔谈中国历史》,三联书店 1997 年版,第 16 页。

② 骆承烈:《孔子要平反 "孔家店"要打倒》,《孔子文化》2006 年第 2 期。

③ 黄怀信:《〈论语〉新校释》,三秦出版社 2006 年版,第 280 页。

对此，陈寅恪先生的如下论述最能给予说明。陈先生在《隋唐制度渊源略论稿》一书中写道：

所谓周礼者，乃托附于封建之制度也，其最要在行封国制，而不用郡县制，又其军队必略依《周礼》夏官大司马之文，即大国三军、次国二军、小国一军之制。今据《周书》、《北史·卢辩传》所载不改从周礼而仍袭汉魏之官职，大抵为地方政府及领兵之武职，是宇文之依周官改制，大致亦仅限于中央政府之文官而已。其地方政府既仍袭用郡县制，封爵只为虚名，而不畀以土地人民政事，军事则用府兵番卫制，集大权于中央，其受封藩国者，何尝得具周官所谓大国三军、次国二军、小国一军之设置乎？

随后，陈先生在引用《周书·苏绰传》中苏绰关于州郡大吏不应限于门资的观点之后写道："苏绰实亦即宇文泰不尚门资之论，其在当时诚为政治上一大反动，夫州郡僚吏之尚门资犹以为非，则其不能亦不欲实行成周封建之制，以分散其所获之政权，其事甚明，此宇文所以虽效周礼以建官，而地方政治仍用郡县之制，绝无成周封建之形似也。"①

综陈寅恪先生以上所述，其在谈北周事情时讲到孔子所尊崇的周礼的核心是封建，行郡县就不是周礼，可谓抓住了此问题的要害。

二、孔孟关于朴素联邦制的思想与主张

由上我们已知，孔孟朴素联邦制思想的核心即封国建邦，但还不止如此。封国建邦只是地方行政设置与运作的事情，而联邦制是一个有机体，说到底是一个中央与地方以及地方与基层关系的问题。因此，考察孔孟的朴素联邦制思想，还应包括与之相配套的中央行政

---

① 陈寅恪：《隋唐制度渊源略论稿》，中华书局1963年版，第95、96页。

设置主张和基层行政设置主张。对于三者之间相辅相成、互相影响的关系，黄仁宇的有关话语能给我们启迪："我们也不能说中国人天性不容于代议政治……汉朝以一种推荐制度使百官来自各地区；可是代议政治无从下手，因为下端的小自耕农每人只有小块耕地，而全国如是之农户以百万千万计，如果以资产作选举的标准，则等于承认兼并，亦即促成小自耕农为佃农。"①

总体而言，孔孟的朴素联邦制思想主要包括三点：第一，限制天子手中的权力；第二，地方上实行分封；第三，社会基层实行大家族自治与采邑制。

尊王、尊周天子，孔子、孟子皆如此，这一点是没有疑问的。比如《诗经·小雅·北山》中有"溥天之下，莫非王土；率土之滨，莫非王臣"的话；《孟子·万章上》中有"天无二日，民无二主"的话；《论语·季氏》中有"礼乐征伐自天子出"的话。但是，应该看到，孔子与孟子同时又是坚定的公天下——土地分封主义者。换句话说，他们主张尊王，是实行土地分封前提下的尊王。这样，就与后世郡县制度之下的尊王有着本质的区别。对此问题，我们不妨引用如下一段关于评述英国中世纪土地分封制度的话来加深理解：英国中世纪前期"国王最大的经济职能就是分封土地、收取封建义务。他的权力来自于此，同时也受制于此。由于他分封土地，贵族便承认他的高超；但也由于他分封土地，贵族便分享了他的权力，从而只把他看成是自己队伍中的最高者，贵族中的第一位贵族"②。

中世纪实行土地分封制度的英国，国王只被认为是贵族队伍中的最高者、贵族中的第一位，而孔子、孟子也是这样认为与主张的。

① 黄仁宇：《中国大历史》，三联书店 1997 年版，第 111－112 页。

② 钱乘旦等：《英国文化模式溯源》，上海社会科学院出版社 2003 年版，第 9 页。

比如,《孟子·万章下》中,当有人问及周室当初的班爵之事时,孟子回答说:“其详不可得闻也,诸侯恶其害己也,而皆去其籍。然而轲也,尝闻其略也。天子一位,公一位,侯一位,伯一位,子、男同一位,凡五等也。”对此,顾炎武在《日知录》中引申说:“为民而立之君,故班爵之意,天子与公侯伯子男一也,而非绝世之贵。”①

孟子不但认为统治者(包括天子,也包括诸侯国的君主们)的地位不应绝高无比,而且主张限制其专横与作恶。比如,他说过:

> 君有大过则谏,反覆之而不听,则易位。(《孟子·万章下》)
>
> 天视自我民视,天听自我民听。(《孟子·万章上》)
>
> 君之视臣如手足,则臣视君如腹心;君之视臣如犬马,则臣视君如国人;君之视臣如土芥,则臣视君如寇雠。(《孟子·离娄下》)
>
> 贼仁者谓之贼,贼义者谓之残;残贼之人,谓之一夫。闻诛一夫纣矣,未闻弑君也。(《孟子·梁惠王下》)
>
> 民为贵,社稷次之,君为轻。(《孟子·尽心上》)

虽然与孟子论述的程度不同,但孔子也是主张限制君主权力,也是主张君臣二者之间应是契约性的“民主”关系的。如《论语·八佾》:“‘定公问:君使臣,臣事君,如之何?’孔子曰:‘君使臣以礼,臣事君以忠。’”

《论语》有关章节还记述了孔子关于国家(包括周王朝和各诸侯国)行政运作中虚君的思想。比如在《论语·宪问》中,当子张问《尚书》记载殷高宗守孝三年不问政事时,孔子回答说:“何必高宗?古之人皆然。君薨,百官总己以听于冢宰三年。”很显然,孔子并不认为君

---

① 黄汝成:《〈日知录〉集释(外七种)》,上海古籍出版社 1985 年版,第 572 页。

权是一刻也离不开的东西。

另外,《论语·尧曰》中记载了孔子讲《尚书》时说过的如下严格要求君主的话:"尧曰:'咨!尔舜!天之历数在尔躬,允执其中。四海困穷,天禄永终。'舜亦以命禹。曰:'予小子履,敢用玄牡,敢昭告于皇皇后帝:有罪不敢赦。帝臣不蔽,简在帝心。朕躬有罪,无以万方;万方有罪,罪在朕躬。'"要之,孔子上述话语,一是表明了他主张君主应该行禅让之制,要让贤;二是表明了他对商代君主与各方国共处并列的封建关系持肯定立场。

对于周代实行的分封制度与分封的社会秩序,孔子、孟子更是对之持肯定态度。比如《论语·学而》:"子曰:道千乘之国,敬事而信,节用而爱人,使民以时。"很显然,这是孔子提出来的治国方法,即如何去治理一个拥有千辆四马战车的较大的诸侯国。《论语·先进》载:孔子在回答曾皙的问话时说:"安见方六七十如五六十而非邦也者?……宗庙会同,非诸侯而何?"《论语·公冶长》曰:"子曰:'由也,千乘之国,可使治其赋也。不知其仁也。'……子曰:'求也,千室之邑,百乘之家,可使为之宰也。不知其仁也。'"

对于当时有人破坏周代原来的分封格局,孔子持批评态度。比如,人们常提及的"不患寡而患不均,不患贫而患不安"的话,就是孔子用来批评他的学生冉有与子路想助纣为虐、帮季氏伐鲁国附属国颛臾的话。《论语·季氏》曰:"季氏将伐颛臾。冉有、季路见于孔子,曰:'季氏将有事于颛臾。'孔子曰:'求!无乃尔是过与?夫颛臾,昔者先王以为东蒙主,且在邦域之中矣,是社稷之臣也。何以伐为?'……'……丘也闻:有国有家者,不患寡而患不均,不患贫而患不安。盖均无贫,和无寡,安无倾。夫如是,故远人不服,则修文德以来之。既来之,则安之。今由与求也,相夫子,远人不服而不能来也,邦分崩离析而不能守也,而谋动干戈于邦内。吾恐季孙之忧,不在颛臾,而在萧墙之内也。'"

前已提及，孔子不但反对大小国家与封邑间的兼并，还主张恢复在兼并斗争中被灭掉的那些邦国，认为只有这样才能“天下之民归心焉”，“四方之政行焉”。孔子在《论语·颜渊》中说：“克己复礼为仁，一日克己复礼，天下归仁焉。”孔子这里讲的复礼与归仁，当也是归于他理想中的国家与社会秩序——国家分封制度。

与孔子相比，孟子关于原始联邦制与原始地方自治的思想更为丰富。比如，《孟子·滕文公上》说：“今滕，绝长补短，将五十里也，犹可以为善国。”在这里，孟子明白表明了主张分封而不是灭国。《孟子·告子下》也表明了孟子反对兼并灭国的主张：

> （孟子）曰：吾明告子（指慎子），天子之地方千里，不千里，不足以待诸侯。诸侯之地方百里，不百里，不足以守宗庙之典籍。周公之封于鲁，为方百里也，地非不足，而俭于百里。太公之封于齐也，亦为方百里也，地非不足也，而俭于百里。今鲁方百里者五，子以为有王者作，则鲁在所损乎？在所益乎？……仁者不为，况于杀人以求之乎！……今之事君者曰：“我能为君辟土地，充府库。”今之所谓良臣，古之所谓民贼也。君不乡道，不志于仁，而求富之，是富桀也。“我能为君约与国，战必克。”今之所谓良臣，古之所谓民贼也。君不乡道，不志于仁，而求为之强战，是辅桀也。

另外，《孟子·梁惠王下》有孟子答齐宣王曰：“臣闻七十里为政于天下者，汤是也；未闻以千里畏人者也。”《孟子·公孙丑上》有“夏后殷周之盛，地未有过千里者也，而齐有其地矣”的话。

与其主张地方分封的朴素联邦制思想相连接，孟子还主张各诸侯国内是以家族和家庭为本位，实行自给自足性自治。《孟子·离娄上》曰：“人有恒言，皆曰天下、国、家。天下之本在国，国之本在家。”在这里，天下落到了实处，家是天下的基础。无疑，当时的家是大家族，是氏族贵族的世家大户，用孟子的话来说就是：“为政不难，不得罪于巨室。”孟子认为巨室起着领引社会向善的主导作用:“巨室之所慕,一国慕之;一国之所慕,天下慕之;故沛然德教溢乎四海。”

孟子关于基层社会的另一重要思想是正经界与实行井田制。孟子所讲的井田类似于西方中世纪的庄园,是一种基层封建采邑。《孟子·滕文公上》载:滕文公使毕战问“井地”,孟子曰:“夫仁政,必自经界始。经界不正,井地不均,谷禄不平。是故暴君污吏必慢其经界。经界既正,分田制禄,可坐而定也。”孟子进一步建议说:“夫滕,壤地褊小,将为君子焉,将为野人焉。无君子莫治野人,无野人莫养君子。请野九一而助,国中什一使自赋。卿以下必有圭田。圭田五十亩,余夫二十五亩。死徙无出乡,乡田同井,出入相友,守望相助,疾病相扶持,则百姓亲睦。方里而井,井九百亩,其中为公田,八家皆私百亩,同养公田。公事毕,然后敢治私事,所以别野人也。”

三、后人关于孔孟主张地方行政体制之评价

如上所述,孔子最重要思想构成之一部——礼的核心即封国建邦制,坚持封建者即为真儒家。换言之,真儒家的重要标志是肯定封建制,抨击郡县制。

本书前已详细论及,魏晋以来对分封制持肯定立场、对郡县制持抨击态度的,比较有代表性的是曹魏时的曹冏,晋代的傅玄、陆机,唐代的朱敬则、孙樵以及明清之际的黄宗羲、顾炎武等人。时至清末,则有黄遵宪在《南学会第一、二次讲义》中直接称周代(包括春秋、战国时期)为封建之世,秦代以来为郡县之世,并且充分肯定先秦的封建而针砭秦代以来的中央集权专制政体。

但是,新中国成立后,中国学界大多批判封建制,赞颂郡县制。其间,也有一二学者与众不同,探讨了封建制的积极历史作用,比如顾准,海外华人则有黄仁宇、杨小凯等。顾准曾指出:

> 阻碍资本主义的,不是封建主义。真正的封建主义是萎弱

> 无力到不足以阻止资本主义的生长的(欧洲,日本),它不过多少起一些绊脚作用,即其分散落后的性质和资本主义的集中的要求有矛盾而已。真正足以阻止资本主义生长的是专制主义。①

黄仁宇在讲到有关问题时指出:

> 周朝创造了中国的封建制度。它和欧洲中世纪的feudal system以及日本迄至近世纪的“幕藩制”有若干相似的地方。原则上王室不直接统制全民,财政收入也按“公食贡、大夫食邑、士食田”的间接交纳,层层节制,那土地当然不能买卖,要是土地易主,则根据遗传的金字塔,如“诸侯立家,大夫有二宗,士有隶、子弟”的组织,就会整个垮台了。……先秦从封建到郡县,政治家依赖人类的智力,造成庞大的组织,是以美国汉学家Herrlee G. Greel即坚称中国在公元之前,已拥有20世纪超级国家的姿态。可是郡县制也开官僚政治(bureaucratism)之先河。在公元之前即由皇帝遣派官僚向几千万人民征兵抽税受理诉讼及刑事案件,是超时代的政治早熟。因之更难放弃间架性的设计,以至于一般政令上面冠冕堂皇,下面有名无实,官僚间的逻辑被重视,其程度超过实际行政效能,又仪礼也可以代替行政,种种流弊,到20世纪不止。而最大的毛病,则是西欧和日本都已以商业组织的精神一切按实情主持国政的时候,中国仍然是亿万军民不能在数目字上管理。今日我们重读李悝“尽地力之教”的一段,也只能说他的视界宽,不能说他的眼光深。其以简单的数字,笼罩着大量农民,以现代眼光批判,虽早熟仍是原始式的组织。②

杨小凯则指出:英国“王权的衰落、封建制度的发达,以及没有中国式的中央集权制,是……后来的民主制度的基础。换言之,民主制度是

---

① 顾准:《顾准笔记》,中国青年出版社2002年版,第27页。

② 黄仁宇:《赫逊河畔谈中国历史》,三联书店1997年版,第13-15页。

以封建制度为基础的"①。而笔者于1995年曾专门著书探讨过有关问题。② 之后,中国学界探讨这一问题的有所增多。近年来比较有代表性的有赵瑞广、贺卫方等。

赵瑞广在文章《为什么要重视"史华慈问题"》中有这样的话语:

与秦汉之制的"大一统"体制相对应的,我们古代历史上还有一个周代的"封建诸侯"体制。它的优点,也不能一概抹杀。除了它那绵延八百载的超长寿命可做证明外,它的文治、德治理念也曾让儒家先师孔子一直念念不忘,甚至他还坚信后世的人仍将遵守此道而行。从政治体制的格局看,这种有分有合的安排还真是充满了智慧,虽不能媲美古希腊的城邦民主制度,但对于中国的文化发展,也是影响深远。如此复杂地处理好统一与自治的关系的政治智慧,可以说暗合了西方联邦体制的某些特点。

贺卫方则在一篇演讲中指出:

1850年代的时候,几位日本著名的思想家和学者提出的观点特别有意思,他们说:"中国之所以打不过英国,因为中国是一个郡县之国,而不是封建之国。"这话什么意思?我发现,说中国是一个郡县之国,其历史可以追溯到秦始皇,秦始皇接受李斯的建议,"废封建,置郡县",从那时候我们的封建制就被破坏掉了,开始进入郡县制。郡县制是反封建的体制;而封建制,是一个最高的君主把自己的土地分给和自己有血缘关系的人或有战功的人,让他们在这个地方世袭地统治。封建制,看起来君主高高在上,但是君主只能依赖封臣对下面进行统治,而封臣又进行第二

① 杨小凯:《中国政治随想录》, http://wenku.baidu.com/view/dc6le8ee5ef7ba0d4a733bf6.html.

② 万昌华:《郡县制度比较研究》,巴蜀书社1995年版。

级的分封，不断地分封，以至于中世纪的时候，法国的君主说，“封臣的封臣不是我的封臣”。封建制代表着分裂、分散，包括法律。伏尔泰就说，在他生活的法国时代，一个旅行的人，更换自己所适用的法律，就仿佛更换驿站里的马匹一样频繁。法国各个地方有几百种习惯法，这种习惯法和封建制有密切联系。与此同时，欧洲意义上的封建制，有着非常浓烈的法律色彩，以至于马克·布洛赫在《封建社会》那本书里面说，feudalism 这个词，从它的定义产生的时候，就具有严格的法律意义。这话什么意思？就是说，封建主和封臣之间一直有法律上的契约关系，各自要承担相应的权利和义务。这是欧洲意义上的封建制。我们再观察一下日本社会……日本社会和中国社会非常不一样。我说一个事实，大家会觉得很有意思。明治维新之后，他们突然搞了一项措施，叫“废藩置县”。天哪，这不是我们 2000 多年前干的事吗？明治维新之前，日本这个国家到处都是藩，到处都是国。藩主是世袭的，最早也许被天皇封为一个藩的藩主，然后天皇就永远失去了一种权力——定期更换藩主。一个人是藩主，儿子接着是藩主，然后孙子再当藩主，一代一代往下传。这样一种独特的社会结构，构成了日本社会的一种特殊的向心力。日本有一个人说，如果日本人遇到鸦片战争，他们会豁出命去保卫他们的父祖坟墓之地，绝对不会后退。中国 2000 多年的郡县制，耗尽了中国人的爱国精神，彻底改变了中国人对帝王的态度。没有一个国家会像中国一样，如此高调地宣传忠君的思想，但是也没有一个国家会像中国一样，随时准备推翻君主……欧洲历史上的封建制度，以及日本的封建制度，构成了近代民主转型中地方自治最重要的一个前提。大家从前就是一个国，就是一个封建单位，所以对于中央的权力可以服从，但是要保持地方自治。而中国从来没有过地方自治，中国的州县官员，谁和自己统治辖区的人民有契约关系？没有，他只对上面负责任。所以，我们没有办法接受地方自治。①

在同一演讲中，不同的记录者还记下了贺卫方的其他话语：“中国社会没有巩固的阶层力量和皇帝对抗、妥协以及谈判，没有联合，这是非常大的问题。所以，我们没有形成一种法治秩序，看起来好像在2000年前就走错了路。而现在的种种弊端，可能和2000年前走错路有特别密切的关系。”②

贺卫方在上述演讲中提到的著名法国年鉴学派学者马克·布洛赫，是欧洲中世纪史研究专家，他对中世纪西欧历史上出现的封建制褒奖有加。布洛赫在多年研究的基础上指出：

可以肯定，英国的议会制并非发轫于“日耳曼尼亚的森林”，它烙有所由产生的封建环境的深深的印记。

……

封建时代已经将凝固为贵族地位的骑士身份遗留给了继起的社会……

附庸的臣服是一种名副其实的契约，而且是双向契约。如果领主不履行诺言，他便丧失其享有的权利。因为国王的主要臣民同时也是他的附庸，这种观念不可避免地移植到政治领域时，它将产生深远的影响……

各附庸群体在塑造其心态的礼俗的影响下，首先将这些观念付诸实践。在这种意义上，许多表面看来似乎只是偶然性反叛的暴动，都是基于一条富有成果的原则：“一个人在他的国王逆法律而行时，可以抗拒国王和法官，甚至可以参与发动对他的

① 贺卫方等：《中国：法治文明下的另一种乡愁》，《经济观察报》2013年8月30日。

② 贺卫方等：《没有形成法治秩序，2000年前就走错了路？》，《三湘都市报》2013年9月15日。

战争……他并不由此而违背其效忠义务。”这是《萨克森法鉴》中的话。这一著名的“抵抗权”的萌芽，在斯特拉斯堡誓言（843年）及秃头查理与其附庸签订的协议中已经出现，13和14世纪又重现于整个西欧世界的大量文件中。尽管其中的大部分文件受到贵族保守倾向或市民阶级利己主义的启发，但它们对未来具有重大意义。这些文件包括：1215年的英国大宪章；1222年匈牙利的“黄金诏书”；耶路撒冷王国条令；勃兰登堡贵族特权法；1287年的阿拉贡统一法案；布拉邦特的科登堡宪章；1341年的多菲内法规；1356年的朗格多克公社宣言。以英国议会、法国“三级会议”、德国等级议会和西班牙代表会议（Cortes）的形式表现出来的非常贵族化的代表制度，起源于刚刚从封建阶段中崭露头角的国家政权，且仍带有这个阶段的印记，这种情况断非偶然……欧洲封建主义虽然压迫穷人，但它确实给我们的西欧文明留下了我们现在依然渴望拥有的某种东西。①

这里需要指出的是，布洛赫说欧洲封建主义虽然压迫穷人，但它确实给西欧文明留下了现在依然渴望拥有的某些东西；同样，我们的伟大思想家孔子、孟子所提倡的朴素联邦制思想，也有我们现在依然渴望拥有的某些东西。

四、孔孟朴素联邦制思想的价值

那么，孔孟朴素联邦制的思想有何价值呢？笔者认为，笼统来讲，是政治文明；具体来讲，是契约精神，是民主宪政。

在此，有必要重申我们前面已经论及的孔孟朴素联邦制思想与主张的几个要点：第一，在中央与地方关系上，实行中央限权；第二，实行

---

① 马克·布洛赫著，张绪山等译：《封建社会》，商务印书馆2004年版，第601、711－714页。

地方高度自治;第三,实行以“经济大户”为基础的社会基层高度自治。

关于第一个问题。由本文前述可知,孔孟思想中已经有了明确划分中央与地方权力边界的主张。这里,笔者再进一步明确指出:本文前已提及的孔子“礼乐征伐自天子出”之语,最能体现他们的这种观点。笔者曾在书中讲:

> 虽然先秦文献中有“王臣公,公臣大夫,大夫臣士”、“天有十日,人有十等”的说法,但它不是讲的社会权力等级森严划分的现实,更多的是一种礼仪的安排。与“普(溥)天之下,莫非王土;率土之滨,莫非王臣”的说法一样,它同样是一种概念虚构。在某些方面,在特定领域内,它有某些意义,但在更多情况下,它毫无意义。因为,如孔子所讲,只是“礼乐征伐自天子出”。在这里,大体如美利坚合众国开国者在宪法中只给联邦以列举权力,而把其他权力全部留给各州,周天子所具有的只是列举的出礼乐、出征伐的权力。在这里,礼乐就是各诸侯国、卿大夫家本来就使用着的礼仪,征伐则是诸侯们的共同军事行动。这些都不涉及各诸侯国,卿大夫的家内政,不论是政治的还是经济的。总之,在周代,君与民(或者说君与臣)的关系,只是在封国、封邑之内的范围里,才会落到实在的地方的。①

关于地方自治问题。孔孟二人表述中的“千乘之国”、“五十里善国”等,在指义上当与美利坚合众国中的众国(亦即州)完全相同。

关于社会基层自治问题。笔者认为,在此点上,孟子的思想与主张尤其值得称道。因为在古代中国,没有“经济大户”为中流砥柱的社会基层自治不但难以实行,而且即便实行起来,也只能是乌合之众,成百上千的庸民、刁民、暴民麇集在一起,互相之间或者内斗倾

① 万昌华:《中国行政制度比较研究》,中国文史出版社2002年版,第28页。

轧，或者走入歧途。总之，美国建国前后弗吉尼亚等许多地区经济大户主导社会基层自治的成功经验证明了孟子的有关思想正确。

最后，以清末学者朱德权在其译著的《地方自治》“序言”中的一段与联邦制和地方自治有关的话语结束本文：

> 或谓中国行地方自治——恐各地方分裂，——人民程度不及。窃谓持前说者忧天之见也，持后说者愚民之计也。夫自治者，非即认其独立之谓。“何事地方能为？何事地方不能为？何事虽能为，必待官厅之许可”，界限谨严，无从超越，则分离不足虑。至(于)程度之说，最无界线之说也。人民必达如何程度而后可言自治？必不能举一确实之标准。且程度必根本于教育，不讲地方自治，教育万无普及之一日，即程度万无增进之一日是也。自治者鞭策人民达到程度之绝妙方法，正惟人民无程度而自治乃不可不亟亟讲求也。有当小儿学步而系其足者，曰程度不及，因之染不仁痼疾，老死不得一步。夫不使之由学步以达于善走，而欲俟其善走始令之学步，持人民程度不及论者，毋乃斯人类乎？①

① 吉村源太郎著，朱德权译：《地方自治》，中国政法大学出版社 2004 年版，译者“序言”。

第十篇

顾炎武在山东时期关于国家政治体制思想的考察

顾炎武于康熙十五年(1676)在随赠书《日知录》写给黄宗羲的信中讲道:“天下之事,有其识者未必遭其时,而当其时者,或无其识。古之君子所以著书待后,有王者起,得而师之。”①很明显,他这里是夫子自道。顾炎武希望中华大地以后会有王道施行,自信自己的一套政治体制设想能为中国的后来者采纳。本书前已提及,美国当代知名政治学学者斯科特·戈登在《控制国家——西方宪政的历史》一书中指出,宪政就是“通过政治权力的多元分配从而控制国家的强制力量的政治制度”。顾氏当时所倡导的政治体制主张,有斯科特·戈登所说的某些宪政的特点。顾炎武的政治体制思想包括限制君主权力、地方分权与基层社会实行自治等。

① 顾炎武:《与黄太冲书》,《顾亭林诗文集》,中华书局1959年版,第246页。

虽然顾炎武不是山东人，但山东是其形成、发展上述思想的主要地区。换言之，山东是顾炎武关于宪政性政治体制思想的摇篮和成长沃土。下面，笔者就在扼要考察顾炎武在山东寓居活动的基础上，对其君主限权、地方分权与基层社会实行自治的思想主张作一考察。

一、顾炎武在山东时期关于政治体制的著述

顾炎武自顺治十四年(1657)秋天起，北上“登涉名山大川，历聘六国，以广其志，而大其声施”①，足迹遍布了山东、北京、河北、河南、山西、陕西等地方，但直到康熙十六年(1677)年四月最终离开，其间21 年，他都是以山东为第二故乡的。虽然顾炎武在此期间也不时地外出旅游考察，但其在思想意识上是将山东作为自己的家乡的。

顾炎武于 1657 年秋来山东之后，所到或所到并较长时间驻留的地方有莱州、即墨、青州、济南(市区，下同)、泰安、兖州、曲阜、邹县、邹平、章丘、潍县、长清、德州、东昌等；所交往的文人学士朋友有张尔岐、王士禛、马骕、李焕章、薛凤祚、赵士完、任唐臣、徐元善、张允抡、张光启、刘怀孔、颜光敏、程先贞、李源、李涛、李浃、谢重辉、王士禄、张简可、马嗣先、张奉之、刘在中等。

据有关资料，在以上诸地中，顾炎武驻留时间最长的是章丘、兖州、德州、济南与泰安五地。

章丘。此是顾炎武第二故乡的核心，是其与山东大儒、著名经学家张尔岐初次相见的地方。张尔岐在《答顾亭林书》中曰：“自章丘得近清光，数闻绪论，兼得读诸作，固已私意先生所学有异世俗，非仅文章之士已也。”②

---

① 归庄：《送顾宁人北游序》，《归庄集》卷三。

② 张尔岐：《蒿庵集》卷一，《四库全书存目丛书·集部》(第 207 册)，齐鲁书社 1997 年版，第 606 页。

康熙四年(1665),顾炎武由泰安至德州,再至济南,复至章丘,置田地屋宇于章丘大桑家庄。大桑家庄有田10顷,但直到1677年顾炎武最终离开时,该田产还未出售。同年3月,顾炎武又来过这里。他不但在这里“度岁”(过春节),①还在这里祭祀过世的长辈与亡友。康熙十二年(1673),闻从叔兰服暨挚友归庄讣,顾炎武专门在章丘的大桑家庄田庄祭祀二人。

兖州。1666年,顾炎武“度岁”于兖州守彭绳祖署。② 1667年,顾炎武在兖州编订《近儒名论甲集》。张穆在《顾炎武年谱》中说,是年“春,留兖李署删定《近儒名论甲集》”③。有关情况在顾炎武与颜光敏的信中有更详细的记述:“弟向日录有《古今集论》五十卷,顷兖李、刘年翁延弟至署,删取其切于经学治术之要者,付诸梓人,名曰《近儒名论甲集》。因此淹留,尚有旬月。”④

德州。顾炎武在山东最要好的朋友程先贞,还有李源(程先贞母舅)、李涛、李浃等都是德州人。1673年冬程先贞去世,顾炎武专程自章丘前去德州吊唁,并写有悲悼诗《自章丘回至德州则程工部逝已三日矣》。1667年,顾炎武在德州先住程先贞家,为之作《程正夫诗序》,同游苏禄王墓,后又住李涛家。1670年夏天,顾炎武在德州应程先贞、李涛之聘,讲《易》于两家。1673年夏,顾炎武又在德州为其订州志。⑤

济南、泰安。济南与泰安是顾炎武除章丘之外在山东期间最常居住的地方。

---

① 周可真:《顾炎武年谱》,苏州大学出版社1998年版,第329页。

② 周可真:《顾炎武年谱》,苏州大学出版社1998年版,第346页。

③ 张穆等:《顾炎武年谱(外七种)》,上海古籍出版社2012年版,第51页。

④ 顾炎武:《顾亭林诗文集》,中华书局1959年版,第336页。

⑤ 周可真:《顾炎武年谱》,苏州大学出版社1998年版,第422页。

1773 年，顾炎武在济南参加了《山东通志》的编订工作。李焕章《织斋文集》卷一《蒿庵集序》中有明确记载："癸丑（康熙十二年）春，余膺施方伯公省志之役，与稷若同入紫薇署中，昆山顾宁人、益都薛仪甫咸在焉……宁人最该博，古今经史，历历皆成诵，主古迹山川。"另外，顾炎武在给颜光敏的信中称，自己当时是"寓迹半在历下，半在章丘"①。

虽然不像在章丘那样有大量直白明确的居住文字记载，但从有关零碎记述与间接材料中，也能看出泰安是除章丘之外，顾炎武在山东居住时驻留时间最长的地方之一。

1665 年，顾炎武在章丘"度岁"。② 而此前的 1664 年，顾炎武是在泰安"度岁"的。③

前引张穆《顾炎武年谱》之"顺治十五年"条中记述："春，至泰安，登泰山。穆案：《金石文字记》《岱岳观造像》下曰：'碑下为积土所壅。予来游数四，最后募人发地二尺，下而观之，乃得其全文。'又宋《董元康题名》下云：'右小石刻，在岱岳观。余既录唐碑，往还数四，道士谓予曰：昨发地得二石，请观之。'云云。据元谱，先生凡至泰安者三，记中云云，未得其年。"④笔者认为，此段话语表明顾氏曾长期寓居泰安。另外，从顾炎武留下的有关泰安与泰山的众多著述来看，他当年是相当喜欢泰安这个地方的，是相当喜欢泰山这个大文物宝库的。

由顾炎武与颜光敏的通信可知，顾炎武在泰安有自己的常住之地与自己的田庄。顾炎武在 1666 年与颜光敏的信中说："弟以今年

---

① 顾炎武：《顾亭林诗文集》，中华书局 1959 年版，第 237 页。

② 周可真：《顾炎武年谱》，苏州大学出版社 1998 年版，第 329 页。

③ 周可真：《顾炎武年谱》，苏州大学出版社 1998 年版，第 322 页。

④ 张穆等：《顾炎武年谱（外七种）》，上海古籍出版社 2012 年版，第 35 页。

六月至雁门……初秋入都……顷至岱下,俟主人之归,即过兖郡。”①很清楚,当时岱下是顾炎武长期居住的地方。顾炎武于1671年与颜光敏的信中又说:“汶阳归我,治之四年,始得皆为良田。今将觅主售之……”②汶阳之田,在大汶河以北、今泰安市西南60里处。此地,有关书籍中有明确记载:汶阳“古地名,春秋鲁地。今在泰安西南一带。因在汶水之北故名”③。另外,由信中的“汶阳归我,治之四年”可知,顾炎武建立汶阳田庄,时间是在1667年。总之,顾氏当年在山东所拥有的大桑家庄、汶阳田产是一种并列关系,不是某些研究者所认为的一处,而是两处。④

据泰山学院历史与社会发展学院教授、泰安地区知名地方史专家赵兴彬考证,顾炎武与颜光敏信中提到的在泰安的“主人”,是赵兴彬明清之际的先祖赵弘文(1591-1673)。赵弘文是泰安谷家庄(今泰安市岱岳区范镇谷家庄)人。明朝万历戊午(1618)举人,崇祯丁丑(1637)进士,明崇祯末年出任礼部行人司行人。崇祯十七年(1644)四月明亡后,大顺军一部攻占了泰安。五月三日,在籍的赵弘文密结原明朝高唐营游击、“忠义绅士”高桂及乡民徐来春等百余人,杀死大顺政权的防御史及军事头目十余人。清朝建立之后,赵弘文先是拒绝征召,后不得已出任广东道监察御史(正三品),以后改任巡按苏、松、常、镇等处兼督沿海综核将领。他在后者任上,打击贪官污吏的同时,对前朝遗民多加回护。当时江苏名

---

① 顾炎武:《顾亭林诗文集》,中华书局1959年版,第235页。

② 顾炎武:《顾亭林诗文集》,中华书局1959年版,第238页。

③《辞海》,上海辞书出版社2002年版,第1772页。

④ 周可真曰:“纲:至章丘桑家庄。目:先生在桑家庄的田产(共十顷)……其田原属贫瘠之地,而自‘汶阳归我,治之四年,始得皆为良田’。”(见氏著《顾炎武年谱》,苏州大学出版社1998年版,第423页)周氏此处说法有误。顾炎武的汶阳之田在泰安而不在章丘。二地相距数百里。

士多有隐迹山林不应征召而被加罪者，赵弘文多方调停，或为荐举，或为开释，宦室一时得以保全。赵弘文任满回朝后，因被谗降调，不辩而辞职。赵弘文回籍后，一是在泰安城里筑梅花馆（原址在今泰安市老县衙西北），一是在城东艾洼村建有艾滩山庄，读书著述，直至终老。在赵弘文保护的明遗民中，被明确记载的有吴伟业等人。与顾氏相同，吴伟业也是昆山人。吴伟业虽然与赵弘文一样不得不仕清，但对清朝并无好感，一直认为自已是误入歧路。赵兴彬认为，顾炎武当也是受赵弘文保护的人士之一，因之有"主人"之称。赵兴彬此说有一定的道理。

除关心制度变迁与时政之外，读书与实地考察相结合，是顾炎武治学和进行文学创作的最显著的特点。在顾炎武的著述与诗作中，明晰记载了他在泰山及其周边地区积极活动的情况。《日知录》中有其在泰山及其周边地区实地考察后写成的篇目《泰山治鬼》、《泰山立石》、《泰山都尉》、《社首》等；《顾亭林诗文集》中有关于泰山的诗篇《登岱》、《重登灵岩》等。顾炎武在《登岱》一诗中身临绝顶，历览古今，抒发壮怀，望河喟叹，慕圣人忘我救世之遗轨，不禁潸然泪下：

尼父道不行，喟然念泰山。空垂六经文，不睹西周年。七十二君代，乃有封禅坛。书传多荒忽，谁能信其然。既尝小天下，复观邃古前。羲黄与尧舜，荡灭同云烟。社首卑附地，徂徕高摩天。下视大海旁，神州自相连。天地有变亏，何人得升仙。遗弓名乌号，桥山葬衣冠。末世久浇讹，孰探幽明原。三万六千年，山崩黄河干。立石既已刓，封松既已残。太阳不东升，长夜何漫漫。哀哉一颜渊，独立瞻吴门。疲精不肯休，计画无崖垠。复有孟子舆，眷眷明堂言。庶几大道还，民质如初元。上采黄金成，下塞宣房湍。何时一见之，太息徒潺湲。①

---

① 顾炎武：《顾亭林诗文集》，中华书局1959年版，第335页。

除《日知录》与《顾亭林诗文集》中有较多关于泰山与泰安地区的考据、游记与诗作之外，从日本大阪府立图书馆引进的《蒋山傭残稿》中得知，顾炎武当年还著有《岱岳记》4 卷，今已失传。① 由此可看出顾炎武与泰安、泰山的密切关系。

通过研究得知，最能体现顾炎武政治体制思想的著作《日知录》，应该就是写作、出版与流布于他在山东 21 年寓居期间。顾氏其他有关政体的著述也大都写作于该时期。

顾炎武后来在给人的信中讲道，自己是 50 岁以后才开始《日知录》的写作的："君子之为学，以明道也，以救世也……某自五十以后，笃志经史，其于音学深有所得……而别著《日知录》上篇经术、中篇治道、下篇博闻共三十余卷。有王者起，将以见诸行事，以跻斯世于治古之隆，而未敢为今人道也。"②由此可知，顾炎武《日知录》的写作是在来山东 5 年之后。

另据顾炎武《与友人书》，《日知录》"初本乃辛亥年刻。彼时读书未多，见道未广，其所刻者，较之于今，不过十分之二"③。辛亥年是康熙十年（1671），顾炎武已 59 岁，此时距他初来山东的 1657 年，已经有 14 年。1673 年，顾炎武与李良年的信中称《日知录》"续录又得六卷"④。同年，顾炎武与颜光敏的信中又写道："近日又成《日知录》八卷，韦布之士，仅能立言，惟达而在上者为之推广其教，于人心

---

① 顾炎武：《顾亭林诗文集》，中华书局 1959 年版，第 180 页。有说《岱岳记》为 8 卷者。见周可真：《顾炎武年谱》，苏州大学出版社 1998 年版，第 230 页。顾炎武著《岱岳记》在当时有一定的影响。沈岱瞻《同志赠言》中有黄师正《宁人道兄归自燕出示近作》诗，其中曰："几年离索动相思，多在停云落月时。访岳先成《登岱记》，人都争诵谒陵诗。史迁历览文章古，季札观风缟纻宜……"

② 顾炎武：《顾亭林诗文集》，中华书局 1959 年版，第 103－104 页。

③ 顾炎武：《顾亭林诗文集》，中华书局 1959 年版，第 195 页。

④ 顾炎武：《顾亭林诗文集》，中华书局 1959 年版，第 245 页。

世道，不无小补也。”①

但是，需要指出的是，顾炎武在山东时期已经基本完成了《日知录》全稿的写作。他在1676年《初刻〈日知录〉自序》中写道：

炎武所著《日知录》，因友人多欲抄写，患不能给，遂于上章阉茂之岁刻此八卷。历今六七年，老而益进，始悔向日学之不博，见之不卓，其中疏漏往往而有，而其书已行于世，不可掩。渐次增改，得二十余卷，欲更刻之，而犹未敢自以为定，故先以旧本质之同志。盖天下之理无穷，而君子之志于道也，不成章不达。故昔日之得，不足以为矜；后日之成，不容以自限。若其所欲明学术，正人心，拨乱世以兴太平之事，则有不尽于是刻者，须绝笔之后，藏之名山，以待抚世宰物者之求，其无以是刻之陋而弃之则幸甚！②

另外，顾炎武的《郡县论》9篇，是阐发自己政治体制主张与思想的重要篇章。对于这9篇论文，以往关于顾炎武生平的论著中少有涉猎。可以肯定的是，顾炎武的《郡县论》9篇，也写作于其在山东寓居时期。从《亭林文集》的编排顺序上看，它们要早于《钱粮论》两篇。顾炎武在1676年致黄宗羲的信中说，《钱粮论》两篇写于之前数年，则《郡县论》9篇也当写于之前数年。它们当写作于1670年前后，当时未与《钱粮论》两篇一起刊刻流布，大概与怕“犯禁”有关。因为在当时，鼓吹封建，批评郡县，是犯大禁的。比如黄宗羲《明夷待访录》中的两篇未刊文，其中一篇即是《封建》。③

二、顾炎武在山东时期政治体制思想概观

顾炎武在山东时期关于政治体制的思想与主张主要反映在《日

① 顾炎武：《顾亭林诗文集》，中华书局1959年版，第238页。

② 顾炎武：《顾亭林诗文集》，中华书局1959年版，第29页。

③ 黄宗羲：《黄宗羲全集》，浙江古籍出版社1985年版，第418页。

知录》中，具体展开而言，主要是以下几点：(1)关于去君主至尊、至贵，限制君主手中无限权力的思想；(2)实行地方分权制，给地方官员以更多实际治权的思想；(3)社会基层自治的思想。

自秦始皇起实行皇帝制度以来，中国历朝历代就确立了君主神圣、地位至高无上的观念，并且被历代统治者与御用文人宣称为天经地义。以后历代君尊臣卑、君权无限，实行君主独裁专制政治，根源就在于此。对此，顾炎武在《日知录》中以考据与读书札记的形式进行了坚决否定。

清朝与明代一样，都是政治上极度君主专制、最高统治者动辄草菅人命的王朝。文字狱高发，文人动辄被处以极刑。面对如此险恶的政治环境，顾炎武却在《日知录》众多篇目中清楚地表达了自己去君主至尊、至贵，限制君主手中无限权力的思想与主张，有识有胆，实属难能可贵。这在《日知录》的《君》、《主》、《陛下》、《人臣称人君》、《人臣称万岁》、《周室颁爵禄》等篇中表现得最为明显。

当时，社会中"饱读"诗书的文人言必称颂夏、商、周三代，统治者们也认为三代是自己学习的榜样，顾炎武便顺水推舟，同样以三代的历史为研究对象，阐发的却是剥去专制君主头上神圣光环的内容。他在《君》、《人臣称人君》篇中称，在三代，君不像现在是最高统治者的称谓，不许其他人用，"古时有人臣而隆其称曰君者。周公若曰'君奭'是也"①。随后，顾炎武列举了《左传》、《仪礼》、《周礼》、《丧大记》、《孟子》等书中的有关记载来证明自己的观点。

顾炎武又在《日知录》的《主》、《陛下》、《人臣称万岁》等篇目中，针对皇帝的专有尊称指出："主"、"陛下"、"万岁"等在中国古代历史上不是神圣尊称，而只是一种平常的称谓。

---

① 黄汝成：《日知录集释(外七种)》，上海古籍出版社1985年版，第1786页。

顾炎武在《主》篇中指出，“春秋时称卿大夫曰主”①。他在《陛下》篇中指出：“贾谊《新书》：‘天子卑号称陛下。’蔡邕《独断》：‘陛，阶也，所由升堂也。天子必有近臣，执兵陈于陛侧，以戒不虞。谓之陛下者，群臣与天子言，不敢指斥天子，故呼在陛下者而告之，因卑达尊之义也。’上书亦如之。及群臣士庶相与言曰殿下、阁下、执事之属，皆此类也。据此，则陛下犹言执事，后人相沿，遂以为至尊之称。”②顾炎武在《人臣称万岁》篇中指出，在东汉，“万岁”仅是一个欢呼词而已，对人臣也可呼万岁。③

英国是西方国家宪政体制的摇篮。在那里，中世纪前期，国王是贵族中的一员，后期又确立了“王在议会中”的政治规则。本书前已提及，钱乘旦曾指出，中世纪前期的英国“国王最大的经济职能就是分封土地，收取封建义务。他的权力来自于此，同时也受制于此。由于他分封土地、贵族便承认他的高超；但也由于他分封土地，贵族便分享了他的权力，从而只把他看成是自己队伍中的最高者，贵族中的第一位贵族。……国王与贵族各有各的领地，各自都在自己的领地上行使司法权……他们实际上处于社会的同一层次上”。“既如此，为什么又需要一个国王，而这个国王又被全体贵族所承认？”这是因为“在封建时期，国王有一种特别的职能，就是在全国征召军队，并率领这支军队出征打仗。只有在这个意义上国王才是‘一国之王’”。从《日知录》的《周室颁爵禄》篇中可以看出，顾炎武也是向往在中国能够建立这样的社会权力架构的。

---

① 黄汝成：《日知录集释（外七种）》，上海古籍出版社 1985 年版，第 1789 页。

② 黄汝成：《日知录集释（外七种）》，上海古籍出版社 1985 年版，第 1791－1792 页。

③ 黄汝成：《日知录集释（外七种）》，上海古籍出版社 1985 年版，第 1839 页。

《左传·昭公七年》曰："天有十日，人有十等。下所以事上，上所以共神也。故王臣公，公臣大夫，大夫臣士，士臣皂，皂臣舆，舆臣隶，隶臣僚，僚臣仆，仆臣台。"顾炎武在《周室颁爵禄》篇中认为当时的历史不是这个样子，他说："为民而立之君，故班爵之意，天子与公侯伯子男一也，而非绝世之贵。代耕而赋之禄，故班禄之意，君、卿、大夫、士与庶人在官一也，而非无事之食。是故天子一位之义，则不敢肆于民上以自尊；知禄以代耕之义，则不敢厚取于民以自奉。不明乎此，而侮夺人之君，常多于三代之下矣。"①

顾氏的上述表述更接近于周代颁爵与分封制的实际。孟子在《孟子·万章下》回答别人问及有关周室班爵之事时曾说："其详不可得闻也，诸侯恶其害己也，而皆去其籍。然而轲也，尝闻其略也。天子一位，公一位，侯一位，伯一位，子、男同一位，凡五等也。君一位，卿一位，大夫一位，上士一位，中士一位，下士一位，凡六等。天子之制，地方千里，公侯皆方百里，伯七十里，子、男五十里，凡四等。不能五十里，不达于天子。附于诸侯，曰附庸。"

顾炎武关于国家分权、实行地方与基层自治的思想与主张，主要在《日知录》的《守令》、《藩镇》、《爱百姓故刑法中》等篇以及独立论文《郡县论》9 篇和《裴村记》中。

顾炎武在《日知录·守令》篇中写道：

> 所谓天子者，执天下之大权者也。其执大权奈何？以天下之权寄之天下之人，而权乃归之天子。自公卿大夫，至于百里之宰，一命之官，莫不分天子之权以各治其事，而天子之权乃益尊。后世有不善治者出焉，尽天下一切之权而收之在上。而万几之广，固非一人之所能操也。而权乃移于法，于是多为之法以防禁

① 黄汝成：《日知录集释（外七种）》，上海古籍出版社 1985 年版，第 572 页。

之,虽大奸有所不能逾,而贤智之臣亦无能效尺寸于法之外。相与兢兢奉法以求无过而已。于是天子之权不寄之人臣,而寄之吏胥。是故天下之尤急者,守令亲民之官;而今日之尤无权者,莫过于守令。守令无权,而民之疾苦不闻于上,安望其致太平而延国命乎?①

顾炎武在《日知录·藩镇》篇中引用尹源、王应麟等人关于地方无权有害的议论之后写道:"呜呼! 人徒见艺祖罢节度,为宋百年之利,而不知夺州县之兵与财,其害至于数百年而未已也。陆士衡所谓'一夫纵横,而城池自夷',岂非崇祯末年之事乎!"②

顾炎武在《日知录·爱百姓故刑法中》篇中写道:

人君之于天下,不能以独治也,独治之,而刑繁矣。众治之,而刑措矣。古之王者,不忍以刑穷天下之民也。是故一家之中,父兄治之;一族之间,宗子治之。其有不善之萌,莫不自化于闺门之内。而犹有不帅教者,然后归之士师。然则人君之所治者约矣。然后原父子之亲,立君臣之义以权之;意论轻重之序,慎测浅深之量以别之;悉其聪明,致其忠爱以尽之……是故宗法立而刑清。天下之宗子各治其族,以辅人君之治,罔攸兼于庶狱,而民自不犯于有司。风欲之醇,科条之简,有自来矣。③

与《日知录·守令》篇的思想相同,本书前已提及,顾炎武在论文《郡县论》9 篇中进一步系统阐述了分天子之权于地方的主张。

顾炎武在《郡县论一》中指出:"知封建之所以变而为郡县,则知

---

① 黄汝成:《日知录集释(外七种)》,上海古籍出版社 1985 年版,第 718 页。

② 黄汝成:《日知录集释(外七种)》,上海古籍出版社 1985 年版,第 750-751 页。

③ 黄汝成:《日知录集释(外七种)》,上海古籍出版社 1985 年版,第 501-502 页。

郡县之敝而将复变……方今郡县之敝已极,而无圣人出焉,尚一一仍其故事,此民生之所以日贫,中国之所以日弱而益趋于乱也。”要想改变这种状况,办法是“尊令长之秩,而予之以生财治人之权,罢监司之任,设世官之奖,行辟属之法,所谓寓封建之意于郡县之中,而二千年以来之敝可以复振”。① 对于自己的主张,顾炎武有着无比的自信:“后之君苟欲厚民生,强国势,则必用吾言矣。”②

《郡县论一》是总纲,以下8篇具体展开,包括如何尊令长之秩而予之以生财治人之权,罢监司之任,设世官之奖,行辟属之法。

顾炎武在《郡县论二》中设想:“改知县为五品官,正其名曰县令。任是职者,必用千里以内习其风土之人。其初曰试令,三年,称职,为真;又三年,称职,封父母;又三年,称职,玺书劳问;又三年,称职,进阶益禄,任之终身。其老疾乞休者,举子若弟代;不举子若弟,举他人者听;既代去,处其县为祭酒,禄之终身。所举之人复为试令。三年称职为真,如上法。”③

顾炎武在《郡县论三》中设想,称职的官员应做到“土地辟,田野治,树木蕃,沟洫修,城郭固,仓廪实,学校兴,盗贼屏,戎器完,而其大者则人民乐业而已”④。

顾炎武在《郡县论七》中设想:“今则一切归于其县,量其冲僻,衡其繁简,使一县之用,常宽然有余。又留一县之官之禄,亦必使之溢于常数,而其余者然后定为解京之类。其先必则壤定赋,取田之上中下,列为三等或五等,其所入悉委县令收之。其解京曰贡、曰赋;其非时之办,则于额赋支销,若尽一县之入用之而犹不足,然后以他县之赋益之,名为协济。此则天子之财,不可以为常额。然而行此十

① 顾炎武:《顾亭林诗文集》,中华书局1959年版,第12-13页。
② 顾炎武:《顾亭林诗文集》,中华书局1959年版,第13页。
③ 顾炎武:《顾亭林诗文集》,中华书局1959年版,第13页。
④ 顾炎武:《顾亭林诗文集》,中华书局1959年版,第14页。

年,必无尽一县之入用之而犹不足者也。"①

与《日知录·爱百姓故刑法中》篇中实行基层宗族自治的主张相似,顾炎武在文章《裴村记》中进一步提出了农村豪家大姓自治的主张。该文章是顾炎武考察了山西闻喜县裴村大姓裴氏在此地长期生息繁衍自卫自保的事迹后所写的。他在《裴村记》中写道:"一旦有变,人主无可仗之大臣,国人无可依之巨室,相率奔窜,以求苟免……是以唐之天子,贵士族而厚门荫,盖知封建之不可复,而寓其意于士大夫,以自卫于一旦仓黄之际,固非后之人主所能知也。予尝历览山东、河北,自兵兴以来,州县之能不至于残破者,多得之豪家大姓之力,而不尽恃乎其长吏。"②

直接受顾炎武《裴村记》文章的影响,钱穆先生在《国史新论》中写下过如下话语:

> 为什么魏、晋、南北朝时代,外人入侵,我们可以抵抗,而宋明两代外人入侵,我们就没有办法呢?这因为魏、晋时代,中国社会上还是有变相贵族之存在,他们在地方上拥有大产业,属下有大群民众,他们一号召,总可有几千几万人跟从附和,这样就可独自成为一个力量了。我们现在则称他们是封建势力,似乎封建势力总是要不得。但社会上有一个一个的封建势力摆布着,外族人自然吃不消。宋、明两代的社会,则没有这种特殊势力了,那么外族一来,只击败了你的上层中央政府,下面地方就没有办法可以再抗拒。正因这时候,中国社会上的封建势力早已消失,而像近代西方社会的资本主义新兴势力,并未在中国社会上兴起。那么那时的中国民众,就没有方法组织成力量。人民既然毫无力量,那只有依靠政府。政府倒台,人民自然就没有

① 顾炎武:《顾亭林诗文集》,中华书局1959年版,第16页。
② 顾炎武:《顾亭林诗文集》,中华书局1959年版,第106页。

办法了。顾亭林先生在明亡后，想从事革命，走遍全国。有一次，他到山西西南部的闻喜县，看见一个很大的村落，名叫裴村，里面几千人家都姓裴。他们直从唐代遗传下来，还是聚族而居的。因此亭林先生便回想到唐朝时的宗法社会还是有力量，此下这力量便逐渐没有了。那时中国的文学和艺术，也只是平民的，只是日常人生的，只是人生的享受和体味。从另一意味讲，那都走上了消极的路，只可供人生安慰消遣。而中国社会，一般说来，又是一个真实平等的社会，便不易发挥出力量来。宋以后，中国国势的一蹶不振，毛病就在此。①

三、小结

综上所述，山东地区原有的丰厚历史与思想文化底蕴以及当时相对而言较高的社会文化水平与较开明的知识群体的存在，是顾炎武具有宪政意蕴的政治体制思想的历史与社会基础；而顾炎武上述思想的形成，又与自己献身社会的情怀和刻苦努力密不可分。

关于上述前一方面，在顾炎武45岁北上壮游之际，潘柽章所写诗中有阐述，其中曰："征骑翩翩落叶深，知君此去有知音。宝刀自试中宵恨，老鹤谁怜万里心。登岱文应探玉简，游燕客岂市黄金。悲歌击筑相逢地，还忆山中梁父吟。"山东泰山及其周边地区，正好是玉简与《梁父吟》所在的地方。

分析顾炎武以上思想与主张形成的主观原因，大体有如下两点：(1)与其自少年时期起就受到君主专制制度的压迫有关；(2)与其广泛阅读、知事明理有关。

顾炎武自17岁时就参加了江南地区文人组织——复社，而复社曾被朝廷下旨察治。幸有周延儒出任大学士，此案才未酿成大狱。

---

① 钱穆：《国史新论》，三联书店2001年版，第368－369页。

对之前中国历史上历代君主专制统治之残暴,顾炎武不仅熟知,而且一直是持激烈批判态度的。比如,在对具体地名进行考释时,他不忘对专制君主进行无情批判。据王士禛在《池北偶谈》一书"劳山说"条中记述:

> 劳山,在莱州府即墨县境中。昆山顾宁人炎武序《劳山图志》曰:"自田齐之末,有神仙之论,而秦皇、汉武谓真有此人在穷山巨海之中,于是八神之祠遍于海上,万乘之驾常在东莱,而劳山之名由此起矣。山皆乱石巉岩,下临大海,逼仄难度,其险处土人犹罕至焉。秦皇登之,是必万人除道,百官扈从,千人拥挽而后上也。五谷不生,环山以外,土皆疏瘠,海滨斥卤,仅有鱼蛤,亦须其时。秦皇登之,必一郡供张,数县储偫,四民废业,千里驿骚,而后上也。于是齐人苦之,而名曰劳山也。"……以理揆之,顾说为长。①

由于激烈地反对君主专制的政治思想与政治主张,顾炎武的《日知录》32卷全本在其生前未能刊行,刊行工作是在顾氏去世13年之后的康熙三十四年(1695)由其弟子潘耒在福建进行的。赵俪生先生曾指出,当时因文字狱的影响,"对原稿做了相当严重的变动"②。此说正确。1933年,黄侃根据张溥泉所得旧抄本对勘,发现刊落者有全篇、全节、数行,其余删句换字者,数不胜数。③

但是,我们前引赵俪生先生著作中将顾炎武与黄宗羲进行比较之后刻意扬黄抑顾的一段话值得商榷:

> 顾在北京从黄的学生手中读到了《明夷待访录》,又把自己的《日知录》托这学生带给黄宗羲,并写了信说,"所论同于先生

---

① 王士禛:《池北偶谈》卷一五。

② 赵俪生:《顾亭林与王山史》,齐鲁书社1986年版,第77页。

③ 黄侃:《日知录校记序》,《日知录集释(外七种)》,上海古籍出版社1985年版,第3357页。

> 者十之六七”，只建都问题有分歧。其实分歧不止建都问题。试看顾、黄反对中央集权的专制主义是共同的，但反的高度和深度不同。按黄的意思，假如把专制主义打下去，扶上来的是市民阶层；而按顾的意思，假如把专制主义打下去，扶上来的是地域性的地主权力集团。试看《日知录》中顾对东汉风俗、对三国时的“荆表益焉”、对唐代的藩镇、对明代业已反动透顶的藩王，都给了相当高的评价，这才是《日知录》和《明夷待访录》间最大的差距。顾从缙绅地主阶级出身，这是无可选择的，受其影响也是不免的，但晚年奔走四方、居无宁处、历尽艰辛，理应从缙绅意识上有所剥离，有所翻身。但这种迹象在我们传主（顾炎武）一生的事迹中是不多见的。这到头来是一种历史的遗憾。①

在这里，赵先生突然贬低顾氏，没有很多道理。第一，中国当时历史的要害是君主专制，不去掉这个东西，任何阶级都别想真正在社会上立住脚跟；第二，在当时，黄宗羲也是设想把专制主义打下去之后，扶上“地域性的地主权力集团”的；第三，黄宗羲认为，即使诉诸封建地主阶级，也比君主专制要好。关于后两点，在《明夷待访录》诸篇中我们可以看到，其中的《方镇》、《学校》、《田制》等篇章都主张扶上“地域性的地主权力集团”。另外，在《明夷待访录》的未刊文《封建》篇中，更是重点阐述了该问题。② 已故澳大利亚科学院院士、世界著名华裔学者杨小凯曾指出，英国“王权的衰落、封建制的发达，以及没有中国式的中央集权制，是后来的民主制度的基础。换言之，民主制度是以封建制度为基础的”③。

总之，生活在十七八世纪中国君主专制与中央集权主义时代中，

---

① 赵俪生：《顾亭林与王山史》，齐鲁书社 1986 年版，第 82－83 页。

② 《黄宗羲全集》（第 1 册），浙江古籍出版社 1985 年版，第 418－420 页。

③ 杨小凯：《中国政治随想录》，http://wenku.baidu.com/view/dc6le8ee5ef7ba0d4a733bf6.html.

顾炎武能够“举世皆浊我独清”，奋起批判君主专制与中央集权，大力提倡君主限权、国家分权，提倡地方与基层社会自治，正是时代的先知。他在《日知录·廉耻》篇中写道：“松柏后凋于岁寒，鸡鸣不已于风雨。彼昏之日，固未尝无独醒之人也。”①当是艰难社会处境的夫子自道。另外，潘耒在《日知录·序》中说“先生非一世之人，此书非一世之书”②，也是非常正确的。顾炎武符合人类进化方向与世界进步潮流的政治体制思想在其去世300余年后仍然有着重要的认识价值。

① 黄汝成：《日知录集释（外七种）》，上海古籍出版社1985年版，第1037–1038页。

② 黄汝成：《日知录集释（外七种）》，上海古籍出版社1985年版，第26页。

第十一篇

中国20世纪宪政主义的双峰：胡适与殷海光

美国普林斯顿大学东亚系周质平教授曾有文章称胡适与林语堂是自由主义的双峰。① 笔者在这里采用“拿来主义”，亦用“双峰”一语来形容胡适与殷海光这两位在20世纪有着重要影响的学者与思想家。在此，使人不由地联想起李敖在回忆录中所写下的一段话：

先一代的蛟龙人物，陷在这个岛上的，我看来看去，只有两个人够格：一个是胡适，一个就是殷海光。我大学时代，胡适已经老惫，蛟龙气质，已经像丁尼生笔下的荷马史诗英雄，无复五四时代的风光；殷海光则如日中天……前后十一年，殷海光在这十一年间，真是蛟龙得水；而这十一年，又正是我的中学时代大

① 周质平：《自由主义的双峰胡适与林语堂》，《鲁迅研究月刊》2010年8月。

学时代，我进台大的时候，正是殷海光最红的时候……他的蛟龙气质，自然使我佩服。①

如何理解宪政？中国政法大学宪法学者王人博教授曾讲过，自由主义就是宪政主义。② 此论有一定的道理。但笔者同时认为宪政主义概念的涵盖幅度比自由主义要小，应主要是指关于政治体制的思想与主张。这正是本文以宪政主义为题的原因。

下面，笔者分别对胡适与殷海光有关宪政主义的思想与主张以及二人的关系略加考察。

一、胡适的宪政主义思想

在未进行全面系统而深入考察的情况之下，人们对胡适与胡适宪政主义思想的认识与评价是有偏差的。例如，同样主张自由主义的林毓生先生，几次表示对胡适的不以为然。他在 1967 年 6 月 26 日给殷海光的信中写道："最近正要写论胡适之的那一章，仔细想来，他带给中国知识界的灾难恐怕多于恩惠。奇怪的是：自五四以来像他这种只会'眼到、手到、脚到'，内心深处平淡的像一杯白开水的人，怎么会领袖群伦数十年？傅孟真以霸才闻，又怎么会居然被他罩住一辈子？（等而下之的，当然更不用提了。）"③1999 年，林毓生又在知名思想性刊物《读书》上发表题为《平心静气论胡适》，文章说胡适的思想中有诸多"尴尬与混淆"，列举的三个"尴尬与混淆"的事例，第一个就是胡适关于"民主宪政只是一种幼稚的政治制度，最适宜于训练一个缺乏政治经验的民族"的话语。④

唐德刚先生、贺卫方先生与林氏的上述观点完全相左。1990 年

---

① 李敖：《李敖回忆录》，中国友谊出版公司 1998 年版，第 90 页。

② 王人博：《中国近代的宪政思潮》，法律出版社 2003 年版，第 237 页。

③ 《殷海光林毓生书信录》，上海远东出版社 1994 年版，第 111 页。

④ 林毓生：《平心静气论胡适》，《读书》1999 年第 9 期。

12月17日，著名旅美华裔学者唐德刚在台北耕莘文教院一篇题为《胡适的历史地位与历史作用——纪念胡适之先生诞辰一百周年》的演讲中说："撑起传统世界文明半边天的中国文明中，起栋梁作用的东方文化巨人，自古代的周公、孔子而下的诸子百家，到中古时期的名儒高僧，到宋明之际的程朱陆王，以至于20世纪的康、孙、梁、胡，严格一点来说——也就是以胡适的文化阶层为坐标来衡量——其总数大致不会超过一百人……而在这一百位巨人中，适之先生是最近和最后的一位，却不是最低的一位。""胡适在中国文化史上最大的贡献并不在'整理国故'，而是他所说的'再造文明'。"而贺卫方教授最近在答客问时，有如下一段对话："问：'在世的人中，你最钦佩谁？'答：'在世者？最钦佩胡适。'——'他不是早已离世了么？''不，在胡适先生的墓碑上，毛子水先生不是说过么：我们相信，形骸终要化灭，陵谷也会变异，但现在墓中这位哲人所给予世界的光明，将永远存在。胡适是长活于人间的。'"①贺卫方在这里一认为胡适给人们带来了光明，二认为胡适不朽，会长活于人间。这从胡适一生一以贯之的宪政主义的思想与主张中能得到证明。

早在澄衷学堂时期，胡适就阅读了英国自由主义思想家密尔阐述民主与自由的名著《论自由》（严复译，书名译作《群己权界论》）一书。另据胡适后来在《四十自述》中回忆，那时对自己思想影响更大的是号称"思想界陈涉"的梁启超，胡适称梁启超在《新民说》中"最大贡献在于指出中国民族缺乏西洋民族的许多美德。……他指出我们所最缺乏而最须采补的是公德，是国家思想，是进取冒险，是权利思想，是自由，是自治，是进步，是自尊，是合群，是生利的能力，是毅力，是义务思想，是尚武，是私德，是政治能力"。

上海公学时期，胡适还只是一个十七八岁的少年。但据台湾"中

① 《贺卫方答〈博客天下〉问》，贺卫方博客2012年1月19日。

央研究院”近代史研究所胡适纪念馆馆长潘光哲博士考证，胡适此时已用“与存”的笔名在该校的《競业旬报》上发表了有关宪政问题的文章。胡适在一篇题目为《资政院果有上议院之体制乎 抑无下议院之资格也》的文章中指出，西方包括上议院在内的国会机构之设，要义在于分权与监督，清朝二百年来天天讲体制，核心内容不过是些皇家威严、官阶等级的规定而已，这不是真正意义上的体制。甲午战争战败之后不得不向西方学习，派五大臣出洋考察西方政治，但还是没得要领：

> 乃不谓今者，资政院各宪，于湖南人请开下议院一层，经振贝子等会议，均说从缓，且说“资政院本有上议院之体制，无下议院之资格”。呜呼！此其体制，果又何所取义，将与二百年来同乎？抑为近数月间创乎？查泰西各国，上议院组织，有立法权、司法权，上议院议员，或限财产，限年岁，限门地。资政院各宪，财产固知很多，年岁固知很老，门地固知很阔，可以入选，但立法、司法，前此我国虽无分立明文，各宪固已替国家办事有年，以昔例今，其又若何？立法、司法，不足昭信，亦难自夸，所恃者，仅财产、年岁、门地。然各国所谓财产，是论纳税多寡（如意大利纳税在千佛郎以上的），非如中国不纳税，且从纳税中舞弊营私。所谓年岁，是论成人已否（如意大利国年及四十，普鲁士国年及三十有全国民权的），非如中国重赴鹿鸣，重赴琼林，耄耋不堪。所谓门地，是论贵族世袭（如英吉利国，祖宗有爵位的，子孙可世袭议员），非如中国红顶花翎，脚靴手版。西例具在，可以覆按，各宪不能循名核实，但曰体制体制，彼谁欺？欺天乎？①

胡适在文章中进一步明确指出：

---

① 《胡适与辛亥革命》，台湾“中央研究院”近代史研究所胡适纪念馆，2011年，第41－42页。

我知各宪用心所在矣。彼固以下议院设,则监督生,监督生则权分,权分则势孤,势孤则体制不隆,上议院之体制,不过如是如是。要之此第可谓之中国上议院之体制,各宪上议院之体制,较诸泰东西的文明各国,我不知果有上议院体制否? 亦无下议院之资格也。噫!①

1910 年 8 月至 1917 年 6 月是胡适在美国留学的时间。对于胡适留学期间受到美国政治体制的直接影响,汪荣祖先生在 2011 年 12 月 16 日台湾"中央研究院"召开的纪念胡适诞辰 120 周年国际学术研讨会上讲道:

胡适的自由主义思想并非来自中国传统,主要是从美国带回来的,内容就是美式的自由民主。美国威尔逊(Woodrow Wilson)总统欲以传教士的精神输出美式民主,号称"教士外交"(missionary diplomacy)"威尔逊式民主"(Wilsonian democracy);胡适早年仰望威尔逊弥高,曾自拍"威尔逊之笑"照片以留念。1916 年威尔逊竞选连任,胡适仍在美国求学,当他得知威尔逊险胜的消息,"高兴极了","早餐也觉得有味了,我那样的紧张,可说是受了美国民主竞选空气的传染"。胡适对美国民主的倾倒,主要在于选举,由公民自由选出领导人。在他心目中,美国无疑是最自由的国家。②

除了自美国留学归来的很短时间外,胡适对于在中国建立宪政政治体制的诉求,可以说是立场坚定、旗帜鲜明、矢志不渝。

胡适与丁文江、王徵、蒋梦麟等人创建"努力社"是在 1921 年 5

① 《胡适与辛亥革命》,台湾"中央研究院"近代史研究所胡适纪念馆,2011 年,第 42 页。

② 汪荣祖:《当胡适遇到蒋介石:论自由主义的挫折》,《胡适与现代中国的理想追寻——纪念胡适先生 120 岁诞辰国际学术研讨会论文集》,台湾秀威资讯科技股份有限公司 2013 年版,第 27 页。

月21日，[①]出版《努力周报》是在次年。自1921年8月5日起，作为“努力社”成员的胡适，在安徽安庆第一中学、上海国语专修学校（8月14日）以及回到北京在中国大学（10月22日）以“好政府主义”为题，发表了一系列演讲，这些演讲稿后来刊登于同年11月17日和18日《晨刊》副刊上。

近代西方民主宪政国家的一般政治观念都认为国家是一种公器，是人民手中为自己谋求福利的工具，胡适在上述关于“好政府主义”的系列演讲中也是这样认为的，其中讲道：

> 好政府主义的基本观念是一种政治的工具主义。（1）政治的组织是人类发明的最大工具……政府的存在是由于这种工具的需要。（2）这种工具是一种有组织、有公共目的的权力。法律制度都是这种权力的表现。（3）这种工具，若用的得当，可发生绝大的效果，可以促进社会全体的进步。

对于这种工具主义政府观的进一步引申则是：

> （1）从此可得一个批判政府的标准：政府是社会用来谋最大多数的最大福利的工具，故凡能尽此职务的是好政府，不能尽此职务的是坏政府。妨碍或摧残社会的公共福利的是恶政府。（2）从此可得一个民治（人民参政）的原理：工具是须时时修理的……凡宪法、公法、议会等等都是根据这个原理的。（3）从此可得一个革命的原理：工具不良，修好他。修不好时，另换一件。政府不良，监督他，修正他；他不受监督，不受修正时，换掉他。[②]

1922年《努力周报》获准出版之后，胡适进一步公开阐明自己的好政府主义就是要求建立“宪政的政府”。1922年5月11日夜，胡适在原来演讲的基础上写成了《我们的政治主张》一文。14日，该文

---

① 耿云志：《胡适年谱》，四川人民出版社1989年版，第94页。

② 《胡适的日记》（上），中华书局1985年版，第173－174页。

作为宣言加上蔡元培等15人的共同签名之后在《努力周报》第二号上刊出。其中指出："好政府"的涵义至少是："我们所谓'好政府'，在消极的方面是要有正当的机关可以监督防止一切营私舞弊的不法官吏。在积极的方面是两点：(1)充分运用政治的机关为社会全体谋充分的福利。(2)充分容纳人的自由，爱护个性的发展。"对于政治改革的原则："第一，我们要求一个'宪政的政府'，因为这是使政治上轨道的第一步。第二，我们要求一个'公开的政府'，包括财政的公开与公开考试式的用人等等；因为我们深信'公开'(Publicity)是打破一切黑幕的唯一武器。第三，我们要求一种'有计划的政治'。"①

1927年4月，国民政府在南京重组。1928年6月革命军进入北京，国民政府在当月15日发表全国统一宣言，南京国民政府成为当时中国的唯一合法政府。但南京国民政府建立之后不实行宪政体制，而实行中国国民党专政、以党代政的党国体制。1928年2月3日至7日，中国国民党二届四中全会在南京召开，会议通过了"改组国民政府"等议案，规定国民政府接受中国国民党中央执行委员会指导、监督，掌理全国政务，政府委员由国民党中央委员会选举。同年9月，国民党二届五中全会在南京召开，宣称全国进入训政时期，由国民政府执行训政职责。对于这种体制，一直主张宪政的胡适自不能认同，他以《新月》杂志为阵地，对之进行了猛烈的抨击。

胡适在《我们什么时候才有宪法？——对于〈建国方略〉的疑问》一文中指出：

我在《人权与约法》(《新月》二卷二号)里，曾说："中山先生的建国大纲虽没有明说'约法'，但我们研究他民国十三年以前的言论，知道他决不会相信统治这样一个大国可以不用一个根

① 胡明：《胡适精品集》(第4册)，光明日报出版社1998年版，第19－20页。

> 本大法的。”这句话，我说错了。民国十三年的孙中山先生已不是十三年以前的中山了。他的《建国大纲》简直是完全取消他以前所主张的“约法之治”了。……试看他公布《建国大纲》的宣言说：“辛亥之役，汲汲于制定临时约法，以为可以奠民国之基础，而不知乃适得其反……未经军政训政两时期，临时约法决不能发生效力。”……他在《建国方略》里，说的更明白：“夫中国人民知识程度之不足，固无可隐讳者也。且加以数千年专制之毒深中乎人心，诚有比于美国之黑奴及外来人民知识尤为低下也。（第六章）”他又说：“我中国人民久处于专制之下，奴心已深，牢不可破。不有一度之训政时期，以洗除其旧染之污，奚能享民国主人之权利？（第六章）”他又说：“是故民国之主人者（国民），实等于初生之婴儿耳。革命党者，即产此婴儿之母也。既产之矣，则当保养之，教育之，方尽革命之责也。此革命方略之所以有训政时期者，为保养教育此主人成年而后还之政也。（第六章）”综合上文的几段话，我们可以明白中山先生的主张训政，只是因为他根本不信任中国人民参政的能力。①

胡适接着指出，这种议论出于“中山先生之笔下，实在使我们诧异”，因为在同书的第五章中，孙中山已说过“夫维新变法，国之大事也，多有不能前知者，必待行之成之而后乃能知之也”。要知道，“参政的能力也是这样的”。②

胡适继续在文章中写道：

> 我们姑且让一步，姑且承认共和是要训练的。但我们要问，宪法与训练有什么不能相容之点？为什么训政时期不可以有宪

① 欧阳哲生：《胡适文集》（第5册），北京大学出版社1998年版，第534－536页。

② 欧阳哲生：《胡适文集》（第5册），北京大学出版社1998年版，第536页。

法？为什么宪法之下不能训政？在我们浅学的人看起来，宪法之下正可以做训导人民的工作；而没有宪法或约法，则训政只是专制，决不能训练人民走上民主的路。①

以上这段话中，胡适为强调自己的观点，在“没有宪法或约法，则训政只是专制，决不能训练人民走上民主的路”的每字下都加了着重号。

胡适在文章中接着写道：

我们实在不懂这样一部约法或宪法何以不能和训政同时存在。我们须要明白，宪法的大功用不但在于规定人民的权利，更重要的是规定政府各机关的权限。立一个根本大法，使政府的各机关不得逾越他们的法定权限，使他们不得侵犯人民的权利，——这才是民主政治的训练。程度幼稚的民族，人民固然需要训练，政府也需要训练。人民需要“入塾读书”，然而蒋介石先生，冯玉祥先生，以至于许多长衫同志和小同志，生平不曾梦见过共和政体是什么样子的，也不可不早日“入塾读书”罢？②

以上这段话中，胡适为强调自己的观点，在每字之下加上着重号的是“立一个根本大法，使政府的各机关不得逾越他们的法定权限，使他们不得侵犯人民的权利，——这才是民主政治的训练。程度幼稚的民族，人民固然需要训练，政府也需要训练”。

胡适在文章中接着指出：

人民需要的训练是宪法之下的公民生活。政府与党部诸公需要的训练是宪法之下的法治生活。“先知先觉”的政府诸公必须自己先用宪法来训练自己，裁制自己，然后可以希望训练国民走上共和的大路。不然，则口口声声说“训政”，而自己所行所为

---

① 欧阳哲生：《胡适文集》（第5册），北京大学出版社1998年版，第537页。

② 欧阳哲生：《胡适文集》（第5册），北京大学出版社1998年版，第538页。

皆不足为训，小民虽愚，岂易欺哉？……故中山先生的根本大错误在于误认宪法不能与训政同时并立。他这一点根本成见使他不能明白民国十几年来的政治历史。他以为临时约法的失败是“由于未经军政训政两时期，而即入于宪政”。这是历史的事实吗？民国元年以来，何尝有“入于宪政”的时期？自从二年以来，那一年不是在军政的时期？临时约法何尝行过？①

以上这段话中，胡适为强调自己的观点，在每字之下加上着重号的是“人民需要的训练是宪法之下的公民生活。政府与党部诸公需要的训练是宪法之下的法治生活”与“中山先生的根本大错误在于误认宪法不能与训政同时并立。他这一点根本成见使他不能明白民国十几年来的政治历史”。

胡适在文章的最后强调指出：“中国今日之当行宪政，犹幼童之当入塾读书也。我们不信无宪法可以训政；无宪法的训政只是专制。我们深信只有实行宪政的政府才配训政。”②在这里，胡适的“中国今日之当行宪政，犹幼童之当入塾读书也”一句是反用孙中山《建国方略》第六章中的一句话。

在《人权与约法》一文中，胡适借安徽大学的一个学长因为语言上顶撞了蒋介石而随即被拘禁等事阐发了自己的观点与主张：

法治只是要政府官吏的一切行为都不得逾越法律规定的权限。法治只认得法律，不认得人。在法治之下，国民政府的主席与唐山一百五十二旅的军官都同样的不得逾越法律规定的权限……在今日如果真要保障人权，如果真要确立法治基础，第一件（事是）应该制定一个中华民国的宪法。至少，至少，也应该制定

---

① 欧阳哲生：《胡适文集》（第5册），北京大学出版社1998年版，第538－539页。

② 欧阳哲生：《胡适文集》（第5册），北京大学出版社1998年版，第539页。

所谓训政时期的约法……我们的口号是:快快制定约法以确定法治基础!快快制定约法以保障人权!①

《人权与约法》一文发表后,有人曾就有关问题与胡适进行了讨论,胡适在回答问题时,在《〈人权与约法〉的讨论》中直接对孙中山违悖宪政原则的有关论述进行了批评。其中明确指出:

中山先生的根本大错误在于认为训政与宪法不可同时并立。……中山先生不是宪法学者,故他对于"宪政"的性质颇多误解。如《大纲》第廿五条说:"宪法颁布之日,即为宪政告成之时。"……宪法颁布之日只是宪政的起点,岂可算作宪政的告成?宪法是宪政的一种工具,有了这种工具,政府与人民都受宪法的限制,政府依据宪法统治国家,人民依据宪法得着保障。有逾越法定范围的,人民可以起诉,监察院可以纠弹,司法院可以控诉。宪法有疑问,随时应有解释的机关。宪法若不能适应新的情势或新的需要,应有修正的机关与手续。——凡此种种,皆须靠人民与舆论时时留心监督,时时出力护持,如守财虏的保护其财产,如情人的保护其爱情,偶一松懈,便让有力者负之而走了。故宪法可成于一旦,而宪政永永无"告成"之时。故中山先生之宪政论,我们不能不认为智者千虑之一失了。②

《独立评论》周刊于1932年5月22日创刊,胡适任主编。在1933年底至1935年里,胡适在《独立评论》周刊上发表了一系列有关宪政的政论,如《建国与专制》(载《独立评论》第81号)、《再论建国与专制》(载《独立评论》第85号)、《汪蒋通电里提起的自由》(载《独立评论》第131号)、《从民主与独裁的讨论里求得一个共同政治信仰》(载《独

① 欧阳哲生:《胡适文集》(第5册),北京大学出版社1998年版,第527-529页。

② 欧阳哲生:《胡适文集》(第5册),北京大学出版社1998年版,第531页。

立评论》第 141 号)、《中国无独裁的必要与可能》(载《独立评论》第 130 号)、《答丁在君先生论民主与独裁》(载《独立评论》第 133 号)、《政制改革的大路》(载《独立评论》第 163 号)等。

胡适的《建国与专制》一文,其写作起因是时任清华大学历史系教授的蒋廷黻于 1933 年 12 月 10 日在《独立评论》第 80 期上发表了《革命与专制》一文。蒋廷黻的文章根据欧洲中世纪以来的历史立论,认为当时的中国所以未完成建立民族国家的任务,是因为没有像英国那样经历顿头(即都铎王朝)专制,没有像法国那样经历布彭(即波旁王朝)专制,没有像俄国那样经历罗马罗夫(即诺曼诺夫王朝)专制。对于蒋氏这一观点,胡适在《建国与专制》一文中进行了深刻的诘问与批评。其中写道:"我们读了他的历史引证,又回想到他的标题,不能不推想到三个问题:(1)专制是否建国的必要条件?(2)中国经过了几千年的专制,为什么还没有做到建国的历史使命,还没有造成一个民族国家?我们还可以进一步追问:(3)中国的旧式专制既然没有做到建国的职责,我们今后建国是否还得经过一度的新式专制?"①接下来,胡适在文章中正面阐述了自己的观点:第一,专制未必是建国的必要阶段与条件;第二,专制也不一定会造成民族国家。

胡适在文章中对上述第一点展开论述:

> 我的观察和蒋先生有一个根本的不同。蒋先生所举的英法俄三国的历史,在我看来,只是那三个国家的建国史,而建国的范围很广,原因很复杂,我们不能单指"专制"一项做建国的原因或条件。……英国民族国家的造成,并不全靠君主之力。英国语的新文学的产生与传播,英文翻译的圣经与祈祷书的流行,牛津与剑桥两大学的势力,伦敦的成为英国政治经济文化的中心,纺织业的长足的发展,中级社会的兴起,这些都是造成英国民族

---

① 胡明:《胡适精品集》(第 11 册),光明日报出版社 1998 年版,第 323 页。

国家的重要因子。这种种因子大都不是在这一个朝代发生的，他们的起源往往都远在顿头朝之前。①

胡适在文章中对上述第二点展开论述：

照广义的说法，中国不能不说是早已形成的民族国家。我们现在感觉欠缺的，只是这个中国民族国家还够不上近代民族国家的巩固性与统一性。……"我们的专制君主并没有遗留可作新政权中心的阶级。其实中国专制政体的历史使命就是摧残皇室以外一切可作政权中心的阶级和制度。"欧洲各国都是新从封建时代出来，旧日的统治阶级还存在，尤其是统治阶级的最下层，——武士的阶级，——所以政权的转移是逐渐由旧统治阶级移归那新兴的中等社会的领袖阶级，更逐渐移到那更广大的民众。我们的封建时代崩溃太早了，两千年来就没有一个统治阶级。科举的制度发达以后，连"士族"都不固定了。我们又没有像英国那样的"冢子袭产制"，遗产总是诸子均分，所以世家大族没有能维持到几代而不衰微的。这是中国的社会结构太平民化的结果……因为今日中国社会本无"可作新政权中心的阶级"，所以我们的建国（建立一个在现代世界里站得住的国家）事业比欧美日本困难无数倍。但这是一个政权中心的问题，而不是民族国家的问题。②

胡适在文章的最后强调了两点：

第一，建国固然要统一政权，但统一政权不一定要靠独裁专制。第二，我们今日要谈的"建国"，不单是要建设一个民族的国家。中国自从两汉以来，已可以算是一个民族国家了。我们所

---

① 胡明：《胡适精品集》（第11册），光明日报出版社1998年版，第324页。

② 胡明：《胡适精品集》（第11册），光明日报出版社1998年版，第325－327页。

谓"建国",只是要使这个中国民族国家在现代世界里站得住脚。①

需要明确指出的是,胡适在《建国与专制》一文中关于建成近代民主宪政的民族国家,而原来的社会中存有"可作新政权中心的阶级"以及"中国的社会结构太平民化"的观点,很有意义,应该引起研究者的高度关注。笔者一直以为,胡适虽然自称不媚俗,但他还是怕犯众怒,对自己认定已久的这些观点未作展开。由此,笔者想到了胡适于1932年所写文章的如下话语:"为什么六七十年的历史演变不曾变出一个社会重心来呢?这不是可以使我们深思的吗?我们的社会组织和日本和德国和英国都不相同。我们一则离开封建时代太远了,二则对于君主政体的信念已经被……完全毁坏了,三则科举盛行以后社会的阶级已太平等化了。""日本与中国的维新事业的成败不同,只是因为日本不曾失掉重心,故六七十年的工作是相继续的,相积累的,一点一滴的努力都积聚在一个有重心的政治组织之上……试举议会政治为例:四十二年前,日本第一次选举议会,有选举权者不过全国人口总数百分之一;但积四十年之经验,竟做到男子普遍选举了。"②

胡适的《再论建国与专制》是《建国与专制》的姊妹篇。该文章主要讲了两个问题:第一,专制以及训政等的提法不是新鲜的提法,早在20年前就有人提出过;第二,民主宪政在缺乏民主政治经验的民族中应该能够实行。

胡适在文章中指出,蒋廷黻所提出的要专制问题,20多年之前梁启超在《新民丛报》以及思黄在中国同盟会的机关报《民报》上都曾

① 胡明:《胡适精品集》(第11册),光明日报出版社1998年版,第327页。

② 胡适:《惨痛的回忆与反省》,《独立评论》1932年第18号。

提出过,并不新鲜,但是后来,梁启超承认自己错了。胡适在文中写道:

(梁启超后来说过)"吾盖误矣!"……当年反对革命而主张开明专制的人,早已放弃他的主张了。现在梦想一种新式专制的人,多数是在早一个时期曾经赞成革命,或者竟是实行革命的人。这个政治思想的分野的骤变,也是时代变迁的一种结果。在二十多年前,民主宪政是最令人歆羡的政治制度。十几年来,人心大变了:议会政治成了资本主义的副产,专政与独裁忽然大时髦了。有些学者,虽然不全是羡慕苏俄与意大利的专制政治的成绩,至少也是感觉到中国过去二十年的空名共和的滑稽,和中国将来试行民主宪政的无望,所以也不免对于那不曾试过的开明专制抱着无穷的期望。还有些人,更是明白的要想模仿……意大利的一党专政。他们心目中的开明专制已不像二十多年前《新民丛报》时代那样简单了。现在人所谓专制,至少有三个方式:一是领袖的独裁,二是一党的专政,三是一阶级的专政。(最近美国总统的独裁,是由国会暂时授予总统特权,其期限有定,其权力也有限制,那是吾国今日主张独裁专制者所不屑采取的。)其间也有混合的方式:如国民党的民主集权的口号是第二式;如蓝衣社的拥戴社长制则是领袖独裁而不废一党专政……①

胡适在文中明确表明了自己的态度:"我个人是反对这种种专制的。"②

胡适在文章中阐述自己"民主宪政在缺乏民主政治经验的民族

---

① 胡明:《胡适精品集》(第11册),光明日报出版社1998年版,第330-331页。

② 胡明:《胡适精品集》(第11册),光明日报出版社1998年版,第331页。

中应该能够实行"的观点时是这样说的：

> 我观察近几十年的世界政治，感觉到民主宪政只是一种幼稚的政治制度，最适宜于训练一个缺乏政治经验的民族。向来崇拜议会式的民主政治的人，说那是人类政治天才的最高发明；向来攻击议会政治的人，又说他是资本制度的附属品：这都是不合历史事实的评判。我们看惯了英美国会与地方议会里的人物，都不能不承认那种制度是很幼稚的，那种人才也大都是很平凡的。……有许多幼稚民族很早就有民主政治，正不足奇怪。民主政治的好处在于不甚需要出类拔萃的人才；在于可以逐渐推广政权，有伸缩的余地；在于"集思广益"，使许多阿斗把他们的平凡常识凑起来也可以勉强对付；在于给多数平庸的人有个参加政治的机会，可以训练他们爱护自己的权利。……在我们这样缺乏人才的国家，最好的政治训练是一种可以逐渐推广政权的民主宪政。中国的阿斗固然应该受训练，中国的诸葛亮也应该多受一点训练。而我们看看世界的政治制度，只有民主宪政是最幼稚的政治学校，最适宜于收容我们这种幼稚阿斗。①

对于胡适关于民主宪政是"一种幼稚的政治制度"之说，不但现在的林毓生先生有不同看法，在当时，陈之迈、丁文江等学者也表示过不同的意见。因此，胡适曾在《从民主与独裁的讨论里求得一个共同政治信仰》一文中解释说，陈之迈先生"颇嫌我把民主政治看得太容易，太幼稚。其实我的本意正是和他一样，要人'对于民主政治不可陈义太高，太重理想'，所以我说民主宪政只是一种幼稚的政治，是适宜于训练一个缺乏政治经验的民族。许多太崇尚民主政治的人，

---

① 胡明：《胡适精品集》（第11册），光明日报出版社1998年版，第333－334页。

只因为把民主宪政看做太高不可攀的'理智的政治'了,所以不承认我们能试行民治,所以主张必须有一个过渡的时期,或是训政,或是开明专制,或是独裁,这真是王荆公的诗说的,'扰扰堕轮回,只缘疑这个'了"①。

由于是最要好的朋友,因此,当丁文江对胡适关于民主宪政是"一种幼稚的政治制度"之说也持不同观点时,胡适发表了《答丁在君先生论民主与独裁》一文,对其进行了激烈批评。胡适在文章中首先直言,他对丁文江"很感觉失望"。文章接着指出:

(丁文江)对于英美的民主政治实在不很了解,所以他不能了解我说的民治是幼稚园政治的话。民主政治的好处正在他能使那大多数"看体育新闻,读侦探小说"的人每"逢时逢节"都得到选举场里想想一两分钟的国家大事。平常人的政治兴趣不过尔尔。平常人的政治能力也不过尔尔。然而从历史上来看,这班阿斗用他们"看体育新闻,读便宜小说"的余闲来参加政治,也不见得怎样太糊涂。即如英国,那些包办"骗人的利器"的人们,当真能欺骗民众于永久,岂真能长期把持政权了吗?伦敦的报纸,除了《每日前锋》(Herald)外,可以说全是保守党的。在几年之前,《前锋》报(工党报)的销路小极了,直到最近几年中,他们才采取"读者保险"计划,才能与其他通行的大报竞争。然而英国在这几十年中,保守党是否永执政权?工党何以也能两度大胜利?自由党的得政权以及后来的瓦解,——更奇怪了!——却正和他们的党费的盈绌成反比例!美国的全国财权当然是操在共和党的手里,然而我留学以来,不过二十四年,已看见民主党三度执政了。看见这班看棒球新闻、读侦探小说、看便宜电

① 刘军宁:《北大传统与近代中国——自由主义的先声》,中国人事出版社1998年版,第244-245页。

影、听Jazz音乐的阿斗，也不是永久可欺骗的啊！……英美的民主政治虽然使韦尔斯、罗素诸人不满意，却正可证明我的意见是不错的。英美国家知道绝大多数的阿斗是不配干预政治、也不爱干预政治的，所以充分容许他们去看棒球，看赛马，看Cricket，看电影，只要他们"逢时逢节"来画个诺，投张票，做个临时诸葛亮，就行了。这正是幼稚园的政治，这种"政治经验"是不难学的。（请注意：我不曾说过："民主政治是要根据于普选。"我明明说过："民主政治的好处在于……可以逐渐推广政权，有伸缩的余地。"英国的民权，从古以来，只是跟着时代逐渐推广，普选是昨日的事。所以说普选"然后算是民主政治"要不合历史也不合逻辑的。）①

胡适在《答丁在君先生论民主与独裁》一文中除较详细地阐述了自己的民主宪政是"一种幼稚的政治制度"的观点之外，还对与英美国家的民主政党在本质上完全不同的专政政党的实质进行了揭露，称它们是"专制魔王的招牌"。胡适在文章中写道：

独裁政治的要点在于长期专政，在于不让那绝大多数阿斗来画诺投票。然而在20世纪里，那是不容易办到的，因为阿斗会鼓噪造反的。所以现代的专制魔王想出一个好法子来，叫一小部分的阿斗来挂一个专政的招牌，他们却在那招牌之下来独裁。……意大利的四百万法西斯党，即是那长期专政的工具。这样的政治与民主政治大不同之点在于过度利用那班专政阿斗的"权力欲"，在于用种种"骗人的利器"哄得那班平日"看体育新闻，读侦探小说"的阿斗人人自以为是专政的主人；不但"逢时逢节"去做画诺投票的事，并且天天以"干部"自居，天天血脉奋

---

① 刘军宁：《北大传统与近代中国——自由主义的先声》，中国人事出版社1998年版，第247－248页。

张的拥护独裁,压迫异己,诛夷反动。①

对于自己的政党理论,胡适以后在1947年7月发表的《两种根本不同的政党》一文中又有进一步的深化与展开。在文章中,胡适把世界上的政党主要分成了作为民主政治工具的英、美、西欧式的"甲式政党"与德、意式的"乙式政党"。乙式政党在组织形式、目的、在国家中所处的地位与甲式政党迥异:"乙式政党的党员必须服从党的纪律。党员没有自由……有严密的特务侦察机关,他们的作用不但是侦查防范党外的人,还须监视党员的言论、思想、行动。党员必须服从党的命令,思想言论必须依照党的路线。""乙式政党的目的是一党专政。未取得政权之时,他们不恤用任何方法取得政权;既得政权之后,他们不恤用任何方法巩固政权,霸住政权。乙式政党本身是少数党,但因为组织的严密坚强,往往能利用政治的特殊权威,压服大多数人民,以少数党统治全国。""乙式政党绝对不承认,也不容许反对党的存在。一切反对力量,都是反动,都必须彻底肃清铲除,才可以巩固一党永久专政的权力。"②在这里有必要明确指出的是,胡适关于专政政党是专制魔王的招牌以及党有甲式政党与乙式政党明确二分的理论,既是对世界政治类型分野的正确描述,又是帮助广大人民正确认识各种政党,以防染上"斯德哥尔摩综合症"的利器与良药,在世界民主宪政学说发展史上占有一席之地。

1948年下半年是又一个可供在中国历史舞台上角力的政治军事人物作出自己正确抉择的时期。在此历史的关节点上,胡适仍秉持着自由主义的信念。1948年8月1日,胡适有针对性地写了《自由主义是什么》一文,明确提出要"和平改革",不要"暴力革命"的流血牺

---

① 刘军宁:《北大传统与近代中国——自由主义的先声》,中国人事出版社1998年版,第248页。

② 胡适:《两种根本不同的政党》,《申报》1947年7月6日。

性。其中写道："自由主义的政治的意义是强调的拥护民主：一个国家的统治权必须操在多数人民的手里。"自由主义在这两百年的演进史上还有一个"特殊的、空前的政治意义，就是容忍反对党，保障少数人的自由权利"。东方的自由主义运动没抓住政治自由的这一特殊重要性，所以导致一直没有走上建设民主政治的道路。而西方不同，他们的贡献恰恰就在这一点上，他们觉悟到了只有民主的政治才能保障人民的基本自由；虽然人们在争取自由时不可能完全避免流血，但在西方自 1832 年英国的政治革新以来都是不流血的和平革新，所以"现代的自由主义正应该有'和平改革'的含义。因为在民主政治已上了轨道的国家里，自由与容忍铺下了和平改革的大路，自由主义者也就不觉得有暴力革命的必要了"①。

1948 年 9 月 4 日，胡适在北平广播电台播讲了《自由主义》一文。第二天，该文又在北平的《世界日报》上发表。文章进一步强调了自由主义的第一个意义是自由，第二个意义是民主，第三个意义是容忍，第四个意义是和平的渐进的改革。

与当时许多人"西方先进中国古已有之"的颟顸言论迥异，胡适在《自由主义》一文中明确指出，信仰自由、思想自由、言论自由及出版自由，"这些自由都不是天生的，不是上帝赐给我们的。是一些先进民族用长期的奋斗努力争出来的"②。尤其在民主政治的建设上：

> 西方的自由主义绝大贡献正在这一点，他们觉悟到只有民主的政治方才能够保障人民的基本自由，所以自由主义的政治意义是强调的拥护民主。一个国家的统治权必须放在多数人民手里，近代民主政治制度是安格罗撒克逊民族的贡献居多，代议

---

① 曹伯言等：《胡适年谱》，安徽教育出版社 1989 年版，第 108 页。

② 刘军宁：《北大传统与近代中国——自由主义的先声》，中国人事出版社 1998 年版，第 66 页。

制度是英国人的贡献,成文而可以修改的宪法是英美人的创制,无记名投票是澳洲人的发明,这就是政治的自由主义应该包含的意义。我们古代也曾有"天视自我民视,天听自我民听","民为邦本""民为贵,社稷次之,君为轻"的民主思想……但,我们始终没有法可以解决君主专制的问题,始终没有建立一个制度来限制君主的专制大权,世界只有安格罗撒克逊民族在七百年中逐渐发展出好几种民主政治的方式与制度,这些制度可以用在小国,也可以用在大国①。

胡适在《自由主义》一文中讲到容忍与和平改革等问题时写道:

在近代民主国家里,容忍反对党,保障少数人的权利,久已成了当然的政治作风,这是近代自由主义里最可爱慕而又最基本的一个方面……和平改革有两个意义,第一就是和平地转移政权,第二就是用立法的方法,一步一步的做具体改革,一点一滴的求进步。容忍反对党。尊重少数人权利,正是和平的政治社会改革的唯一基础。反对党的对立,第一是为政府树立最严格的批评监督机关,第二是使人民可以有选择的机会,使国家可以用法定的和平方式来转移政权,严格的批评监督,和平的改换政权,都是现代民主国家做到和平革新的大路。②

胡适在《自由主义》一文的最后强调:"我很坦白地说,自由主义为了尊重自由与容忍,当然反对暴力革命,与暴力革命必然引起来的暴力专制政治。"③

---

① 刘军宁:《北大传统与近代中国——自由主义的先声》,中国人事出版社1998年版,第68页。

② 刘军宁:《北大传统与近代中国——自由主义的先声》,中国人事出版社1998年版,第69-70页。

③ 刘军宁:《北大传统与近代中国——自由主义的先声》,中国人事出版社1998年版,第71页。

提倡容忍与和平改革，反对专制与暴力，胡适在北平广播电台播讲了《自由主义》一文之后，又在随后的近两个月时间里不断发表演讲，不断地进行“鼓吹”。1948 年 9 月 27 日，胡适在南京公余学术演讲会上发表了《当前中国文化问题》的演讲，最后动情高呼：当前面临的选择是自由与非自由的选择，是容忍与不容忍的选择，“我虽是老朽，我愿意接受有自由的世界，我要选择容忍的世界”①。10 月 4 日，胡适应武汉大学校长周苏生邀请，在该校作了《两个世界的两种文化》的演讲，指出有暴力的改革必然走上“专制集权的路”。②

1948 年 10 月 5 日，胡适为武昌的公教人员演讲，题目是《自由主义与中国》，其中指出：“中国历代自由最大的失败，就是只注意思想言论学术的自由，忽略了政治的自由。”所以中国才脱不去专制的政治枷锁。10 月 20 日，胡适又应浙江大学校长竺可桢之邀，在该校发表了题目还是《自由主义与中国》的演讲。他在演讲中强调政治自由的同时，进一步指出了政治自由与容忍精神要相互配合的重要性。

前已提及，胡适在《自由主义》一文中曾经讲道，容忍反对党、严格的批评监督、和平地改换政权，是建成现代民主国家的大路。通过进一步的考察我们可以看到，胡适的这一观点与主张不是形成于写作该文章之时，而是在此之前很早；这一观点提倡最力的时期也不是在当时，而是于 20 世纪 50 年代在他再次旅居美国与回台湾定居的时期。

除了在《新月》时期就公开反对国民党的一党训政之外，胡适最早在 1930 年 10 月 12 日就在托董显光带给宋子文的信中提出了政

---

① 耿云志：《胡适年谱》，四川人民出版社 1989 年版，第 373 页。

② 沈卫威：《无地自由——胡适传》，上海文艺出版社 1994 年版，第 323 页。

府的“监察审计机关皆宜容纳反对党”①。1935 年 8 月 5 日,胡适在《政制改革的大路》一文中进一步指出:“今日收拾全国人心的方法,除了一致御侮之外,莫如废除党治,公开政权,实行宪政。在宪政之下,党内如有不能合作的领袖,他们尽可以自由分化,另组政党。如此,则党内派别的分歧,首领的不合作,都不了而自了了。这是政制改革的大路。”②1948 年 4 月 8 日,胡适在蒋介石的官邸当面“向他建议,国民党最好分化作两三个政党”③。

胡适离开大陆之后最早表述自己主张的文字,是 1949 年 4 月 14 日在赴美国轮船上写就的《陈独秀最后对民主政治的见解——〈论文与书信〉序言》。文章后来发表在台湾的杂志上。胡适在其中写道:“我觉得他(陈独秀)的最后思想——特别是他对于民主自由的见解,是他‘深思熟虑了六七年’的结论,很值得我们大家仔细想想……独秀的最大觉悟是他承认‘民主政治的真实内容’有一套最基本的条款——一套最基本的自由权利——都是大众所需要的,并不是资产阶级所独霸而大众所不需要的。”对于民主政治的真实内容,陈独秀在最后写的《我的根本意见》一文中“看的更透彻了,所以能用一句话综括起来:民主政治只是公民(有产的与无产的,政府与反对党),都有集会、结社、言论、出版、罢工之自由。他更申说一句:特别重要的是反对党派之自由。在这十三个字的短短一句话里,独秀抓住了近代民主政治的生死关头。近代民主政治与独裁政制的基本区别就在这里,承认反对党之自由,才有近代民主政治,独裁制度就是不容

---

① 《胡适的日记》(手稿本,第 10 册),台湾远流出版事业有限公司 1990 年版。

② 胡明:《胡适精品集》(第 12 册),光明日报出版社 1998 年版,第 372 页。

③ 《胡适的日记》(手稿本,第 16 册),台湾远流出版事业有限公司 1990 年版。

许反对党派之自由"①。本来就是坚定的反对党的提倡者，很明显，胡适在这里完全是拿陈独秀做由头而"重新来过"地说自己的事。其中还不乏有给当时的台湾领导人上紧箍咒、逼其进行政治改革的味道：你们如果不能容忍反对党的话，那么就是独裁。

尤其是在20世纪五六十年代台湾实行戒严政治的特殊时期里，胡适仍然一直坚持自己关于反对党的政治主张与信念，一直想方设法限制当时台湾最高领导人的影响与权力。下面笔者略举胡适做这方面努力的几个实例。

1951年5月30－31日，胡适在交给《自由中国》同人杭立武带呈蒋介石的信中，劝蒋介石要使"国民党自由分化，分成几个独立的新政党"，而第一件事就是要蒋介石辞去国民党总裁的职位。② 在历史上，当年美国开国之时所谓的"大陆党"党人也曾分化为联邦党人与反联邦党人，很明显，胡适这里是让蒋介石学习当年的美国。关于此点，大致如旅美历史学家唐德刚后来所指出的："在五十年代的初期，台湾的问题，在胡氏看来，便是缺少个'反对党'。最好的解决办法，自然是国民党效法华盛顿当年的大陆党，'一分为二'，要不然那就得另外组织一个真正的反对党。"③

1952年9月14日，胡适又写长信给蒋介石，劝其在即将召开的国民党大会期间实行民主改革。胡适信中向蒋介石直言："（1）表示民主政治必须建立在多个政党并立的基础之上……（2）国民党应废止总裁制。（3）表示国民党可以自由分化，成为独立的几个党。（4）表示国民党诚心培植言论自由。言论自由不是宪法上的一句空话，

① 转引自沈卫威：《无地自由——胡适传》，上海文艺出版社1994年版，第373－374页。

② 沈卫威：《无地自由——胡适传》，上海文艺出版社1994年版，第376页。

③ 唐德刚：《胡适杂忆》，吉林文史出版社1994年版，第31页。

必须由政府……明白表示愿意容忍一切具体政策的批评，并须表示，无论是孙中山、蒋介石，无论是三民主义五权宪法，都可以作批评的对象（今日宪法的种种弊病，都由于国民党当日不容许我们批评孙中山的几个政治主张，例如国民大会制，五权宪法）。"①

直到生命的后期，胡适还是坚持自己关于民主政党政治的主张，而未讲任何违悖自己原来初衷的无原则的话语。比如，1960 年 3 月 16 日，当雷震就反对党之事向胡适请教时，胡适说只有民、青两党同国民党民主派及台湾人合组反对党，如果组织了，他首先表示赞成。② 同年 6 月 30 日，当雷震、夏涛声告知胡适反对党要在 9 月份成立并要胡适做新成立政党的党魁时，胡适虽然不同意做党魁，但表示："如果你们将来组织成一个像样的反对党，我可以正式公开地赞成。"③ 7 月 2 日，胡适在雷震、夏涛声等为自己举行的出国开会饯行晚宴上表示，可以不用反对党这个名词，他一贯地主张在野党。他个人赞成组织在野党，并且希望在野党强大，能够发展制衡作用，以和平方法争取选民的支持，使政治发生新陈代谢。④ 9 月 4 日，雷震案发生，当时胡适在美国参加"中美学术合作会议"还未归来。同一天，当陈诚去电告诉雷震被传讯一事时，胡适当即回电予以批评："今晨此间新闻广播雷震等被捕之消息，且说明雷是主持反对党运动的人。……在西方人士心目中，批评政府与谋成立反对党与叛乱罪名绝对

---

① 《胡适的日记》（手稿本，第 17 册），台湾远流出版事业有限公司 1990 年版，第 17 册。

② 沈卫威：《无地自由——胡适传》，上海文艺出版社 1994 年版，第 436 页。

③ 胡颂平：《胡适之先生年谱长编初稿》（第 9 册），台湾联经出版事业公司 1990 年版，第 3306 页。

④ 沈卫威：《无地自由——胡适传》，上海文艺出版社 1994 年版，第 437 – 438 页。

无关……适所深知，一旦加以叛乱罪名，恐将腾笑世界。”①

与以上所述宪政主义政治与法律思想有关联，胡适如下几点思想与主张在此也值得提及：第一，后期力主经济自由；第二，后期关于政府应允许与鼓励言论自由、培养合法反对党、扶助媒体私营的主张；第三，主张某些方面应学习美国。

在人生的后期，胡适认为台湾的经济应该从计划经济走向市场经济，从垄断经济走向自由经济，同时在政治上改变一党专制的状况。为此，他发表了一系列文章，详细阐述了自己的观点与主张。

与坚定经济自由的思想差不多同时，胡适后期关于言论自由的思想与主张也有进步或发展。1952 年 11 月，胡适应台湾大学和台湾师范大学的邀请从美国回台湾讲学。在这次回台湾期间，胡适提出了自己的主张：对于言论自由，一方面人们要注意时时争取，同时政府应鼓励和注意培养合法反对、合法批评以及扶助、鼓励私家报纸的发展。

1952 年 11 月 28 日下午，胡适出席《自由中国》创刊三周年纪念会并讲话。胡适在讲话中除对《自由中国》进行了高度评价外，又指出：

> 言论自由，只在宪法上有那一条提到是不够的。言论自由同别的自由一样，还是要靠我们自己去争取的……人人应该把言论自由看作最宝贵的东西，随时随地地努力争取，随时随地地努力维持。我们当政的人，应该极力培养合法的反对，合法的批评。什么是合法的反对，合法的批评呢？舆论就是合法的反对，合法的批评。舆论的批评，只要是善意的，就应该承认是合法。至于代表民意的机关，无论是中央的立法机关，地方的立法机关，对政府的实施有反对、有批评都是合法的。在朝的应该培养

① 胡颂平：《胡适之先生年谱长编初稿》（第 9 册），台湾联经出版事业公司 1990 年版，第 3335 页。

鼓励合法的反对;在野的应该努力自己负起这个责任,为国家做诤臣,为政府做诤友。有这种精神才可以养成民主自由的风气和习惯。①

1952年12月9日,胡适出席台北市编辑人协会的欢迎宴会并作了“言论自由”的专题演讲。胡适在演讲中除继续强调言论自由与其他自由一样,并不专靠宪法或法律,而是靠人民自己争取之外,进一步强调了政府对于言论自由作用的重要性。胡适在演讲中说:“(政府)应该多容许私营的报纸存在,而且应该扶助、鼓励私家报纸,让它发展,这也是养成言论自由的一个方向。政府要靠政策行为博取舆论的支持,而不靠控制来获取人民的支持。”②

中国知名学者季羡林先生作为当年曾受胡适栽培的后学,在文章中称其恩师胡适“心目中,世界上最好的政治就是美国政治,世界上最民主的国家就是美国”③。这是与实际的胡适相符合的。

二、殷海光的宪政主义思想

如果说,胡适“心目中,世界上最好的政治就是美国的政治”,从而终生“崇拜”美国文明,那么,殷海光心目中世界上最好的政治则是英国的政治,终生“崇拜”的文明则是英国文明。

据笔者所看到的资料,殷海光一直对英国的政治推崇有加,包括英国政治的价值取向、英国政治设置的架构与英国政治制度建立的路径等。直到人生后期,殷海光还在其1965年9月14日写就的

① 《胡适演讲集》(三),台湾远流出版事业股份公司1986年版,第67页。

② 《胡适演讲集》(三),台湾远流出版事业股份公司1986年版,第73页。

③ 季羡林:《站在胡适之先生墓前》,欧阳哲生:《追忆胡适》,社会科学文献出版社2000年版,第8页。

《〈到奴役之路〉译者自序》中坦承:“我平生读书,受影响最深的要推罗素。”

1950年前后是殷海光思想的黄金时期。同年,殷海光在《自由中国》杂志的三卷三期(1950年8月1日)和三卷四期(1950年8月16日)上以《自由主义底蕴涵》为题,连续发表文章阐发自己的宪政主义主张,其中写道:

政治的自由主义,如众所知,表现为民主政治。……在极权国家,人不是被看作能消化食物和生殖子女的机器,便是停止自发能力的奴隶。他们说话不算数,甚至于被禁止说话;他们底命运不能自主,前途听强有力者摆布。他们没有人底尊严;了无人生乐趣。民主政治真正实现,就可能防止这些“把人不当人”的弊端。防止弊端之最佳的方式,就是法治。所以,民主与法治底关联,是正比例的关联。有的学者将法治主义解释为自由主义。愈是民主成熟的国家,愈是谨守法治。英国便是好例子。依此,把自由主义解释成放纵任性,似乎是出于专制或极权心理。专制或极权国家,虽然不一定不讲法治,但是,这种法治似乎只是对于片面的要求;强有力者是否守法,不得而知。英国一部近代史,从一方面看,可视作民主政治奋斗史,同时也可视作为法治而奋斗的历史。自一二一五年大宪章(Magna Charta)订立以后,对光荣革命时代权利法(Bill Of Rights)订立,把君权削减到象征地步,巴理门权力取而代之,法治才趋于巩固。洛克对于立法权底重要性和尊严性,极力宣扬。他说:“在政府成立的一切情形之下,立法是最高权力。”这种精神,传播到新大陆,成为今日北美合众国政治体制底基本精神骨干。今日世界上所有真正民主国家政治基本观念,都是跟着这条路线来的;跟着这条路线而来的民主政治……人民有选举权,有言论、集会、结社诸基本自由。政治机构及其执事可依法定程序以变更。所以,他们不能胡作妄为，欺侮人民。①

此外，与胡适的个性解放、思想言论自由、经济自由等主张相似，殷海光在《自由主义底蕴涵》一文中对自己的“经济的自由主义”、“思想的自由主义”、“伦理的自由主义”等思想与主张也进行了阐发。②

至生命的后期，殷海光的上述观点仍无变化。比如，他在1965年底完稿的《中国文化的展望》一书中写道：

> 中国的前景怎样呢？要思考这个问题，我们的视野必须扩张到百年来中国的历史和文化的全貌。……我们知道中国原有的样子维持不住了，非变不可。怎样变呢？本来有三条可能的路摆在中国人面前：第一条是英国式的道路。英国式的道路是和平的，渐进的，自由生长的，及自发演变的。第二条道路是法国大革命式的。这种途径是一种“武断式的理性主义”的。它把一个预先设想的型模强迫加诸他人。这种办法，稍一不慎，就变成恐怖统治。第三条道路是以苏俄……为蓝本。俄国革命可以看作法国大革命之世界性的延续和推广。但是，俄国革命在法国大革命的型模上加了马克思哲学及列宁的权力技术。这么一来，它的猛烈性、独断性、权变性，更远甚于法国大革命。在这三条道路之中，中国应须走哪一条呢？从一个向往道德和自由的知识分子的观点来看，撇开神话和激情，成熟一点地说，中国最好是走第一条道路。因为，第一条道路最平坦，最不容易发生车祸。根据中国的历史条件，社会文化特征，以及国民性格的另一面来观察，中国像一列长长的火车，这一列火车很不容易开动，

---

① 张斌峰:《殷海光文集》第1卷《政论篇》，湖北人民出版社2001年版，第15－16页。

② 张斌峰:《殷海光文集》第1卷《政论篇》，湖北人民出版社2001年版，第16－20页。

开动了以后又很不容易煞住。依照这种条件，中国只宜从事和平的、渐进的、自由生长的，及自发的演变。①

但是，千万不要以为殷海光主张走英国和平的、渐进的、自由生长的以及自发演变的道路，就是在宪政体制的建设上畏首畏尾、裹足不前，就是保守。事实并非如此。

从整个思想著述与创作的生涯来看，殷海光在宪政体制建设的问题上有破有立。不但未畏首畏尾，反而一直前进，并且还努力争取自己的宪政思想与主张能直接影响与作用于社会现实。

1968 年 3 月 25 日，殷海光在给香港后学卢鸿材的信中讲道："我抖落的东西够多了。""就思想努力的进程而论，我则超过……唐（君毅）牟（宗三）至少三百年，超过钱穆至少五百年。个中的进程，我自己知道得很清楚。这些知识分子在种种幌子之下努力倒退，只有我还在前进不已。"②殷海光此处所言是符合实际的。比如，他对中国专制主义文化传统的批判与对专制主义传统社会政治架构的指陈，都非常准确深刻。

关于立的方面。殷海光宪政思想与理论的重要贡献及其影响，台湾《自立晚报》吴丰山先生于 1989 年在该报与现代学术研究基金会和《台湾社会研究》杂志社共同发起举办的"纪念殷海光逝世二十周年学术研讨会"开幕式上致辞中的如下话语较为全面：

> （殷海光）在 20 世纪五六十年代与《自由中国》杂志结合，开拓了自由主义的抗争时代，所持政论的主题范围包括自由、民主、人权、宪政、反对党诸问题，至今仍是当前台湾政论的主流根基。不惟如此，殷海光先生以独辟蹊径的治学方法，引介罗素、

① 张斌峰：《殷海光文集》第 3 卷《文化篇》，湖北人民出版社 2001 年版，第 372－373 页。

② 张斌峰：《殷海光文集》第 4 卷《书信与随笔篇》，湖北人民出版社 2001 年版，第 218 页。

海耶克、卡尔巴柏(大陆译作卡尔·波普尔)等西方思想作为他实证论述的后盾,从而间接奠下了70年代现代化理论和80年代自然或社会科学实证论的统治地位,综合其派生下来的长远影响,在40多年来的台湾知识界,恐怕无人超越或难以抗衡。

整体回顾起来,殷海光从科学实证论着手研究,无论是思想或现实政治上皆留下深远的启蒙作用。即使80年代台湾自由主义者和现代化理论,虽受到了第三世界依赖理论对于台湾政治社会发展提出另一种观点的挑战,但至今尚居于台湾知识界的主导位置。①

对于因自己的思想影响而出现的这种局面,殷海光生前似乎已有所预料。比如,他于1969年1月2日在给卢鸿材的信中有这样的话语:"鸿材虽因粘上'殷'字边而遭池鱼之殃,然亦可名垂千古矣!"②

1959年和1960年,是殷海光关于政党问题发表具有创建性影响的最集中的年份。古希腊著名演说家、政治家德摩斯梯尼曾有名言曰:"辞令的灵魂就是行动,行动,再行动。"殷海光该时期关于政党问题的论说,就具有付诸行动的特点。

殷海光于1959年发表的《开展启蒙运动》一文,深刻而又尖锐地批判了当时台湾由一党治理的现状,层次清楚,逻辑严密,读来发人深省。1959年5月5日于《自由中国》第二十卷第九期上发表的《胡适与国运》一文,是殷海光根据自己在台湾大学的一次演讲(1958年12月15日晚)所改写的。在这篇文章中,殷海光希望台湾尽快结束一党治理的状况,只有这样才能有所出路,才能有所希望。

---

① 万昌华:《自由主义的一代宗师殷海光》,当代中国出版社2003年版,第382页。

② 张斌峰:《殷海光文集》第4卷《书信与随笔篇》,湖北人民出版社2001年版,第245页。

殷海光的《大江东流挡不住!》一文,是他于1960年8月在雷震筹组新党遇到阻力的情况下,为《自由中国》所写的一篇社论。该文除进一步揭露台湾当时推行一党治理的实质以及所造成的社会疾病之外,主要是鼓励人们不要放弃斗争,要勇敢打破现有的政治局势。殷海光在《大江东流挡不住!》一文中撕破台湾当时"歌舞升平"的假象后,正告治理者,想再像原来那样长期控制社会与人心,已经是不可能的事了。文章写道:

近几十年来,国民党权势核心人物,使出浑身的力量,实行"加紧控制"……他们确曾收买了一些无思想、无原则、唯利是视之徒……在台湾把有人格、有气节、有抱负的人很有效地消灭殆尽了。他们控制了一群以说谎造谣为专业者,他们控制着一群藉着帮同作恶以自肥的人,他们控制着藉唱万岁而飞黄腾达的"聪明人",他们制造了成千成万当面喊拥护口号的政治演员,他们控制着台湾一千万人的身体……这少数人要百分之百地实现他们"唯控制主义"的梦想,必须把台湾造成一个百分之百的"封闭体系",绝对不与外界交通,不要外国人的钱,不要外国人的武力保护,还要有一座化石似的永不改变的社会基础。然而,世界上没有永不腐烂的积水,没有永远可被欺骗的人众,也没有永远看不清的世界大势。于是,他们的"唯控制主义"不能不在台风、海浪和年华的消逝中腐蚀下去!他们不能控制的东西太多了。国际局势的演变他们不能控制,贪官污吏他们不能控制,盗伐森林、偷工减料所造成一年一度的水灾,他们也莫可奈何。通货膨胀、生活艰苦的事实,他们也只有在新闻纸上拿语言来掩饰。他们除了大家的身体以外,究竟控制了什么呢?一切都是空的。自古有以暴力得天下的,但从来绝对没有以暴力统治天下于永久的。唯控制主义者的迷梦可以醒了!我们确信,只有真正实行民主政治,才能结束这一祸乱相寻的局面,而导致……

人民于长治久安之途。新的在野党之组织，不过是乞求这一目标之实现而已。①

文章最后写道："大江总是向海奔流的。我们深信，凡属大多数人合理的共同愿望迟早总有实现的一天。自由、民主、人权保障这些要求，绝不是霸占国家权力的少数人所能永久阻遏的。……少数人拿种种藉口来阻挠和打击这一愿望的行动，也将在公意之前停止。自由、民主、人权一定会在大家的醒觉和努力之中真正实现……"②

台湾知名作家李敖曾说过一句话：在思想家与先知中，胡适得其皮，殷海光得其肉，自己皮肉兼得。而笔者认为，实际上，殷海光与胡适一起，才真正是思想家与先知中皮肉兼得的人物。

三、胡适、殷海光二人关系的考察

考察胡适与殷海光的关系，有助于人们进一步加深对他们二人宪政主义思想与主张的了解。

胡适与殷海光二人在个人关系上属于一般。二人私下里均对对方颇有微词，并且在个别问题上有过公开的争辩。

在前已提及的 1968 年 3 月 25 日致香港卢鸿材的信中，殷海光说一些知识分子在种种幌子之下努力倒退，其中就有胡适，并且称自己思想努力的进程"超过胡适至少一百年"③。同年 5 月 9 日，殷海光在给林毓生的信中又写道："有人说台湾的经济是'浅碟子经济'。这个 model 用来描述胡适的学问，再恰当也没有了。从表面上看来，

---

① 《殷海光全集》（第 12 卷），台湾桂冠图书股份有限公司 1990 年版，第 977－978 页。

② 《殷海光全集》（第 12 卷），台湾桂冠图书股份有限公司 1990 年版，第 979 页。

③ 张斌峰：《殷海光文集》第 4 卷《书信与随笔篇》，湖北人民出版社 2001 年版，第 218 页。

胡博士的学问很博;可是,稍一究诘,真是浅的很。像这样的人,如何不像你所说的'终生崇拜这样的美国文明'。令人遗憾的是,这类人物居然成了学术重镇,和新时代的领导者。你曾经告诉过我:'中国近几十年来,凡是发生大影响的人,无一不是糊涂虫。'这话常常在我心里荡漾。默念中国近几十年来,在知名人物里,除了严又陵及梁启超二位先生比较有些成熟的见识以外,都是青苹果。这些人物的名望和地位及所事,无一与其知识与才能相埒。"①

与殷海光的上述做法相似,胡适私下对殷海光也有微词。1960年11月16日,夏涛声在台北请胡适、殷海光、李万居及青年党的陈启天等人吃饭,殷海光在席间与陈启天发生争论,而且争论得很激烈。对于这场争论,胡适认为是殷海光不好。第二天一早,胡适借这件事向秘书胡颂平提起了殷海光于1955年在美国与自己发生争论的事情。胡适说:殷海光"是个书呆子。那年为了吴国桢的事情,他给我一封很不客气的信"②。

另外,对于殷海光不赞成自己要读书人也容忍的说法,胡适后来在1959年11月20日《自由中国》10周年纪念会的演说中争辩道:"他(殷海光)说:同是容忍,无权无势的人容忍容易,有权有势的人容忍很难。所以他好像说,胡适之先生应该多向有权有势的人说说容忍的意思,不要来向我们这班拿笔杆的穷书生来说容忍。我们已是容忍惯了。殷先生这番话,我也仔细想过。我今天想提出一个问题来,就是:究竟谁是有权有势的人?还是有兵力、有政权的人才可以算有权有势呢?或者我们这班穷书生、拿笔杆的人也有一点权、也有一点势呢?……我认为我们这种拿笔杆发表思想的人,不要太看

---

① 《殷海光林毓生书信录》,上海远东出版社1994年版,第133页。

② 胡颂平:《胡适之先生晚年谈话录》,中国友谊出版公司1993年版,第82页。

轻自己。我们要承认,我们也是有权有势的人。……不过我们的势力,不是那种幼稚的势力,也不是暴力。……我们也是强者。但我们虽然也是强者,我们必须有容忍的态度。"①随后,胡适在演讲中列举了陈独秀当年在提倡白话文时搞绝对主义的事例来进一步说明自己的观点。

需要指出的是,胡适尽管私下说过殷海光"书呆子"之类的话,但对殷海光的学术水平是认可的。台湾"中央研究院"近代史研究所胡适纪念馆的馆藏档案中有胡适于1959年7月20日致雷震的信,胡适在信的开头写道:"《杜威在中国》一篇讲演稿改正错字后,寄上。无论托谁翻译,可请海光兄校看一遍。"②由此可看出胡适对殷海光之推重。

同样,尽管私下里说过胡适的学问是"浅碟子",但在实际上,殷海光对胡适推重有加。对胡适自五四以来为中国思想文化与社会进步所做出的巨大历史贡献,殷海光多次在演讲或公开发表的论著中给予高度评价。比如,他曾说:"中国在基本上是一农田帝国。'圣王之言'和'长老之教'曾经一直是中国人民生活传统和一致遵守的伦范。自由思想在中国并没有根源。它是纯粹外来的东西。它只散播于接受西方思想的知识分子之间。这些人在中国启蒙运动和新文化建设上起着巨大的推进作用。如果中国今日尚有一点点现代化的萌芽和痕迹,那么主要地是由于这些人底努力所致。自由思想派底创导人物颇多。但是胡适无疑是其中最具影响力的代表人物。"另外,殷海光指出,自己所景仰的英国思想家罗素的思想被引介进中国,与胡适有关联:"胡适所做的介绍新思想的工作,主要地或直接地就是

① 胡适:《容忍与自由》,《自由中国》第二十一卷第十一期(1959年12月1日)。

② 万丽鹃:《万山不许一溪奔——胡适雷震来往书信选集》,台湾"中央研究院"近代史研究所2001年版,第193页。

介绍杜威底思想。至于其他西方思想家底思想，胡适自己介绍的很少。不过，胡适凭着他底创导力，却鼓起其后中国人介绍西方思想的兴趣。因着这一番兴趣，中国人介绍西方思想工作做了不少。中国若干知识分子之稔知罗素，也是从那个时候开始的。"由此事推开，读者便会明了：殷海光为什么一直有浓厚的"五四情结"，为什么他在纪念五四运动时独自在家中燃放鞭炮①以及为什么他一直称五四时期过来的人为"父执"。

殷海光的《胡适思想与中国前途》一文，则是对胡适自由主义思想最经典的解读与高扬。20世纪50年代中期，台湾因胡适主张实行宪政、主张实行政党政治而排斥胡适，对胡适进行攻击，形成了黑云压城般的"围歼之势"。在此情况之下，殷海光挺身而出，为胡适解围。殷海光在《胡适思想与中国前途》一文中指出：

许多人对于左右这两种势力之联合打击"胡适思想"一定感到惊异。然而，这却又是很明显地摆在大家眼前的事实。从表面看来，左右两种势力，来源不甚相同，形态多少也不一样：一个激进，而另一个保守。为什么都和"胡适思想"过不去呢？稍作深入一点的观察，我们立刻可以发现：这是由于左右两方面底思想在背后有基本的共同之点。作者现在将二者底思想之基本的共同点列举在后面。

一、绝对主义的　坚持绝对主义的人，总自以为所持是唯一的最后的"真理"。绝对主义，在从前是"道统"；在今日则是独断，强天下以从同的"教条"。"道统"不二；"教条"则为"统一思想"底准绳。

二、权威主义的　权威主义与绝对主义不可分离。权威主

① 潘光哲：《遥想德先生——百年来知识分子的历史格局》，南方家园文化事业有限公司2011年版，第162页。

义以绝对主义作柱石;而绝对主义则靠权威主义来维护。依权威主义来说,是非真假是靠一“长老”来决定,或以一“经典”为准绳,或由置身于一个非自由的组织之上的少数分子来代办,来配给。

三、只问目的,不择手段　狂激分子之明目张胆标尚“只问目的,不择手段”已是有目共睹的事实了。保守人物在这方面却也不免亦步亦趋地跟着他们走。狂激分子认为只要是“主义好”,为了实行这样的“主义”,任何手段都可采取。同样,泛道德主义的保守分子认为只要是“行仁义”,克尔文式的手段是可以采用的。他们都是“目的可以使手段成为正确”这一种哲学底崇奉者。所以,在实践的历程中,他们轻易地合流了。

四、群体至上,组织至上　狂激分子倡导群体至上、组织至上的说法。依此说法,群体是目的,个人是手段。价值只寓于群体之中,个人没有独立存在的价值。于是,个人应当为群体牺牲。许多人以为这种说法有什么“哲学基础”。其实,一句话说穿:这种说法是少数博取权力的野心人物为了从神经细胞的活动方面驱策人众从事大规模的政治斗争而编造出来的。狂激分子口里所说的“群体”是非历史性的横断面的群体。保守分子更在这种横断面的群体之上增加了历史的因素。近来更有人鼓吹文化的“全体主义”。在文化的“全体主义”之下,个人底相对价值更形减缩。他们说:“汝实无物,文化实为一切。”

五、自我中心的　以自我为中心者,是把自己,自己所属的团体、种族、文化,看作世界的中心;并且从这一中心出发,看人、看事、看世界;把自己以及自己所属的团体、种族、文化,当作价值判断底标准,和是非真假的裁判者。于是,这种人所作的论断,都是以自我为中心的论断:言政治,只有自己底组织好;言文化,如果因衰落而内心深藏自卑感,便夸张自己底文化是世界最优秀的,要办出口货。

左右两方面底思想在背后相同的基本之处至少有上述五点。①

殷海光在《胡适思想与中国前途》一文中接着指出:

我们现在再看"胡适思想"是怎样的一种思想。

在《介绍我自己的思想》一文中,胡适先生说:"我的思想受两个人的影响最大:一个是赫胥黎,一个是杜威先生。赫胥黎教我怎样怀疑,教我不信任一切没有充分证据的东西。杜威先生教我怎样思想,教我处处顾到当前的问题,教我把一切学说理想都看作待证的假设,教我处处顾到思想的结果。这两个人使我明了科学方法的性质与功用……"

这一段话,可以说是胡适先生对于"胡适思想"的开场白。从这一开场白作出发点,"胡适思想"展开如下:

一、主渐进的:"……达尔文的生物演化学说给了我们一个大教训:就是教我们明了生物进化,无论是自然的演变,或是人为的选择,都由于一点一滴的变异,所以是一种很复杂的现象,决没有一个简单的目的地可以一步跳到,更不会有一步跳到之后可以一成不变。……"又说:"文明不是笼统造成的,是一点一滴的造成的……现今的人爱谈"解放"与"改造",须知解放不是笼统解放,改造也不是笼统改造。解放是这种那种制度的解放,这个那个思想的解放,这个那个人的解放:都是一点一滴的解放……"

二、重具体的:"我这个主张在当时最不能得各方面的了解。当时(民国八年)承'五四'、'六三'之后,国内正倾向于谈主义。

① 殷海光:《胡适思想与中国前途》,台湾《"中央研究院"历史语言研究所集刊》(第28本下册,1957年)。

我预料到这个趋势的危险,故发表‘多研究些问题,少谈些主义’的警告,我说:凡是有价值的意思,都是从这个那个具体的问题下手的。……”

三、反教条的:“一切主义,一切学理,都该研究。但只可认作一些假设的(待证的)见解,不可认作天经地义的信条;只可认作参考印证的材料,不可奉为金科玉律的宗教;只可用作启发心思的工具,切不可用作蒙蔽聪明,停止思想的绝对真理。如此方才可以渐渐养成人类的创造的思想力,方才可以渐渐使人类有解决具体问题的能力,方才可以渐渐解放人类对于抽象名词的迷信。”

四、个人本位的:“……你要想有益于社会,最好的法子莫如把你自己这块材料铸造成器,方才可以希望有益于社会。真实的为我,便是最有益的为人。把自己铸造成了自己独立的人格,你自然会不知足,不满意于现状,敢说老实话,敢攻击社会上的腐败情形,做一个‘贫贱不能移,富贵不能淫,威武不能屈’的斯铎曼医生。……现在有人对你们说:‘牺牲你们个人的自由,去求国家的自由!’我对你们说:‘争你们个人的自由,便是为国家争自由!争你们自己的人格,便是为国家争人格!自由平等的国家不是一群奴才建造得起来的!’”

五、存疑的:胡适先生底思想与治学,常常不忘“疑”字。他早年致力介绍赫胥黎底思想。赫胥黎致金司莱的信,经胡适先生底摘译,早已为人熟知了,此处不赘。

六、重实证的:“在这些文字里,我要读者学得一点科学精神、一点科学态度、一点科学方法。科学精神在于寻求事实,寻求真理。科学态度在于撇开成见,搁起情感,只认得事实,只跟着证据走。科学方法只是‘大胆的假设,小心的求证’十个字。没有证据,只可悬而不断;证据不够只可假设,不可武断;必须等到证实之后,方才奉为定论。”

七、启蒙的：如果说胡适先生是昏沉的中国之现代的启蒙导师，这话并不为过。胡适先生不是一个革命主义者，但却是一位十足的启蒙主义者。无论就他底行谊看，就他的言论看，都很积极地表现了他在中国启蒙运动中所起的创导作用。当然，最大的例证，要算白话文运动。对于作为一位启蒙运动人物的胡适先生之评断，作者认为罗素先生底评语最富睿智。罗素先生说："谈到中国现存人物中具有必要的才智者，就我亲自接触到的而论，我愿意举胡适博士为例。他具有广博的学识，充沛的精力，对于致力中国之改革则抱着无畏的热望。他所写的白话文鼓舞着中国进步分子底热情。他愿意吸收西方文化中的一切优点：但是他却不是西方文化之盲目的崇拜者。"直到目前为止，就作者所知，在一切对胡适先生的评断中，没有比这更公正的了！①

总之，笔者认为，殷海光在上述文章中对胡适思想的理解非常深刻而透彻，充分显示了他惊人的理解力以及高超的分析与概括总结才能。

四、结论

从以上考察中，我们能够进一步清楚地看到，胡适与殷海光二人不但是中国20世纪宪政主义思想山系中两座挺拔的高峰，而且还是一对有着前后继承关系与在"山体"上表现为紧密相连、互相依靠的高峰。或者说，如同胡适早年所暗中自我比喻的，他们是中国宪政制度文明的"传教士"②。世人对他们为推动中国思想文化与社会制度进步所付出的努力、所取得的成就，是不会忘记的。

---

① 殷海光：《胡适思想与中国前途》，台湾《"中央研究院"历史语言研究所集刊》(第28本下册，1957年)。

② 罗志田：《再造文明的尝试——胡适传(1891－1929)》，中华书局2006年版，第1页。

季羡林曾在《站在胡适之先生墓前》一文中讲道:“一个人生在世间,如果想有所成就,必须具备三个条件:才能、勤奋、机遇。行行皆然,人人皆然,概莫能外。”①对此,笔者基本赞同,也有所补充。对于像胡适、殷海光二位能够取得突出成就的人而言,并不仅仅依靠以上三点,还有更重要的东西在背后作支撑,就是情操和献身精神。就胡适而言,我们在此不妨抄录其 1949 年即将去国时的如下话语:“我并不赞成国民党,我也反对蒋介石独裁。……我反对独裁是为了爱国。我主张学美国,人家骂我是洋奴。我在美国多年,亲眼看见美国国家富强,人民自由自主,生活富裕。我希望中国……将来也会国家富强,人民自由自主,生活富裕。一片爱国心,完全是为国为民的一个美丽的国家的理想……”②殷海光则在一份《遗嘱》中写道:“我如今也快活到半个世纪了。对于个人的生死并不足惜,否则这五年以来也不会是这个样子了。所憾……在我的思想快要成熟时,我怕没法写下来,对苦难的中国人民有所贡献。”③总之,就像爱因斯坦在《悼念玛丽·居里》演讲中所说的:“在像居里夫人这样一位崇高人物结束她的一生的时候,我们不要仅仅满足于回忆她的工作成果对人类已经做出的贡献。第一流人物对于时代和历史进程的意义,在道德品质方面,也许比单纯的才智成就方面还要大,即使是后者,它们取决于品格的程度,也远远超过通常所认为的那样。”

此外,笔者发现,胡适与殷海光取得人生成功的又一要诀是敢于行动、注重行动,敢于面对时代讲话。以胡适为例,我们都知道,他一

① 季羡林:《站在胡适之先生墓前》,欧阳哲生:《追忆胡适》,社会科学文献出版社 2000 年版,第 215 页。

② 李又宁:《回忆胡适之先生文集》(第 1 集),纽约天外出版社 1997 年版,第 291 页。

③ 陈鼓应:《春蚕吐丝——殷海光最后的话语》,台湾环宇出版公司 1971 年版,第 27 – 28 页。

直对范仲淹“宁鸣而死、不默而生”的话语推重有加。他曾在1929年4月27日的日记中写道：“……在安身立命处却完全没有中国传统的坏习气，完全是一个新人物。我们的思想新，信仰新，我们在思想方面完全是西洋化了，但在安身立命之处，我们仍旧是传统的中国人。中山肯干，而我们却只会批评人干，此中山不可及处。”由此日记可以看出胡适注重行动。再比如，胡适曾在1937年1月3日的天津《大公报》上发表《新年的几个期望》一文，其中讲道：

我们期望蒋介石先生努力做一个“宪政的中国”的领袖……现行政治制度太依赖领袖了，这决不是长久之计，也不是爱惜领袖的好法子。一切军事计划，政治方针，外交筹略，都待决于一人，甚至于琐屑细目如新生活运动也都有人来则政举、人去则松懈的事实。这都不是为政之道。世间没有这样全知全能的领袖，善做领袖的人也决不应该这样浪费心思日力去躬亲庶务……

宪政的实行不仅是颁布宪法，依照条文改换政府机关的名称而已。宪政就是法治，而“徒法不能以自行”。宪政的成功需要法治习惯的养成，而法治习惯的养成又必须有领袖人物以身作则，随时随地把自己放在宪法之下，而不放在宪法之外……宪政的精神是（领袖）情愿造起法律来束缚自己。不但束缚自己不许做恶事，并且束缚自己不许在法定职权之外做好事。古人说："重为善，若重为暴。"又说："庖人虽不善庖，尸祝不越俎而代之矣。"这两句话最能写出法治精神。尸祝越俎代庖人做菜，即使做得好菜，究竟是侵官，究竟是违法。"重为善"即是不轻为善。要把不轻为善看作和不轻作恶一样重要，那才是法治的精神。

很明显，胡适这里不仅直接要求蒋介石身体力行推行宪政，而且对他进行所谓的新生活运动的越权行为进行了批评。在此点上，殷海光与胡适相同。对于蒋氏父子在台湾的许多做法与采取的措施，殷海光几乎都进行过激烈的批评。

后 记

2011 年,笔者的《宪政体制的历史思辨》一书出版(齐鲁书社出版)后,笔者意犹未尽,遂萌发了再著一部有关中外“宪政”历史的新书。新书名叫《宪政体制的历史申论》,也是当时就拟好的。申论者,对该问题进行进一步的深入探讨。书的内容还是保持三个大的版块:第一,外国建成宪政成功实例的考察;第二,阐明中国秦代以来的行政设置及其运行是如何在本质上与宪政相反,如何与宪政背道而驰的;第三,自孔孟以来,中国知识阶层中对宪政问题的朴素探讨与思考。

宪政的问题纠结于中华大地,至少有 170 年以上的历史了。如果按照袁伟时先生的说法,则时间还要长,他在新书《文化与中国转型》一书的自序《冷静观世,耿直做人》中说:“中国社会转型,困扰世人快 200 年了。”在此,不由得让人想起了胡适说过的如下话语:“但那十几颗星儿终究照不亮那满天的黑暗。”①胡适这里所说的“那满

① 转引自周质平:《胡适英文笔下的中国文化》,《中华读书报》2012 年 7 月 4 日第 17 版。

天的黑暗”，自然是秦代以来由于实行了皇帝制度、内外朝制度、三公九卿制度（包括三省六部制和六部制）、郡县制度（包括州、道、路等监察区制与行省制）、乡里什伍制度（包括保甲制）等所致。

笔者曾在《中国行政制度比较研究》一书中写道：“1840 年鸦片战争之后，中国进入了近代史阶段。鸦片战争是把双刃剑，既给民族带来了屈辱，同时也给中国带来了少许活力和希望。”“（20 世纪）20 年代以来，人们只是从经济变化的层面论证中国近代史的开端自鸦片战争始。实际上，更重要的是，从此之后中国人开始关注外国人的政治制度、行政制度、政党政治、联邦制、地方高度自治等问题，中国人的思想从此开始了脱出由于制度造成的极端愚昧、进入现代化的历程。从某些方面讲来，这个思想近代化的变化比经济上的某些变化更有意义，更重要。”①关于此点，著名辛亥运动革命先驱邹容在《革命军》中讲过：“吾幸夫吾同胞之得与今世界列强相遇也；吾幸夫吾同胞之得闻文明之政体、文明之革命也；吾幸夫吾同胞之得卢梭《民约论》、孟德斯鸠《万法精神》、弥勒约翰《自由之理》、《法国革命史》、美国《独立檄文》等书译而读之也。是非吾同胞之大幸也夫！”

本书前已提及，北京大学贺卫方教授最近在一次演讲中说道：“中国社会没有巩固的阶层力量和皇帝对抗、妥协以及谈判，没有联合，这是非常大的问题。所以，我们没有形成一种法治秩序，看起来好像在 2000 年前就走错了路。而现在的种种弊端，可能和 2000 年前走错路有特别密切的关系。”②此论正确。

书中的几个小问题在此顺便提及：一是虽然书中的绝大部分篇章是笔者在最近一二年内完成的，但出于题材均衡、内容充实的考

---

① 万昌华：《中国行政制度比较研究》，中国文史出版社 2002 年版，第 143 页。

② 贺卫方等：《没有形成法治秩序，2000 年前就走错了路?》，《三湘都市报》2013 年 9 月 15 日。

量，有几篇原来发表过的文字，经彻底改写后收录在内，比如关于韩国的部分；二是有些本来打算收入的内容，考虑到篇幅而没有收入，比如关于波兰的部分（这一内容，2013 年以《波兰政治体制转轨研究》为题，由齐鲁书社出版）；三是有些篇章在写作过程中与别人有过合作，比如关于秦汉时期郡尉、县尉的部分，文字系笔者执笔，这次也收入在内。

万昌华

2013 年 10 月 10 日于听松山房

图书在版编目(CIP)数据

宪政体制的历史申论／万昌华著.—济南:齐鲁书社，2014.7

ISBN 978-7-5333-3177-1

Ⅰ.①宪… Ⅱ.①万… Ⅲ.①宪法—法制史—研究—世界 Ⅳ.①D911.02

中国版本图书馆 CIP 数据核字(2014)第 131789 号

宪政体制的历史申论

万昌华 著

主管单位 山东出版传媒股份有限公司
出版发行 齐鲁书社
社　　址 济南市英雄山路 189 号
邮　　编 250002
网　　址 www.qlss.com.cn
电子邮箱 qilupress@126.com
营销中心 (0531)82098521 82098519
印　　刷 日照日报印务中心
开　　本 880mm×1230mm 1/32
印　　张 9.25
插　　页 2
字　　数 230 千
版　　次 2014 年 7 月第 1 版
印　　次 2014 年 7 月第 1 次印刷
标准书号 ISBN 978-7-5333-3177-1
定　　价 **36.00 元**